量子学派

人人都懂区块链

21天从区块链"小白"到资深玩家

罗金海 ◎ 著

内容提要

本书系统而全面地介绍了区块链的相关知识，以及如何应用区块链知识打造一个"区块链+"项目，力图为人人打开一扇通往区块链世界的大门。

全书分为区块链基础、进阶、应用和未来四大篇，共23章。第一篇（第1~6章）为区块链基础，巧妙地从小岛经济学出发，讲述了区块链的前世今生和技术思想，并介绍了区块链的基础技术原理。第二篇（第7~12章）为区块链进阶，以以太坊为例介绍了典型的区块链应用场景——智能合约，并由智能合约延展到Token资产，对如何保护数字资产进行了详尽、实用的讲解。第三篇（第13~19章）为区块链应用，具体介绍了区块链的各种应用场景，包括投资、创业、设计Token、撰写白皮书、发行数字货币等诸多方面。第四篇（第20~23章）为区块链未来，讲述了目前区块链的法律边界和区块链存在的各种风险及挑战，并对区块链的未来社群生态和最终发展进行了深度分析和大胆想象。

在本书附录中，我们进行了相关扩展，提供了独家的区块链精华问答，这些精华问答由21位资深导师倾心解囊，内容涵盖了区块链各领域的最新观点和核心要旨，通过扫描二维码即可收听。

无论是对于区块链初学者，还是对于区块链创业者、投资者，本书都具有重要的参考价值。

图书在版编目（CIP）数据

人人都懂区块链 / 罗金海著 . —北京：北京大学出版社，2018.7
ISBN 978-7-301-29545-8

Ⅰ . ①人… Ⅱ . ①罗… Ⅲ . ①电子商务—支付方式—研究 Ⅳ . ① F713.36

中国版本图书馆 CIP 数据核字（2018）第 096228 号

书　　　名	人人都懂区块链 REN REN DOU DONG QUKUAI LIAN
著作责任者	罗金海　著
责任编辑	吴晓月
标准书号	ISBN 978-7-301-29545-8
出版发行	北京大学出版社
地　　　址	北京市海淀区成府路 205 号　100871
网　　　址	http://www.pup.cn　新浪微博：@北京大学出版社
电子信箱	pup7@ pup.cn
电　　　话	邮购部 62752015　发行部 62750672　编辑部 62570390
印 刷 者	北京鑫海金澳胶印有限公司
经 销 者	新华书店
	720 毫米 ×1020 毫米　16 开本　21 印张　彩插 1　320 千字 2018 年 7 月第 1 版　2020 年 10 月第 6 次印刷
印　　　数	34001—37000 册
定　　　价	68.00 元

未经许可，不得以任何方式复制或抄袭本书之部分或全部内容。
版权所有，侵权必究
举报电话：010-62752024　电子信箱：fd@pup.pku.edu.cn
图书如有印装质量问题，请与出版部联系，电话：010-62756370

区块链：引领下一代金融的新思想

1976年，哈耶克出版了他人生中最后一本经济学方面的专著——《货币的非国家化》。相较于其他闻名遐迩的著作，这本书显得低调许多。

那时的西方，凯恩斯主义与货币学派盛行，政府通过发行货币来干预经济，但在高通货膨胀率下，失业率依旧居高不下。而不同于当时正统的货币制度，哈耶克看到了国家操纵货币的弊端，在书中颠覆性地提出应该建立一种竞争性货币制度，允许货币自由交易。

这种新自由主义思想在那时是超前且激进的，实行起来也显得遥不可及。

但到了21世纪，哈耶克的这种想法在互联网时代却得到了实现的可能。无论是去中心化的区块链技术，还是在此基础上产生的虚拟货币，两者背后都有着这种新自由主义的影子。

区块链是一种新技术，也是一种新思想。

某种意义上它是自由的产物，通过建立共识机制，人们运用时间戳的方式把信息保存在各个区块上，再结合密码学，创造出一个匿名的自由世界，这个世界的核心特征就是去中心化。也许技术会过时，但思想不会褪色，或许这也是区块链概念如今风靡一时的原因之一。

区块链随着比特币的出现而初次面世。

货币离不开金融，比特币是区块链的首个应用，而金融经济也是商品货币关系发展的产物，这似乎早就喻示着区块链本身与金融有着天然的、密不可分的联系。除此之外，这样一种去中心化的底层架构，也正在为整个金融体系带来巨变。

区块链的诞生，其实与互联网金融是密切相关的。区块链技术有着去中心化、透明度高等特征，而这些特征，实际上与发展中的互联网金融有着某种互补的关系。

金融交易做的是资金融通，核心困难是信息不对称，而互联网金融最大的优势在于移动终端加大数据，这就对解决信息不对称的核心问题起到了关键性作用。互联网金融并不是在政府的主动扶持下形成和发展起来的，而是市场自发行为的结果。与传统形态相比，它在推广数字普惠方面的优势更加突出，因此，这样一种新科技金融是极具前途的。

但互联网金融在疏通金融资源、扩大金融惠普的过程中，又暴露出一些新问题。目前金融体系是中心化的，数据信息的不确定也会加剧市场交易的风险。此外，大数据还形成了数据孤岛等，它所面临的此类乱局和困境，使其迫切需要技术的创新升级。

而原理上的区块链技术，也许就是革命意义上的一个突破。

有人说，中本聪在创世区块的 Coinbase[①] 里留下的那句话，是对当时金融危机的一种调侃。且不论它有证与否，这种点对点的虚拟货币系统，或可看作是人们对货币制度的一种思忧，而当下概念火热的区块链技术，也确不失为对金融体系的一种新思考。

现代金融体系之所以存在着许多问题，主要原因之一就是风险的不可控及高成本，具体表现如信用基础的缺乏、风险预期的提升等。而区块链技术的信任机制和不可篡改的特点，恰好能弥补互联网金融在这些方面的不足，让互联

---

① Coinbase，币基。一个区块第一个交易规定为 Coinbase 交易，即由挖矿产生的比特币奖励，每一个区块都包含一个名为 Coinbase 的初始交易。

网金融的环境变得更加安全、透明、高效。

与此同时，区块链起于数字货币，却不止于数字货币，借助这一技术来对互联网金融进行调整、优化，未来也将成为区块链应用中非常重要的一部分，即区块链金融。

区块链在金融领域有着广泛的应用前景，除去当前最成功的数字货币，其在跨境支付、数字票据、权益证明、征信管理、审计保险等方面，也都有用武之地。

比如跨境支付，现阶段商业贸易的交易支付、清算大都需要借助银行等第三方体系，交易要经过开户行、清算组织、境外银行等多个组织及烦冗的处理流程，存在着到账周期长、费用高、交易透明度低等痛点。而倘若借助区块链技术，构建一套全球通用的分布式银行间金融交易系统，交易双方直接进行支付，不涉及中间机构，速度和成本都将得到大幅改善。

比如权益证明，在区块链系统中，交易信息具有不可篡改性及可追溯性，该属性可充分应用于对权益的所有者进行确权。倘若凭借区块链，股权所有者可证明其对该股权的所有权，股权转让也可通过系统转让给下家，整个过程清晰明确，也无须第三方的参与。对于需要权责具体、永久存储的交易记录而言，这可以说是非常理想的一个解决方案。

再如征信管理，金融的核心是信用，现行金融体系业务的开展，尤其是信贷业务，离不开商业银行对各业务主体的信用考量。央行征信中心存储了由各银行上传而来的还贷情况，在业务需要之时，商业银行须从这一中心系统下载客户资料进行参考，这一过程存在着信息不完整、流程冗杂、效率低等问题。而同样地，若借助区块链，征信工作也可实现去中心化。

总的来说，区块链技术确实具有非常大的潜力，在金融领域应用的空间也很大。但如果就这样说区块链金融是下一代互联网金融，这个说法其实还是不完善的。

区块链技术前景良好，但互联网金融能不能成为一个有生命力、有社会和经济价值的业务形态，关键在于能不能认真做好风控。而做好风控有两个前提，一个是技术，一个是监管。

区块链本质是一个去中心化的信任机制，应用此技术可以解决金融交易中的信任和安全问题，并强化对系统性风险与非系统性风险的分析，这使风险能够得到更好的控制与分散。但目前这种技术还不太成熟，尚处于探索、发展阶段，同时也存在一些不容忽视的问题。

而监管部门采取的跟区块链技术相关的一些监管措施，也主要在金融领域，如限制数字货币流通。去年喊停ICO（首次代币发行），其实是出于一种对市场稳定和金融安全的谨慎考虑，并非是针对区块链本身。没有清晰的约束和规范，很容易产生风险，造成市场混乱。

简而言之，区块链发展还存在一些不容忽视的问题，但这并不否认它是一种具有巨大潜力的技术。若加以系统性监管，做好市场工作，它或许将引领下一代数字金融。

金融领域是一个风险很大的行业，要说区块链有泡沫，其实并不可怕，任何有前途的技术都很容易形成泡沫，这种泡沫恰恰反映出它的前景性。我们需要重视区块链带来的巨大挑战，但无须危言耸听，它是一种去中心化的新思想，这种新思想值得我们去学习。

黄益平

北京大学国家发展研究院副院长、北京大学互联网金融研究中心主任

算力之美

自从人类抬头仰望星空,就一直未停止对"我是谁"这个问题的思考。有人最后得出的结论是"生命存在的意义就是熵减",我们所做的一切就是为这混乱的宇宙建立微末秩序。

根据热力学第二定律,宇宙天然而熵增。它俯瞰众生,侵蚀万物,纵使伟大如爱因斯坦,坚韧如霍金也无能为力。放眼人类历史,喧嚣过后无声,繁华终归短暂,热寂才是最终归宿……

从这个意义上来说,人天生就在"逆天而行"。

我们微小若尘埃,却要与宇宙对抗。
我们仅仅拥有几十年光阴,却要与140亿年的造物较劲。
这比与神对抗的西西弗更加悲剧。
人之存在,到底为了什么?

然而,一些大哲虽洞察这结局,但仍不甘于这宿命。他们想通过推理计算为人类觅到"一线生机"。笛卡儿、莱布尼茨、斯宾诺莎、康德这些碳基生命的佼佼者，个个争当"麦克斯韦妖"[①]，想通过自己的个人算力，找到冥冥之中的绝对存在，明了人类到底是不是毫无意义的"递归循环"。

就算拥有顶尖智慧，但个人算力终有穷尽，必须寻找到更有效的办法，才有可能在数学和哲学上更进一步。除了优化算法，集中硅基算力为人类服务也不失为一种好的手段。

追求算力表面是为了追求财富，后面也隐藏着追求真相的小心思。

算力，可能是人类通往更高文明的一种有效手段，也是与熵增对抗的最有效方式。

如果谈到终极意义，从科学的本质来讲，拥有更多算力，比拥有更多金钱更有意义。

比特币现在的全网算力达到 37 755PH/s，相当于约 1000 台天河二号超级计算机算力的总和。看起来很强大，但如果放眼整个星空，真的要去寻找宇宙奥义，这点算力还谈不上权力。在我看来，算力是为了去除人性在整个系统里的权重。在未来，它有可能超脱于碳基意志，会成为我们意想不到的防护网。现在我们还不能对算力机制过于置疑，这需要时间来检验，如果还不能找到更好的办法，我们也不能过于高估自己的批判力。

也有人说这样的算力机制并不优雅，每 10 分钟左右碰撞出一个符合要求的哈希值，完全是一种微观的施暴，不具备宏观审美。但宇宙的美学是什么呢？"最初三分钟"从一个体积无限小的点爆炸，物质和能量也由此产生。那一瞬间的力量如此强悍，不也产生出了无限的美吗？也许宇宙美学与我们眼中的美学不一样。

哈希的本质是数学，数学一定应该站在艺术的一边吗？我们并不知道。

[①] 麦克斯韦妖（Maxwell's demon），是在物理学中假想的妖，能探测并控制单个分子运动。是 1871 年由英国物理学家麦克斯韦为了说明违反热力学第二定律的可能性而设想的，又称为麦克斯韦精灵。麦克斯韦意识到自然界存在着与熵增相拮抗的能量控制机制，但无法清晰说明这种机制，只能诙谐地假定一种"妖"。它是耗散结构的一个雏形，其意义在于让混乱变得有序，避免封闭系统变成一潭死水。

我们可以换一种视角来看待算力之美。那些本来静寂无名的西部村庄，那些在工业时代从未有人光顾的领地，因为算力的进入，它们开始散发出"科幻"的光芒。这些算力散落在岷江支流大渡河边，潜浮于鄂尔多斯的达拉特旗的夜晚，酣睡于新疆伊犁哈萨克自治州的某个小城……科技文明和自然之力，通过算力达到了一种融合。

自从莱布尼茨打开了数理逻辑之门后，历经布尔、哥德尔、图灵、冯·诺依曼等人的加持，拥有更多算力慢慢成为人们的一种本能追求。在这里，我们谈一谈大家一直关注的量子算力。

从理论上来说，一个量子比特就可以储存无限信息，量子比特中存储的信息将始终处于动态演化过程之中。也就是说，你每一次测量的并不是同一系统，而是不同世界，所以有人说"量子计算"是利用平行宇宙来计算的，有超强的并行能力。

如下图所示，假设你是《黑客帝国》里的尼奥，从"太极"出发，要推开"两仪"（"1门""0门"）中的一扇，然后再推开"四象"（"00门""01门""10门""11门"）中的一扇，走完160步路径后找到了锡安。而追捕者史密斯通过传统计算，要想分析尼奥的全部可能性路径，需要的时间是47 515 528 679 349 475 857年，等他成功穷举出来，尼奥已经解放全人类了。但如果史密斯处于2^{160}万个平行现实中，每个世界只走一条路，那可能30分钟就能抓到尼奥，这就是叠加态的妙用。量子计算机可以让你复制出2^{160}个史密斯，每个人只需要走一条路就可以了。不是超强算力选择了量子计算，而是量子计算天然具有超强算力。量子不死，逆天不止。

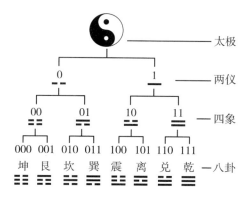

量子算力展现出一种无与伦比的物理力量，当力量达到某种极致时也就是一种美了。

人类未来最大的矛盾，是日益增长的数据处理与有限算力之间的矛盾！作为一个算力持有者，除了看到算力之美外，也希望算力能够展示它真正的力量，将有限的算力最大化。

这也是比特大陆为何要投入精力向AI（人工智能）芯片转型的原因所在。比特大陆想运用自己的算力，向其他行业赋能。特别是AI这一领域，它与算力有天然的联结。我也想通过算力在AI芯片的研发领域更高效地提升生产力，与区块链结合起来，拥抱这场新变革的到来，共同建造一个真正的区块链文明世界。2016年，AlphaGo（阿尔法狗）战胜李世石事件已标志着人类进入智能时代。当未来AI（生产力）、大数据（生产资料）、区块链（生产关系）三者真正结合之时，才能以更高倍的效率与速度推动文明走向更高等级。

参考"虐猫狂人"薛定谔写的《生命是什么》一书，我们可以这样来理解算力，生命从无序的环境中抽取有序的"算力"来对抗整个社会"熵减"，从而推迟宇宙的"热寂"过程。算力是有序的，而其他所有的争议却是无序的。如果以这种上帝视角来看待算力，认可热力学第二定律，又没有找到"麦克斯韦妖"，那不得不说，算力也是与风车战斗的唐吉诃德。

吴忌寒

比特大陆创始人

前言

2009年1月3日，中本聪从下午一直忙到黄昏，在赫尔辛基的一个小型服务器上创建、编译、打包了第一份开源代码。尽管这份代码非常简陋，至今仍被很多程序员嘲笑，然而它还是正常运行了SHA256运算、RIPEMD-160运算，写入版本类型、Base58编码。在2009年1月3日18点15分比特币世界的第一个区块被创建。

这一天被比特币信徒称为"创世日"，而这个区块也被称为"创世块"，中本聪则成了"创世主"。这一天标志着比特币的诞生！

2011年3月，我在写"算"系列第二本书时，发现这个世界真的有计算出来的货币。

最开始的接触是让人疯狂的，从时间戳到工作量证明，从哈希激励到分布式存储，比特币白皮书给人的感觉太完美。当时脑海里只有一个想法：新时代来临了，技术又给人类带来惊喜。从数学层面创立一种货币，这是一件多么伟大的事情。

我想绝对不只我一个人能感觉到这后面所隐藏的价值。站在整个历史维度来看，加密货币的出现也是标志性的，尽管仍然存在争议，但它让人看到一个新的数字世界。

1971年，美国总统尼克松宣布终止美元和黄金兑换，布雷顿森林体系彻底崩溃，法币进入了一个混沌世界，金本位被抛弃，"法币之熵"来临。

2008年的金融危机更是"法币之熵"的一次大爆发，而且可以肯定的是，类似于这样的危机将会越来越频繁。

如何破解"法币之熵"，是全球许多顶尖金融学者一直在讨论的问题，包括哈耶克、弗里德曼也提到过货币的自由竞争问题。关于电子货币和互联网货币的研究文章，每年都有1000篇以上发表，加密货币的出现是在人类货币的混沌系统里引进了一只"麦克斯韦妖"。

我从2012年开始给朋友分享加密货币理念，开始布道之旅，当时组了两个网站——时光币和货币前夜，发现其实并没有多少人对它的理念和技术感兴趣。从那个时候开始，我就想系统性地谈一谈加密货币，这也是《人人都懂区块链》最开始的一点念想。

2013年，我开始组建团队开发加密货币项目。最开始做交易所，代码出来后才发现交易所竞争已经非常激烈。2014年开发了国内的第一个区块链电子商务平台币须网，也是在全球范围内第一次真正将"多重签名"技术引入区块链电商世界。后来又做了一个区块的第三方支付平台ColaPay，当时非常理想化地认为，如果加密货币真的是未来货币的话，那么它最重要的应用就是支付。

在项目的运营过程中，我也发现社会对加密货币的敌对态度非常明显，大多数人甚至大多数商家都不大愿意接受这种未来财富。其实加密货币和区块归根结底属于数学，天生理性且中立，仍然只是数学在互联网世界的一种延伸。无论赋予它多少荣耀与光环，它仍然只是一个工具，与TCP/IP协议（传输控制协议/因特网互联协议）、P2P（对等网络）一样，其最大的意义就是为人民服务，如果不能改善个人的生活，区块链最终会沦为科技先验者的实证游戏。

2015年以后，大部分人将关注点从加密货币世界转向区块链世界，发现后面还有一个更深邃的世界，它带给人类的想象有更深的维度。随着越来越多的人加入区块链的项目开发中，区块链不仅是互联网的延伸，而且可能是互联网的迭代。

从纯理论角度出发，区块链与互联网的确有着天然的互补性：

（1）互联网用户越多越不安全，而区块链的节点越多则越稳定；

（2）互联网的神经网络是离散式的拓扑结构，区块链的神经网络则是线性化的链式牵引；

（3）互联网的无序熵增导致信息遗忘，而区块链保持有序熵不流失；

（4）互联网是在混乱中产生秩序，而区块链是在秩序中连接混乱。

如果说互联网为人类带来的是一个信息碎片化时代，那区块链则在重整人类的线性思维。说区块链是互联网2.0的新引擎，这种论点并不武断。

区块链似乎把我们带入了一个代码的世界，代码公开透明，合约不可篡改，秩序至高无上，那它和自由相悖吗？或者说与人性相悖吗？

有人说区块链的终极形态让人害怕，作为碳基生命的我们，如果真的只余下公开透明的0和1，那区块链到底是属于人类还是属于AI？

可能在未来，我们每个人都是一个时间戳，到了那时，到底是区块链节点成了人的映射，还是人成了区块链节点的映射？前景似乎并不如我们想象中的乐观。

然而，好像并没有多少人真的去深度学习区块链。

2017年，我开始想做一个课程，系统地来对整个区块链基础、技术、底层逻辑、应用进行梳理。

2018年1月，我找到老猫、长铗、申屠青春、张绪波、火星人、吴钢、文浩、郭宏才、姚远、王瑞锡、吴广庚等21位老朋友，请他们支持这个课程。他们中的一些人也许并不知名，却是区块链世界最早的拓荒者、真正的参与者，感谢他们为这个课程提供无私的帮助。

"人人都懂区块链"课程推出之后大受好评，得到学员们的广泛认可。而我也在学员的反馈中逐渐意识到，自己做的事情是有更为广泛的意义的。于是，我决定将课程内容从头到尾进行重新梳理，对其进行更深一步的打磨和沉淀，并通过图书的方式让有价值的区块链知识得到更好的保存和更为久远、广阔的传播，这也是我做"人人都懂区块链"课程的初衷。

在这个过程中，也感谢我的朋友邝勇军，这位低调的区块链行业资深人士，在通证经济设计、社群运营方面有独到见解；杨素霞，2140加密社区的联合发起人，她为这本书也付出了自己的心血。更要感谢整个量子学派的区块链研究院的同事们——李婉莹、李海忠、方艳华、曹宁、何文琪、符尧、余琛，为了让此书内容更优质，他们反复修改，精益求精。

我们所有的努力都旨在为那些真正想深入了解区块链的人提供一点帮助。

最后，无论我们有多少哲学思考，先要真正明白的是区块链到底是什么。

罗金海

第1篇 区块链基础

第1章 区块链的诞生
货币本质：从小岛经济学谈起 / 3
集大成者：神秘的中本聪 / 4
兴起之源：比特币白皮书 / 6
创世区块：Block #0 的诞生 / 12
结语：区块链的创世之旅 / 16

第2章 区块链和比特币：红与黑？
Blockchain（区块链）溯源 / 18
区块链和比特币的关系 / 19
离开比特币，区块链是否一文不值？ / 24
红与黑：区块链和比特币 / 26
结语：个人转账的一小步，货币史上的第一大步 / 26

第3章 工作原理：信任的机器
中心化信用危机 / 29

"去中心化系统"的信用机器　/ 29
区块链的 4 个技术创新　/ 31
数学是信任的基石　/ 36
解决信用危机的区块链　/ 38
结语：信任的机器　/ 39

第 4 章　共识机制：从拜占庭问题谈起

拜占庭问题及其分析　/ 40
以比特币为例的区块链共识机制解决方案　/ 42
区块链共识机制的发展变迁　/ 44
结语：没有一种共识机制是完美的　/ 48

第 5 章　世界宪章：代码即法律

区块链世界的"代码悖论"　/ 50
法律的本质是"合约"　/ 51
合约：区块链世界的"法律前置"　/ 52
代码实现哈希值的计算　/ 54
基于代码编程的区块链　/ 55
区块链世界法律架构的确立——以以太坊为例　/ 59
结语：代码即法律　/ 61

第 6 章　区块链 + 互联网：互信社会崛起

从互联网到区块链　/ 63
互联网：建立在 TCP/IP 协议上的万网之网　/ 64
区块链：一种新底层协议　/ 68
区块链：从信息互联网到价值互联网　/ 71
结语：互信社会的形成　/ 74

第 2 篇 区块链进阶

第 7 章 区块链经典：以太坊是什么？
区块链 2.0：以太坊的诞生 / 79
以太坊是什么？ / 80
以太坊存在的风险和问题 / 87
结语：区块链 2.0 时代 / 90

第 8 章 智能合约和传统合约
溯源：智能合约的定义 / 93
寻根：智能合约的真容 / 94
比较：智能合约和传统合约 / 97
区块链智能合约的革命性 / 100
对区块链智能合约的反思 / 100
结语：智慧型契约社会 / 101

第 9 章 编写一个智能合约
绑匪、富豪和教父的故事 / 102
传统合约的订立 / 103
智能合约的编写步骤 / 104
实例分析一：以太坊智能合约编写 / 105
实例分析二：EOS 智能合约编写 / 111
结语：智能合约的漏洞隐患 / 124

第 10 章 加密货币在智能合约中的应用
进化中的比特币 / 126
多重签名概念 / 127
多重签名在智能合约中的应用 / 128
多重签名优势 / 132
结语：技术颠覆未来世界 / 134

第11章 从智能合约到Token资产

代币之说：ERC-20与Token合约 / 135
代币之外：Token亦"通证" / 138
Token价值：于大浪中淘沙 / 140
反思：币链Token之争 / 144
结语：是通证还是代币？ / 145

第12章 财富：如何保护你的数字资产？

数字时代的到来 / 148
数字资产本身的安全性 / 149
如何保护数字资产 / 151
结语：握好你的私钥 / 158

第3篇 区块链应用

第13章 分类：区块链有哪几种？

区块链技术应用分类 / 161
技术应用之争：公有链和私有链孰优孰劣 / 168
区块链项目应用分类 / 169
结语：主链运转的世界 / 172

第14章 如何投资区块链项目？

区块链的价值 / 174
VC投资情况 / 175
区块链项目分析 / 177
区块链项目前景较好的领域 / 182
结语：币圈有风险，入"币"需谨慎 / 183

第 15 章 创业：区块链如何与你的行业相结合？

三大特点：核心能力 / 184

区块链应用现状架构 / 186

区块链的垂直行业应用 / 188

结语：多元行业的全面来袭 / 196

第 16 章 如何设计一个良性代币（Token）系统？

"4W1H"：价值型 Token 的设计逻辑 / 198

价值型 Token 设计的 6 个陷阱 / 202

商业应用领域：EOS——分布式区块链操作系统 / 203

垂直社区领域：社交平台——基于区块链的社区 / 205

物联网领域：全球去中心化的价值物联网商业生态链 / 207

版权 IP 领域：文化资产交易平台 / 209

结语：Token 经济的到来 / 211

第 17 章 白皮书：区块链项目的战略蓝图

什么是区块链项目白皮书？ / 214

区块链项目白皮书怎么写？ / 215

结语：改变世界的先声 / 224

第 18 章 如何从技术上发行一个加密货币？

知名加密数字货币的技术体系 / 226

加密数字货币的基础架构 / 228

搭建加密数字货币的技术平台 / 230

结语：人性是加密货币世界中最脆弱的一环 / 238

第 19 章 一个区块链项目是怎样落地的？

环节一：产品 idea / 240

环节二：组建团队 / 242

环节三：撰写白皮书 / 243

环节四：组建基金会和法律风险规避 / 243

环节五：社群组建 / 244
环节六：募集资金 / 244
环节七：项目开发 / 247
环节八：主链上线 / 248
环节九：市值管理 / 248
环节十：产品运营 / 249
环节十一：产品迭代 / 249
结语：道阻且长，行则将至 / 250

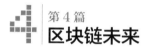

第4篇 区块链未来

第20章 法律：这个世界需要重构

加密货币会成为现实世界的"黑天鹅"吗？ / 254
加密货币的法律构建 / 255
区块链的法律构建 / 259
具有代表意义的两国：新加坡和美国 / 262
结语：法律重构下区块链的未来 / 266

第21章 风险与挑战

区块链存在的风险 / 268
区块链遭遇的挑战 / 274
结语：挑战之下的新机遇 / 279

第22章 区块链重塑人类社群生态

从社交、社区到社群的进化 / 281
区块链与社群经济的价值重塑 / 284
超级社群形成的区块链文明 / 288
结语：人类文明组织形态的新变革 / 289

第 23 章 未来：人即货币

创世块与你共生　/ 292

区块链的文明形态　/ 292

人即货币的三大定律　/ 294

畅想：货币化的一生　/ 295

黑暗仍然存在　/ 300

结语：人即货币，度量一切　/ 302

附录 1　区块链精华问答 / 303

附录 2　区块链项目应用现状框架表 / 307

第1篇 区块链基础

第1章 区块链的诞生

第2章 区块链和比特币：红与黑？

第3章 工作原理：信任的机器

第4章 共识机制：从拜占庭问题谈起

第5章 世界宪章：代码即法律

第6章 区块链+互联网：互信社会崛起

我从 2007 年开始设计比特币。
从某一刻开始，
我确信这世上存在一种不依赖信用的货币。
我无法阻止自己去思考它！

——中本聪

第1章 区块链的诞生

货币本质：从小岛经济学谈起

在一个小岛上，生活着一群热爱和平的人们。

在漫长的岁月里，他们把贝壳作为信用中介，以它作为等价交换物换取自己需要的食物，生活简单而美好。一千年过去了，岛上出现了一个大汉，大汉要求大家同意把他家树上的叶子作为唯一的信用中介。

试图反抗的人都被扔到了海里喂鱼，善良的人们很快被驯服。

慢慢地，大汉家里的叶子成了岛上的等价交换物，岛民必须先用物品换取叶子，再用叶子去交换其他生活物品。日子一天天过去了，每个人手里的叶子越来越多，但买到的东西却越来越少，除了大汉和他的手下，很多人过得紧巴巴的。

直到有一天，其中一个岛民漂流到另一个小岛上，发现这个岛上的交换方式与自己岛上的不一样。

他们并不使用叶子，而是共同记账。所有岛民将自己的来往账目记在一个账本之上，所有的交易都在账目上用数字表示。只要得到6个人的认可，大家就认为这个账目是对的。

如果这个人想去买东西，那么只须在上面划账，就可以拿走商品。

这种新方式比用叶子作为中介更简单方便。如果选择这种方式，小岛上所有的人不需要叶子就可以自由交易。

同时，因为账目是公开的，所以每个人都可以对账单进行检查，这也就杜绝了造假的可能。

这个岛民觉得这种记账方式公平严谨，比叶子方便，他认可了这种做法，开始传播。渐渐地，小岛上越来越多的人参与到这种新的记账方式中……

这样一种共同记账的方式，有着比特币的影子，也是区块链技术的雏形——分布式记账。小岛上的6个人相当于6个节点，每个节点都维护着自己的一个账本，账本记录着小岛上岛民的一笔笔来往交易。

集大成者：神秘的中本聪

小岛全民共同参与的新记账方式是一种简易版的分布式记账，通俗来说，区块链技术也就是这样一种全民参与记账的方式。比特币以区块链为技术基础，某种意义上而言，比特币也只是基于分布式记账技术的一种数字货币。然而，倘若具体谈及分布式记账，就不得不谈起分布式记账领域的一位集大成者——中本聪。

2008年11月1日，一封不起眼的帖子出现在一个秘密讨论群"密码学邮件组"里，帖子的言论很大胆："我正在开发一种新的电子货币系统，采用完全点对点的形式，而且无须受信第三方的介入。"帖子的署名是一个同样不起眼的名字——中本聪。

这是"中本聪"这个名字首次出现在大众眼前。

在帖子中，中本聪构想了一种可以不受任何政治力量或金融力量操控的电子货币——比特币，这种构想是"密码学讨论组"成员很多年来心之所向却又屡屡受挫的梦想。

中本聪究竟是谁？

"密码学讨论组"成员想知道中本聪是谁，比特币关注者试图找出中本聪，却始终无果。没有人知道他是谁，在这无处遁形、人肉搜索功能极其强大的互联网时代，竟然没有人觅得他的真迹。中本聪为什么能够隐藏得如此之好？这得回到他最初现身的地方——"密码学讨论组"。

1992年，以蒂莫西·梅为发起人，美国加州几个不安分的物理学家和数学家聚在了一起。出于对FBI（美国联邦调查局）和NSA（美国国家安全局）的天生警惕，这帮技术自由主义派创建了一个"密码朋克"小组，以捍卫未来数字世界的公民隐私，议题包括追求一个匿名的独立数字货币体系。

狭义地说，"密码朋克"是一套加密的电子邮件系统。

他们开始这样说悄悄话：……如果期望拥有隐私，那么我们必须亲自捍卫之。我们使用密码学、匿名邮件转发系统、数字签名及电子货币来保障我们的隐私。

与菲尔·齐默尔曼（PGP[①]技术的开发者）、阿桑奇（维基解密创始人）等这些"大牛"一样，比特币的发明者中本聪，同样也是"密码朋克"小组的成员。

中本聪深谙密码之道，技术精湛，在他发布的那封帖子里，曾经有许多人质疑其中一些设计是错误的或者冗余的，但最终实践证明，它们都是正确的。

中本聪行事缜密，与任何人交流都使用PGP加密和TOR[②]网络。

哪怕是与最亲密的伙伴交流，中本聪也会对通信邮件进行加密，而且从不透露个人信息。与此同时，在其来往邮件中，中本聪还对语言词汇、写作风格、作息规律等进行有意的误导，这使得其个人信息与个人踪迹更加神秘莫测。

中本聪的谨慎是有原因的。关于一个独立数字货币的创造设想早在20世纪80年代就已出现，但在中本聪之前，货币试验无一例外均被腰斩，这与FBI

[①] PGP，Pretty Good Privacy 的缩写，是一个基于 RSA 公钥加密体系的邮件加密软件。可以用它对邮件保密以防止非授权者阅读，它还能对邮件加上数字签名，从而使收信人可以确认邮件的发送者，并能确信邮件没有被篡改。

[②] TOR，The Onion Router 的缩写，是第二代洋葱路由（onion routing）的一种实现，用户通过 TOR 可以在因特网上进行匿名交流。

和NSA的干预或多或少有关系。

数字货币的诞生历程，就像是一次接力赛，非对称加密、点对点技术、哈希现金这些关键技术没有一项是中本聪发明的，而他站在前人的肩膀上，创造出了比特币这一集大成者。

他纵横于不同领域，采撷各家之长，终于有今天这番景象。

不管未来结局如何，比特币的这场社会实验，已经达到了"密码朋克"运动的顶峰。而几乎所有关于比特币、区块链的讨论，包括两者的诞生都源于比特币的白皮书，也就是中本聪首次现身的那封帖子——《比特币：一种点对点式的电子现金系统》。

兴起之源：比特币白皮书

货币与金融息息相关，传统金融体系存在着一种难以解决的"双花"问题，也即，如果没有一个中心化的媒介机构，人们便没有办法确认一笔数字现金是否已经被花掉。因此，在交易中必须有一个可信任的第三方来保留总账，从而保证每笔数字现金只会被花掉一次。

而对此，中本聪在比特币白皮书里提出了一个可行的解决方案。他用理智冷静的语言在里面提出：

本文提出了一种完全通过点对点技术实现的电子现金系统，它使在线支付能够直接由一方发起并支付给另一方，中间不需要通过任何金融机构。虽然数字签名（digital signature）部分解决了这个问题，但是如果仍然需要第三方的支持才能防止双重支付（double-spending）的话，那么这种系统也就失去了存在的价值。在此，我们提出一种解决方案……

白皮书遵从学术习惯采用"我们"作为第一人称，行文也是标准的论文格式，描述了一个基于密码学而非基于信用、点对点电子现金系统的比特币系统，白皮书从10个方面解释了他的思想，全文内容整体如下：

① 交易（Transactions）；② 时间戳服务器（Timestamp Server）；③ 工作量

证明（Proof-of-Work）；④ 网络（Network）；⑤ 激励机制（Incentive）；⑥ 回收硬盘空间（Reclaiming Disk Space）；⑦ 简化支付认证（Simplified Payment Verification）；⑧ 组合和分割价值（Combining and Spliting Value）；⑨ 隐私（Privacy）；⑩ 计算（Calculations）。

白皮书体现出第三方信任问题是天然存在的，而区块链则正是为了解决信任问题。

互联网贸易几乎都须借助金融机构作为可值得信赖的第三方，来处理电子支付信息。这类系统在绝大多数情况下都运作良好，但仍然受制于"基于信用的模式"的弱点。中本聪指出，我们非常需要这样一种电子支付系统，它基于密码学原理而不基于信用。

1. 交易

针对其所提出的电子支付系统的交易，中本聪将一枚电子货币（an electronic coin）定义为一串数字签名：每一位所有者通过对前一次交易和下一位拥有者的公钥（public key）签署一个哈希散列的数字签名，并将这个签名附加在这枚电子货币的末尾，电子货币就发送给了下一位所有者。而收款人通过对签名进行检验，就能够验证该链条的所有者。

在图1-1所示的交易过程中，其问题在于，收款人将难以检验之前的某位

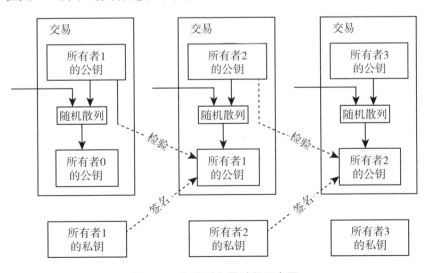

图1-1 比特币交易过程示意图

所有者是否对这枚电子货币进行了双重支付。针对这个问题,当通常引入铸币厂或第三方中介机构无法有效解决时,中本聪提出,为了在没有一个可信任方的情况下完成这件事情,交易必须被公告,并且我们需要一个系统让所有参与者在一个单链顺序历史上达成共识。

2. 时间戳服务器

同时,中本聪的方案提出了一个时间戳服务器(Timestamp Server)的概念,一个时间戳服务器的工作,就是通过把一组数据(items)形成的区块(blocks)的哈希(Hash)散列值加盖上时间戳,并不断增强,形成链(chain),向全网广播。

这里的一组数据就是指很多笔交易,然后把这一组数据打包成了一个区块,并把这个区块加盖上时间戳,以此来保证时间的先后顺序,也就是确保单链顺序历史。有人常把得到比特币喻为"挖矿",而这部分工作其实是一种"矿工"所要做的工作。

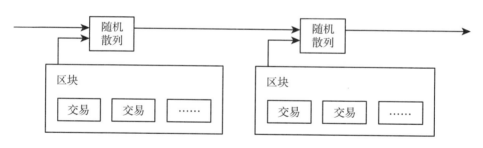

图1-2 区块结构示意图

因此,时间和区块挂钩。而在图1-2中,可以看到区块和Hash挂钩,这些Hash因为区块链的性质连在一起,因此,在此之前历史挂钩的时间戳是不可被篡改的。

3. 工作量证明

在中本聪的论文里,还有比特币区块链的一个核心部分——工作量证明,也就是广为人知的Proof-of-Work(工作量证明,简称PoW)。PoW是为了实现一个基于P2P[①]网络的分布式时间戳服务器系统，仅仅像报纸或世界新闻网络组一样工作是不够的，中本聪提出一个类似于Adam Back's Hashcash[②]的证明系统。

在时间戳网络中，我们补增一个随机数（nonce），这个随机数要使得该给定区块的Hash散列值出现所需的0的个数。我们通过反复尝试来找到这个随机数，直到找到为止，这样就构建了一个工作量证明机制。

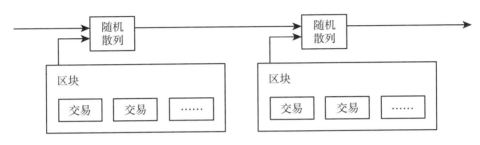

图1-3　区块结构示意图

可以看到，图1-3和图1-2一样，只是这里着重体现出每个区块的内容，指明一个区块包含了上一个区块Hash的信息（即Previous Hash，前区块Hash），并且随机数是区块中的一个部分。一旦更改随机数、前区块Hash、Tx（X用户执行交易时的交易输出记录）三个变量中的任意一个，这个区块的Hash就会发生改变，而之后的区块也全部都要改变。

PoW有一个精妙之处，即其证明难度是随整个系统难度的提升而提升的，因为计算机计算的硬件能力是不断提升的。但这同时也提出一个问题，如今计算机算力呈指数式爆发增长，算力中心化程度特别高。现在的比特币世界形成了两大权力中心，一个是以"代码开发和维护"为核心任务的Bitcoin Core团队技术权力中心，另一个是以矿工为代表的算力权力中心。比特币社区这两大中心之间的较量，已经引起了整个社区的焦虑。

---

① P2P，Peer to Peer，即对等计算机网络，是一种在对等者（Peer）之间分配任务和工作负载的分布式应用架构，在此网络中的参与者既是资源、服务和内容的提供者（Server），又是资源、服务和内容的获取者（Client）。

② Adam Back's Hashcash，1997年，Adam Back（亚当·拜克）发明了Hashcash（哈希现金）算法机制。

4. 激励与存储

我们可以简单地认为，中本聪在比特币构架的世界建立了这样一个游戏规则：所有参与比特币游戏的人，都可以去抢答一道数学谜题，抢答成功者，系统将会自动奖励50个比特币（每4年减半），抢答成功率与电脑算力成正比。

中本聪提出这样一种激励机制，说明了"货币从哪里来"的问题，它把每个区块的第一笔交易都特殊化，这样一笔交易产生一枚电子货币，同时它也会帮助和鼓励节点保持诚实。

在比特币区块链的世界里，算力是至高无上的。在这个过程之中，信息一直在膨胀，区块链系统也会不断产生区块，与之而来的就是硬盘空间的回收需要。

而巧妙之处就在于，区块链不存储交易，而是使用默克尔树（Merkel Tree）的方式存储区块头哈希（Root Hash），达到"0知识证明"。在计算机领域，默克尔树大多用来进行完整性验证处理，在分布式环境下进行这样的验证时，默克尔树会大大减少数据的传输量及计算的复杂度，如图1-4所示。

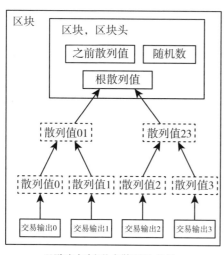
以默克尔树形式散列的交易

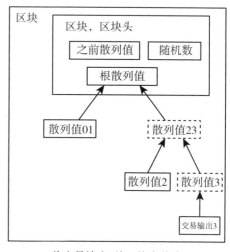
将交易输出2从区块中剪除

图1-4　默克尔树结构示意图

中本聪用其制定的规则告诉我们，不含交易信息的区块头大小仅有80字节。如果设定区块生成的速率为每10分钟一个，那么每一年产生的区块头数据为4.2MB（80×6×24×365=4.2MB）。2008年PC系统通常的内存容量为2GB，按照摩尔定律①预测，当时一年可以增长1.2GB，即使将全部的区块头存储在内存之中也不是问题。

5. 简化支付认证

而回收硬盘空间所带来的问题就是简化支付认证的问题，因为有些节点已经不会持有全部区块信息，这里相当于一种存储与安全便捷的博弈。

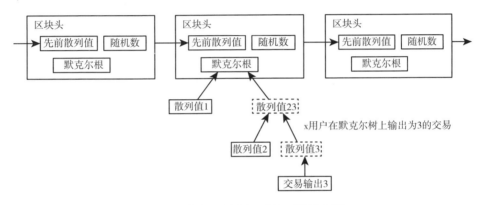

图1-5 最长工作量证明链区块示意图

同样，中本聪用图1-5表明，只要有Hash链就行，只要持有了Hash作为标识，无论什么节点，总能从其他节点上请求到原始信息。用户只需要保存最长的那条工作量证明链的区块头的复制，就可以通过网络节点和默克尔树分支追溯到所需要的交易信息。这是存储与安全便捷的一个博弈结果。

在比特币的白皮书里，中本聪用数学和算力构建出一个关于比特币的神奇世界。

我们可以看出，中本聪不仅是一个加密专家、数学"大咖"、经济学者，而且还是一个心理学家。中本聪所设立的奖励机制，在人性对一夜暴富的疯狂追求下，成为比特币前行的最重要的引擎之一。

---

① 摩尔定律：由英特尔（Intel）创始人之一戈登·摩尔（Gordon Moore）提出。其内容为：当价格不变时，集成电路上可容纳的元器件的数目，每隔18~24个月便会增加一倍，性能也将提升一倍。换言之，每一美元所能买到的电脑性能，将每隔18~24个月翻一倍以上。这一定律揭示了信息技术进步的速度。

"我可以计算出950万万亿中那个唯一的哈希值,却无法计算人性的疯狂!"这是一个比特币信仰者对现在市场的感慨。

创世区块:Block #0 的诞生

2008年11月,中本聪首次现身,在"密码学讨论组"上发帖,提出比特币的白皮书。这封帖子并没有得到其他人过多的关注,但这并没有影响中本聪的规划。

2009年1月3日,中本聪将自己的思考真正落地,他在赫尔辛基的一个小型服务器上创建、编译、打包了第一份开源代码。

尽管这份代码非常简陋,至今仍被很多程序员嘲笑,然而它还是正常运行了SHA256运算、RIPEMD-160运算,写入版本类型、Base58编码。在UTC(世界协调时间)2009年1月3日18点15分比特币世界的第一个区块(block)被创建。

这一天被比特币信徒称为"创世日",标志着比特币的产生,第一个区块被称为"创世块",中本聪则成了"创世主"。而那块创世区块的开源代码注释如下所示。

```
GetHash() = 0x000000000019d6689c085ae165831e934ff763ae46a2
a6c172b3f1b60a8ce26f
hashMerkleRoot=0x4a5e1e4baab89f3a32518a88c31bc87f618f76673
e2cc77ab2127b7afdeda33b
txNew.vin[0].scriptSig=48660479940x736B6E616220726F6620747
56F6C69616220646E6F63657320666F206B6E697262206E6F20726F6C6
C65636E6168432039303022F6E614A2F33302073656D695420656854
txNew.vout [0] .nValue = 5000000000
txNew.vout[0].scriptPubKey=0x5F1DF16B2B704C8A578D0BBAF74D3
85CDE12C11EE50455F3C438EF4C3FBCF649B6DE611FEAE06279A60939E
028A8D65C10B73071A6F16719274855FEB0FD8A6704 OP_CHECKSIG
block.nVersion = 1
block.nTime = 1231006505
block.nBits = 0x1d00ffff
block.nNonce = 2083236893
```

```
CBLOCK (hash= 000000000019d6, VER = 1, hashPrevBlock =
00000000000000, hashMerkleRoot = 4a5e1e, ntime=
1231006505, nbits = 1d00ffff, nNonce = 2083236893, VTX =
1)
   CTransaction (hash = 4a5e1e, ver = 1, vin.size = 1, vout.
size = 1, nLockTime = 0)
     CTxIn (COutPoint (000000, -1), coinbase 04ffff001d01044
55468652054696d65732030332f4a616e2f32303039204368616e63656
c6c6f72206f6e206272696e6b206f66207365636f6e6420626169c6f7
57420666f722062616e6b73)
     CTxOut (nValue = 50.00000000, scriptPubKey =
0x5F1DF16B2B704C8A578D0B)
   vMerkleTree: 4a5e1e
```

在比特币网络中，数据会以文件的形式被永久记录，这些文件也就是区块。作为重要的数据载体，一个区块包含了诸多信息。区块链是比特币网络的账本，每个区块相当于账本中的一页。以创世区块为例，我们来看看一个区块记载了哪些信息。

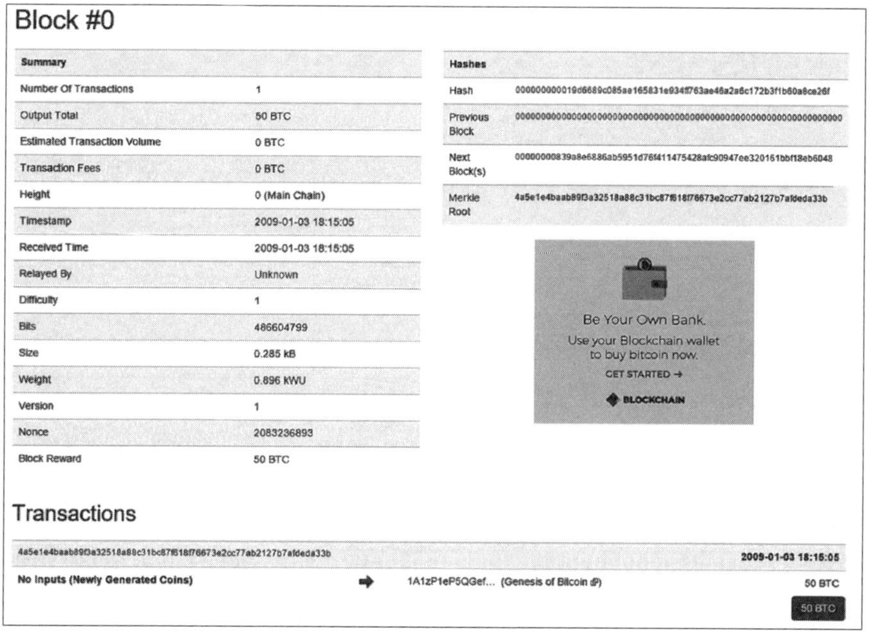

图 1-6 区块信息

如图 1-6 所示，在一个区块信息的截图中包含了许多信息，可分为三部

13

分：Summary（概览）、Hashes（哈希值）、Transactions（交易）。

Block #0

Summary	
Number Of Transactions	1
Output Total	50 BTC
Estimated Transaction Volume	0 BTC
Transaction Fees	0 BTC
Height	0 (Main Chain)
Timestamp	2009-01-03 18:15:05
Received Time	2009-01-03 18:15:05
Relayed By	Unknown
Difficulty	1
Bits	486604799
Size	0.285 kB
Weight	0.896 kWU
Version	1
Nonce	2083236893
Block Reward	50 BTC

图 1-7 区块信息概览

图1-7中，第一部分是Summary（概览），是简易"身份证"，它是区块的基本信息。

Number of Transactions表示交易数量，其值为1，表明这个区块中只有一笔交易，在创世区块里，这一笔交易是系统对中本聪挖矿的一笔奖励交易；Height在行业中表示区块高度，表示区块的链接在主链的个数，即达到了第几个区块，其值为0，说明这个区块为最底层区块，代表一种创世的意义；Difficulty则是比特币挖矿的一种难度，也就是该区块工作量证明算法的难度目标，直观地展现出创造这一块区块的难度。

Timestamp 则像一种交易时间的确认，即时间戳的概念。2009 年 1 月 3 日 18 点 15 分（UTC），这个时间戳标志着创世区块在这个时间被创建；Size 则是区块的大小，即字节；Version 是交易数据结构的版本号，表示本区块遵守的验证规则；Block Reward 是一种奖励，在中本聪挖矿的过程中，这是系统对"矿工"挖矿劳动的一种奖励，最终中本聪获得了 50 个比特币的奖励；而其中 Nonce 表示一种随机值，起到一种验证作用，而验证的对象就是图 1-8 中的哈希散列值，随机数不断迭代，直到哈希有效。

Hashes	
Hash	000000000019d6689c085ae165831e934ff763ae46a2a6c172b3f1b60a8ce26f
Previous Block	0000000000000000000000000000000000000000000000000000000000000000
Next Block(s)	00000000839a8e6886ab5951d76f411475428afc90947ee320161bbf18eb6048
Merkle Root	4a5e1e4baab89f3a32518a88c31bc87f618f76673e2cc77ab2127b7afdeda33b

图 1-8 区块哈希

如图 1-8 所示，Hashes（哈希值）这一部分，则是区块的唯一标识。

Hash 表示对应区块的哈希值，是随机数，也是这个区块的唯一编号；Previous Block 表示前一个区块的哈希散列值，Block #0 作为最底层的第一个区块，不存在前一个区块，因此 Previous Block 也就为 0，是无效值；而 Next Block 则表示下一个区块的哈希值。如此，哈希就将各区块一个个连接起来，形成了链式结构，这也就是区块链之所以称为"链"的原因。

Merkle Root 是默克尔根，比特币系统中每个区块都有一个默克尔树。默克尔树是一类基于哈希值的二叉树或多叉树，其叶子节点上的值通常为数据块的哈希值。Merkle Root 哈希值存在于每一个区块的头部，通过这个 Root 值连接着区块体，而区块体内则包含着大量的交易。每个交易都是一个数据块，而每一个交易本身都有自己的哈希值来唯一标识自己。

图1-9 区块交易详情

如图1-9所示,剩下一部分是Transactions(交易),是具体的一个交易详情。

在这里,它详细记载了每笔交易的转出方、收入方、金额及转出方的数字签名,即交易双方的钱包地址,是每个区块内的主要交易内容。

在创世区块的这部分截图里,该区块只有一笔交易,而这一笔交易是中本聪挖矿挖出来的奖励,中本聪挖出了创世块,系统奖励了他50个比特币。因此它没有输入(input)只有输出(output),也就是说,它没有发起人的账户地址,只有接收人中本聪的账户地址,这笔交易是系统给他的一笔奖励交易,而交易金额就是50个比特币。

2009年1月3日,第一个区块Block #0就这样诞生了。

而那天,中本聪在创世块的Coinbase中写下了不可修改的一句话"The Times 03/Jan/2009 Chancellor on brink of second bailout for banks(2009年1月3日,财政大臣正处于实施第二轮银行紧急援助的边缘)",这句话正是《泰晤士报》当天的头版文章标题。

通过区块链的时间戳服务和存在证明,第一个区块产生的时间和事件就这样被永久性地保留下来。有人说,这是一种证据,也是一种对全球金融体系的讽刺。无论是哪种猜测,这句话都被留在了创世区块里,永远不可篡改,永远真实有效。

结语:区块链的创世之旅

深谙密码之道的中本聪一直小心隐藏着自己,他聪明而谨慎,所有公开消息都通过暗网传达,很多人试图找出他,却仍一无所获。

2008 年金融危机，中本聪突然出现在"密码朋克"的邮件列表中，提出自己的创意。

2009 年 1 月 3 日，中本聪发布了开源的第一版比特币客户端，宣告了比特币的诞生。

2010 年 12 月 12 日，中本聪在比特币论坛上发布最后一个帖子，活动频率逐渐降低。

2011 年 4 月，中本聪发布最后一项公开声明，宣称自己"已经开始专注于其他事情"。

此后，中本聪消失，再未现身。

传奇也好，传说也罢，而起源于比特币的区块链，已经开启了它的创世之旅。

> **思考题**
>
> 中本聪深谙密码之道，神龙见首不见尾，你有什么办法可以找到他吗？

区块链与比特币是一枚硬币的两面,
没办法分开,但无论是金融圈还是科技圈,
在集体唱红区块链的同时,
却远远避开了比特币这个"黑色奇点"。

第2章

区块链和比特币:
红与黑?

Blockchain(区块链)溯源

在中本聪的比特币白皮书里根本没有Blockchain(区块链)这个词,只有chain(链)。chain一开始只是比特币系统的子集。

后来出现了各种山寨币系统,如莱特币、点点币等。这样的山寨币成百上千,都没有跳出中本聪的"公共账本"概念。为了将所有系统抽象出一个总的概念,人们就约定俗成地造出了一个新单词——Blockchain。因此可以从以下三个方面理解。

① 区块链是比特币的原创核心技术。在比特币被发明之前,世界上并不存在区块链。

② 从技术层面来讲,区块链和比特币是同时诞生的,是一种孪生关系。

③ 比特币发明之后,很多人参考比特币中的区块链,使用类似的技术实现各种应用,这类技术统称区块链技术。用区块链技术实现的各种链即为区块链。

区块链和比特币的关系

区块链（Blockchain）技术的产生和发展离不开比特币，只要谈及区块链，比特币就是始终绕不过去的话题。区块链是基于比特币诞生的，并且区块链的发展也源于比特币的造势。区块链与比特币的联系与区别如下。

1. 区块链是为比特币而生的

中本聪的本意是想创建一套"基于密码学原理而不基于信用，使任何达成一致的双方能够直接进行支付，不需要第三方中介参与"的电子支付系统。本质上比特币是一种新的支付手段，它的创新核心在于依靠加密学去除支付交易对中心机构的依赖，即不再需要中心机构担任账户开立、交易审核、账户余额变动记录等职责，实现了用户与用户之间点对点的直接交易。

在这里需要厘清两个概念，Bitcoin是比特币支付网络，bitcoin才是比特币，bitcoin是运行在Bitcoin网络上的一种加密货币。

如果你不是一个中立的技术派，仅仅从自由主义者的角度来解释，会得到这样的分析：中本聪是想利用加密技术实现资金转移，而不再依赖于中央银行。

（1）世界上第一笔比特币交易

世界上第一笔比特币交易诞生于2009年1月12日，中本聪向密码学家哈尔·芬尼（Hal Finney）转了10个比特币，那笔转账也由此成为人类历史上第一次摆脱受信第三方金融机构而完成的点对点交易。

图 2-1　第一笔比特币交易详情

如图2-1所示，2009年1月12日 03:30:25共发生两次交易，其各对应着自己的唯一标识交易哈希。第一笔交易哈希"b1fea52486ce0c62bb442b530a3f0132b82 6c74e47"是一种特殊的奖励交易，是由中本聪挖矿获得的50个比特币奖励，所以no input（没有输出）。这种交易属于产量交易（Generation），每个block都对应一个产量交易（Generation Tx），该类交易是没有输入交易的，挖出的新币是所有币的源头，也就是挖矿所得。

第二笔交易哈希"f4184fc596403b9d638783cf57adfe4c75c6 05f6356fbc"是最常见的交易类型，称为通用地址交易（Pubkey Hash），由 N 个输入、M 个输出构成，输入和输出可简单理解为发出币的地址和收到币的地址。图中"12cbQLTFMXRnSzktFkuoG3eHoMeFtpTu3S"是中本聪（即交易发起者）的地址，"1Q2TWHE3GMdB6BZKafqwxXtWAWgFt5Jvm3"为哈尔·芬尼（即接收者）的地址，交易中芬尼共收到10个比特币。

（2）多重签名交易

除了这两种交易外，还有一种合成地址交易（Script Hash）。该类交易的接收地址不是通常意义的地址，而是一个合成地址，以3开头，需要几对公私钥一起生成合成地址。它又叫作多重签名钱包，在生成过程中可以指定几对公私钥中的几个签名，验证通过后，就可以消费该地址的比特币。

为什么要介绍多重签名钱包？因为这里涉及更重要的商业应用，比特币的网络脚本语言不是图灵完备[①]的，但能给第三方应用提供接口。这也是比特币的伟大之处，它的生命在于本身可以进化。多重签名依托于P2SH协议[②]，引入了比特币所有权 M of N（$M\leqslant N$）判断机制，让传统电子商务成为可能。

这里我们以中国第一个加密货币电子商务平台币须网的应用为例，它是在世界范围内第一家把多重签名技术应用到比特币交易中的网站。因为有多重签名

---

① 图灵完备，通常指具有无限存储能力的通用物理机器或编程语言。图灵，即艾伦·麦席森·图灵（Alan Mathison Turing），计算机科学之父，对于人工智能的发展有诸多贡献，提出了一种用于判定机器是否具有智能的试验方法，即图灵试验。他提出的图灵机模型也为现代计算机的逻辑工作方式奠定了基础。

② P2SH协议，Pay to Script Hash 的缩写，是 MS 多重签名的简化版本。使用 P2SH，可以发送比特币到各种以非常规方式来保障安全的地址，而不需要知道安全建立的任何细节。

技术的保证,币须网无法随意挪用交易资金,并且,买家和卖家都可以透明地看到这笔交易资金的安全存储,由此保证交易资金的安全性。可以看到这里的想象空间非常大,比特币也是可以应用到电子商务中进行交易、买卖、退款的。

因此,如果说比特币未来真的能成为一种互联网货币,那多重签名技术的灵活运用就显得尤为重要。

2．比特币:区块链的杀手级应用

(1)比特币在加密货币中的市场份额

当前,区块链技术的主要应用领域仍在各类加密货币,其他的应用场景落地极少。

CoinMarketCap数据显示,目前,已知的加密数字货币过千种,截至2018年1月1日,比特币依旧占据着币圈龙头老大的位置,市场份额占据整个加密货币市场的1/3左右,如表2-1所示。比特币作为区块链的第一个应用,堪称杀手级应用,自诞生以来,无疑也是目前区块链技术最成功、最成熟的应用案例。

表2-1 2018年1月各主流数字货币市场份额

加密货币	2017年涨幅	最后一周涨幅	当前市场份额
比特币	1368.90%	−6.94%	37.41%
以太坊	9394.73%	14.29%	12.74%
莱特币	5260.28%	−10.76%	2.08%
Ripple[①]	35566.44%	108.40%	14.07%
比特币现金	513.23%	−12.80%	6.91%

注:数据来源于资产评级机构Weiss Ratings。

(2)比特币:一个去中心化的区块链账本

在比特币的系统中,其实最重要的并不是"币"的概念,而是一个没有中心存储机构的"账本"的概念,"币"只是在这个账本上使用的记账单位。我们从小岛经济学的记账方式来谈货币的本质就更容易理解。比特币本质上就

---

① Ripple,是世界上第一个开放的支付网络,通过这个支付网络可以转账任意一种货币,包括美元、欧元、人民币、日元或比特币,简便、易行、快捷。

是一个基于互联网的去中心化账本,而区块链就是这个账本的名字。在这里我们还可以做一个更为形象的类比:假如区块链是一个实物账本,那么每个区块就相当于这个账本中的一页,每10分钟生成一页新的账本,每一页账本上记载着比特币网络这10分钟的交易信息。

当比特币的交易数据被人记入账本之后,其他的记账人会确认这个交易是否有效,确认这笔钱没有被重复花费且拥有有效的数字签名之后就通过。此时,这笔交易才能被连到全世界的区块链这个总账本中,交易就算初步确认了。

(3)区块链不可篡改的特性

一般情况下,每一笔交易在连续得到6个区块确认,也就是6个10分钟记账之后,才能最终在区块链上被承认是合法交易。

每时每刻,比特币全网的节点都在向网络广播交易,每笔交易经10~60秒就能广播至全球所有节点,速度取决于节点的网络连接状况。这些广播出来的交易在经过矿工的验证后,打包到数据块中,串起来形成环环相扣的区块链,一经6次确认便几乎无篡改的可能性。

要修改某个区块上的数据,得从这个区块开始重新计算之后的所有区块,考虑到比特币全网9 211 434 TH/s哈希运算的算力,地球上在比特币网络之外暂时并不存在足以逆转比特币交易的计算能力。也就是说,被确认的交易一旦加入区块链中,就不会再被移走,记录也不可被任何人篡改。

(4)区块链账本的优势

任何一个账本记录的内容都必须是唯一的,否则账本就没有意义。这就导致记账天然是一种中心化的行为,而传统的账本也多是一种中心化账本。但中心化的记账有一些显而易见的弱点:一旦这个中心出现问题,如被篡改、被损坏,整个系统就会面临危机甚至崩溃。并且,中心化的记账方式对中心本身的能力、相应的监管法律和手段,以及参与者对其的信任都有极高的要求。

而区块链这个账本相比于传统的中心化记账方式,有着天然的去中心化、无须信任系统、不可篡改、加密安全性等明显优势。全民记账的区块链在牺牲一点效率的情况下,获得了极大的安全性。

① 无法摧毁。因为没有一本中央大账本,所以每个节点都仅仅是系统的

一部分，每个节点权利相等，都有着一模一样的账本。摧毁部分节点对系统并没有影响。

② 无法作弊。只修改自己的账本别人不会承认，因此全世界的用户都可以担当监管者的角色，系统会参照多数人的意见来决定最后的结果。

3. 比特币的区块链技术并不等于区块链技术

比特币的区块链毕竟只是为比特币体系的设计而定制的，因此，比特币的区块链技术并不等于区块链技术。除了应用于比特币外，区块链技术还可以有更多种不同形态、体系、用途和规格的技术。

（1）可信任的区块链系统

区块链技术不是一种单一的技术，而是多种学科与技术整合的结果，包括密码学、数学、经济学、计算机技术等。这些学科与技术组合在一起，就形成了一种新的去中心化数据记录与存储体系，并对存储数据的区块打上了时间戳，使其形成一个连续的、前后关联的诚实数据记录存储结构。其最终目的是建立一个保证诚实的数据系统，可将其称为能够保证系统诚实的分布式数据库。

在这个系统中，只有系统本身是值得信任的，所以数据记录、存储与更新规则是为建立人们对区块链系统的信任而设计的。诚实意味着系统可以被信任，这正是商业活动和应用推广的前提，所以区块链技术被很多领域的主流机构看中并非没有理由。因为有了区块链技术，在一个诚信的系统里，许多烦琐的审查手续可以省去，许多因数据缺乏透明度而无法开展的业务可以开展，甚至社会的自动化程度也将大幅度提升。

近年来，高盛、摩根大通和纳斯达克等金融机构对区块链技术进行重点研究，就是因为这些机构的金融业务大都具有标准化程度高、连续性强、自动化需求大、业务对信用度要求高等特点，而这些正好与区块链的优势高度契合。

（2）区块链的发展体系

区块链自应用于比特币以来，其自身的发展应用早已超越比特币（区块链1.0），进入区块链1.5时代，并且向金融领域（区块链2.0）过渡。总体而言，区块链的发展体系可以划分为四个阶段，如图2-2所示。

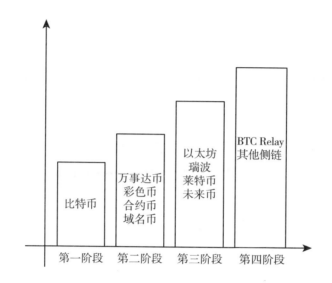

图 2-2 区块链的发展体系示意图

第一阶段是比特币区块链。

第二阶段是使用比特币区块链协议,但不使用比特币货币的系统,如万事达币、彩色币、合约币,以及采用合并"挖矿"的域名币等。

第三阶段是同时使用独立货币和独立区块链的系统,如以太坊、瑞波、莱特币和未来币等。

第四阶段是侧链,采用独立的网络但以比特币作为底层货币的系统,如BTC Relay等。

离开比特币,区块链是否一文不值?

比特币和区块链到底是怎样的关系?这一直是币圈里争论不休的话题之一。

其中,不少人持有这样的观点:区块链技术才是有价值的东西,而以比特币为代表的加密货币只是一个不成熟的泡沫,随时可能被取代。同样,有人认为,若将比特币与区块链独立开来泛泛而谈,离开加密货币作为其中的流通载体,那么区块链很可能一文不值。关于两者的关系,以下两点值得思考。

1. 加密货币和区块链处于共生关系

区块链无法脱离加密货币而单独存在。因为如果没有货币的激励,那么区块链的应用场景可能无人驱动,再好的概念如智能合约、物联网等最后都会成为无源之水。

2. 加密货币—算力—区块链三者的价值处于动态平衡状态

加密货币的价值、维护区块链的代价(算力)、区块链的价值,这三者处于一个动态平衡状态。如果否定了三者价值中的任何一个,另外两个的价值就岌岌可危。中本聪当初设置PoW(工作量证明)机制,需要耗费算力才能获得比特币,就是为了三者能在自由市场中保持一个平衡运转的状态。假设我们把工作量看作是一种必须支付给人们的东西,那么,如果你没有付出任何东西,则工作量为零,而比特币满足PoW的这两个定义。如果没有回报,则没有人愿意花钱制造专门的硬件和消耗电力。因此,比特币的区块难度代表了已付出的价值12.5BTC的劳动量的数学证明。结论是,如果你在竞争市场中付出了固定的投资之后,市场竞争就会驱使对应的工作量回报你,让你把钱挣回来。

因此,如果维护区块链不需要代价、耗费算力,那么比特币就会没有价值,而攻击区块链就会变得非常容易;如果比特币没有价值,那么就不会有人愿意"挖矿",维护区块链的代价就会变小,从而区块链就会失去价值;如果区块链没有价值,那么比特币也不会有价值,维护区块链就更没有必要。相反,如果比特币价格非常高,那么就会有很多人愿意参与到比特币"挖矿"的活动中,从而使维护区块链的代价升高,试图攻击区块链的成本也会提高,区块链变得更安全,其价值就会上升。

在现实情况中,我们可以看到比特币的发展历史也完全验证了这个结论,随着比特币价格的不断上升,算力一路增长,区块链也变得越来越炙手可热。

但离开比特币,区块链是否一文不值就值得思考了。这个问题延伸开来就是,一个区块链项目如果不发行代币,那它到底是不是一个真正值得投资的区块链项目?这在2018年的区块链行业中仍存在极大争议。

红与黑：区块链和比特币

2009年至2013年，全球基本是处于"只谈比特币，不知区块链"的状态。从2014年年底开始，传统机构和互联网人士"高谈区块链，鄙夷比特币"。

为什么会发生这种情况？这是有原因的。比特币自诞生以来走过一些"暗黑"之路，它自带传播体系，行走于灰色地带，其隐蔽性强的产品设计，易于操控的资金存量，都是传销组织的天然喜好。它集纳了大批无政府主义信徒，包括部分原教旨主义者也野心勃勃，试图颠覆央行的货币发行权和主权国家对货币的控制权，每一桩每一件都让各国监管层对其颇为警惕。

但经过2013年的比特币风暴洗礼，很多大公司的IT高管、具有技术背景的金融学者也开始关注比特币，同时比特币社区也变得越来越理性温和，不再强调比特币的自由主义色彩，而是重提它的基础技术区块链。区块链由黑变红也是在这个阶段，它开始成为各大金融机构、IT巨头争相研究的对象，并且被迅速认定为互联网发展的新引擎和"红二代"。

而区块链技术开始在中国迎来第一个小高潮则是在2015年下半年。中国股市暴跌后，金融圈一片悲鸣，部分敏感的投资经理开始关注区块链＋金融。一时间，区块链支付、区块链票据、区块链保险、区块链供应链金融等创业公司大量涌现。2016年12月，国务院将区块链技术纳入"十三五"规划，首次将区块链技术升级到国家战略高度，后续央行推出基于区块链的数字票据交易平台、工业和信息化部发布首个《区块链参考架构》等举措，极大地推动了我国的区块链产业化进程。现阶段的区块链技术，除了金融领域外，在电子存证、产品溯源防伪、供应链管理、物联网等多个方面都有创新应用。

这时的区块链已不仅仅是比特币原教旨主义者眼中的区块链了。

结语：个人转账的一小步，货币史上的第一大步

回到开头，2009年1月12日中本聪向哈尔·芬尼转了10个比特币，在收到中本聪的比特币后，2010年11月16日芬尼才将这笔钱花出去。

这是他们个人的一小步,却是货币史上的第一大步。

比特币是否真的能够实现其货币理想,直到2018年仍然是个巨大的问号。

不过,我们要记住塔勒布在《黑天鹅》中曾经说过的:历史,是跳跃着前进的。它总在我们不经意间,跳上我们无法想象的断层。

思考题

在自由主义者眼里,中本聪创立比特币是想利用加密技术实现资金转移,而不再依赖于央行。那么,你认为比特币会成为全世界的通用货币吗?

比特币的支付网络
正成为另一种互联网基础设施——"信任"。
简单点说吧，
你不需要信任人类，
信任区块链就够了。

第3章 工作原理：信任的机器

千百年来，人类始终被信任问题困扰着。

为更好地解决信任问题，人类一直在前赴后继地探索着，甚至过去400年的金融发展史所应用的各种机制性产品、手段、系统，所出现的各种银行、交易所等，都是为了解决信任问题。但从古至今，这些解决方式都爱犯一个毛病——垄断。

这种垄断的出现造成了一个问题：普通老百姓和交易机制之间的连接要靠一批巨大的寄生机构来实现，那就是今天的金融中介机构。

区块链最大的成功便在于解决了信任问题，且这份信任的根基不依赖于人性，不依赖于垄断中介，而基于数学。

人性是善变的、自私的，垄断是暴力的、集权的，而数字是永恒的、透明的。

试想未来的某一天，全球大多数的资产都区块链化了、数字化了，那该是一个多么美好的世界。因为在那个世界里，连空气都透射着信任的光芒，每个人都会诚实互信，任何欺诈行为都会暴露无遗，人类会因为摩擦成本变小而创造更多的财富。

中心化信用危机

互联网更擅长的是"信息共享"而非"价值转移"。现实生活中，为了实现在互联网上的"价值转移"，出现了很多中心化的第三方或者政府信用背书的中介机构。因此，在"信用"问题上，我们似乎别无选择，只能信任这些机构。

可是，如果这些中介机构或者是第三方出现了信用问题呢？

如果哪天支付宝被黑了，你的钱去哪里找回来？再举一个例子：你来到一个古董店，店主向你推销一枚和田玉扳指，并拿出一份某某著名玉石大师所开的玉石鉴定书，你会信任他吗？一份鉴定书能够证明扳指的品质和来源吗？你一定充满了疑问。

网络上曾流行"怎么证明我妈是我妈"的新闻，其实这是一个直接用区块链就能解决的问题。过去，我们的出生证、房产证、婚姻证等，因为有了政府这一中心节点背书，大家才会承认。但一旦跨国，就会遇到无穷的麻烦，合同和证书可能因不被一些国家承认而失效，因为它缺少全球性的中心节点来统一共识。

从小范围来看，一个企业很可能会出现系统宕机的问题；从大范围来看，也可能出现部分国家战乱冲突不断，不同政党交替执政，法定货币瞬间变成废纸等情况。

又该如何避免这种信用危机呢？

"去中心化系统"的信用机器

传统第三方属于一种中心化模式，信任无法得到根本保障，而区块链技术则属于一种去中心化模式。区块链技术运用去中心化账本，通过同步账本所有信息来避免欺诈和人为操控，将信任实现为"机器的信任"。其对比示意图如图3-1所示。

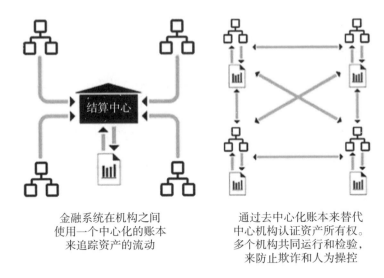

图 3-1 传统"信任中介"模式 vs. 区块链去中心化模式

在介绍区块链时,你肯定听说过"分布式记账"这个说法。

顾名思义,"分布式记账"就是分布在不同地方的个体一起进行记账。所有的信息都需要记录到一个账本上,就像公司财务一样,而常听到的"节点",其实就是一台计算机。

如何实现这个分布式记账操作呢?

在区块链系统中,所有节点同时各记各的账肯定不行,需要用一个得到大家认可的账本来记录,再把它作为唯一的账目凭证来使节点不断向前发展。但是以谁的账本为标准,就需要所有参与记账的节点达成共识,也就是我们常常听到的"共识机制"。

这个机制目前的常规标准:谁记账记得又好又快,就让谁负责某一个时间段内的记账工作,然后由他把这段时间内的账目打包成一个块,即"区块(block)"。

当这个区块里的账目记录好后,这个节点会把这个区块同步发送给其他节点。其他节点核实无误后,再将这个区块的内容都记录到自己的账本里。紧接着这些节点再开始下一轮记账竞争,争夺下一个时间段记账的权力。

为什么要竞争呢?

因为记账又好又快的那个节点会获得预先设定好的系统奖励。

以比特币为例，2013年以前，"挖矿"成功一次将获得50个BTC（比特币）的奖励，2013年到2016年成功一次奖励25个BTC，每4年递减一半，按照2018年的市值，是奖励12.5个BTC，奖励依旧丰厚，这也是这些节点（矿工）有竞争动力的原因。但各节点都觉得自己才是记账最好、最快的那个，怎么办呢？这就需要共同遵守一些规则，规则如下：

① 我们的共识其实就是选择最优秀的记账者，这种选法一定是绝大多数记账人同意的，所以才能形成这个共识；

② 假如有部分人不认可这个共识，然后自行去记录自己的账本，这不会获得绝大多数节点的同意，系统也不会给予奖励；

③ 系统计算很快，作恶成本很高，假如耗费精力去做少数人认可的事情，就意味着会失去很多争夺记账权力的机会。在比特币系统中，这个区块就会成为一个孤立在外的块，即常说的"孤块"，孤块在比特币区块链中是不被接受的，会被抛弃。

那么，又为什么要做这样极耗费精力、花费成本的事情呢？

上述不停记账的这个过程可以理解为是传递有价值信息的过程，如转账或传递一些重要商业信息、隐私信息等的过程。竞争"共识机制"必然会造成带宽和存储空间的浪费，这可以理解为是"去中心化系统"的运作成本，成本只能节约，却无法避免。

面对依赖于第三方而始终存在的信用危机，区块链基于数学原理解决了交易过程的所有权确认问题，确保了系统对价值交换活动的记录、传输、存储结果都是可信的。它直接将信任变成非第三方担保的代码程序的信任，即区块链自规则，用代码这一机器语言去实现用户间的信任，哪怕用户相互之间不信任，也一样可以达成相互的目的，即达到"无须信任的信任"。

区块链的4个技术创新

区块链主要解决了交易的信任和安全问题，能够解决这些问题，在于它针对这些问题提出了四个技术创新。

1. 非对称加密和授权技术

非对称加密技术是针对对称加密来说的，对称加密就是在对数据信息加密时使用同一密钥进行加密解密。对称加密技术存在很大的缺陷。通过对称加密技术中的唯一密钥，很容易推算破解出被加密过的数据信息，这一缺陷在加密数据传输的应用中是致命的。

而非对称加密是1976年美国学者Dime和Henman为解决信息公开传送和密钥管理问题，提出的一种新的密钥交换协议。这是一种允许在不安全的媒体上的通信双方交换信息，并能安全地达成一致的密钥。与对称加密只有一个密钥不同，非对称加密有两个密钥：公钥和私钥。公钥是公开全网可见的，所有人都可以用公钥来加密信息，保证了信息的真实性；私钥只有信息拥有者知道，被加密过的信息只有持有对应私钥者才能够解密，这保证了信息的安全性。私钥对信息签名，公钥验证签名，私钥持有人是否转移出价值可以通过公钥签名验证信息来确认；公钥对交易信息加密，私钥对交易信息解密，私钥持有人解密后，可以使用收到的转移价值。

在区块链系统内，价值转移过程的信任机制主要是通过"非对称密钥对"完成两项任务来实现的，即"证明你是谁"和"证明你对即将要做的事情已经获得必需的授权"。"密钥对"需要满足以下两个条件：

① 对信息用其中一个密钥加密后，只有用另一个密钥才能解开；

② 其中一个密钥公开后，根据公开的密钥也无法测算出另一个，其中这个公开的密钥称为公钥，不公开的密钥称为私钥。

在区块链上，其存储的交易信息是公开的，但是账户身份信息却是高度加密的，信息只有在数据拥有者授权的情况下才能访问到，身份验证授权保证了数据的安全和个人的隐私。

区块链根据加密算法生成记录，由区块链生成的记录会被永远记录，无法篡改，这就超越了传统意义上需要依赖制度约束来建立信用的做法。通过算法为人们创造信用，在没有中心化机构的情况下达成共识背书。图3-2中的RSA

算法就是如此，发送者通过私钥加密数据，然后发送这个数据，接收者利用公钥验证后使用公钥解密数据，这样接收者就能使用发送者发来的加密数据了。

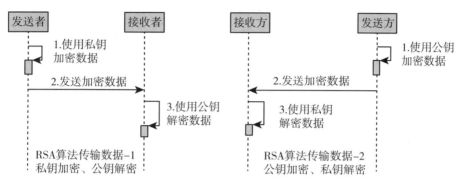

图 3-2　非对称加密算法——RSA 算法

2．分布式账本

传统的记账方式是将所有的交易记录存储在一个中心节点上，存在着记账不透明、可修改账本等缺陷。而分布式账本的出现克服了这些缺陷，分布式账本中的交易记账是在多个网络节点上共同完成的，单一节点记录的账目是不被承认的。每个节点都会同步账目信息，所以每个节点上都会存储完整的账目。分布式账本使每个节点可以参与监督交易的合法性，也可以共同为交易证明，还解决了传统中心化记账下发生的单一记账人在被控制、贿赂下记假账等问题。

由于记账节点足够多，从理论上讲，除非所有的节点一起篡改，否则账本将无法更改，所以区块链基于技术优势解决了交易过程中的安全信任问题。

分布式账本技术不相信人性，将监管层或者第三方中心机构的信任转移到基础架构，使整个系统变得安全可靠。虽然分布式账本会因具体区块链的设计而不同，但其具有容错率高、透明公开、不可篡改等特点，解决了各方交易的安全信任问题。

图 3-3 所示为分布式账本与传统中心账本的比较。

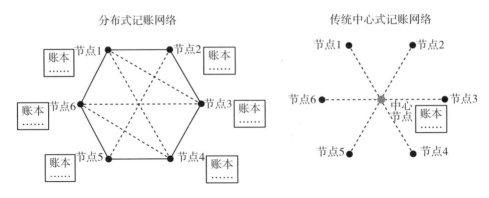

图 3-3 分布式账本 vs. 传统中心账本

区块链技术的容错率高保证了交易环境的安全性。区块链节点众多，可以从数百或数千节点中访问区块链内的信息，任何单一节点的故障不会危及整个区块链，除非所有节点都出现问题，理论上这种情况是不存在的。例如，在诞生至今的9年里，比特币经历了区块链分叉、价格剧烈波动、全球最大交易所欺诈丑闻等一系列波折，但其系统表现出了良好的安全性和抗攻击性，至今比特币仍成功运行在世界各地的节点上。

区块链技术的透明性和不可篡改性保证了交易记录的安全性。区块链分布式账本存在多个完全相同的节点，而任何数据更新都会被同步至这些节点之中，一旦某一节点数据被修改，账本在同步过程中会立刻识别并不予接收。当新数据写入区块后，新生成的区块通过共识机制按时间顺序加入区块链，流程不可逆转，并且账本上的任何变动都可追溯，任何试图篡改信息的人将付出巨大的成本甚至得不偿失。

区块链技术通过密钥控制和有权限的使用保证了交易过程的隐私性。基于分布式控制特点，区块链将私密性和匿名性嵌入用户自己控制的隐私权限设计中，向授权方共享基本信息，但不会泄露个人身份，可以实现对经济状况、家庭状况、健康状况等一些私人且机密信息的保护。除非节点被破坏，否则账目就不会丢失，从而保证了账目数据的安全性。

3. 智能合约

智能合约是不依赖第三方，自动执行双方协议承诺条款的代码合约。以医疗为例，如果说每个人的信息（包括医疗信息和风险发生的信息）都是真实可信的，那么在一些标准化的医疗缴费中，智能合约就可以直接进行自动化转账。

区块链技术的智能合约不依赖第三方自动执行双方协议承诺的条款，具有预先设定后的不变性和加密安全性，从规避违约风险和操作风险的角度较好地解决了参与方的信任问题。智能合约在现实生活中一个典型的应用场景就是自动售货机，基于预先设计的合同承载，任何人都可以用硬币与供应商交流。通过向机器内投入指定面额的货币，选择购买的商品和数量，自动完成交易。自动售货机密码箱等安全机制可以防止恶意攻击者存放假钞，保证自动售货机的安全运行。

日趋完善的智能合约将根据交易对象的特点和属性产生更加自动化地协议。人工智能的进一步研究将允许智能合约了解越来越复杂的逻辑，针对不同的合同实施不同的行为。更加成熟的数据处理系统能够主动提醒起草人合约在逻辑或执行方面存在问题的地方，从而扩大智能合约的应用范围和深度，更好地解决交易过程中的信任风险。

4．共识机制

共识机制就是所有记账节点之间怎么达成共识去认定一个记录的有效性，这既是认定的手段，也是防止篡改的手段。区块链的共识机制发展到现在，出现了很多不同的类别，适用于不同的应用场景。

以比特币为例，其所采用的是工作量证明，只有在控制了全网超过51%的记账节点的情况下，才有可能伪造出一条不存在的记录。当加入区块链的节点足够多的时候，伪造和篡改基本上不可能，若想篡改记录，成本将变得无限高，这就杜绝了作恶的可能。

不过，这种51%算力攻击的高成本杜绝了作恶可能的情况，基于攻击者是理性的假设，即攻击者是为了获得利益而攻击的。倘若是抱着玉石俱焚之心、不计成本、不求回报的疯狂攻击行为，则另当别论。并且，比特币世界还存在一种非51%算力攻击的可能，即无须51%算力就可以发动51%攻击，如45%算力，这种非51%算力攻击有一定的成功可能性，但并非是确定性的成功。因而，我们说，虽然共识机制一定程度保障了信任机制，但这种防篡改的技术创新依然存在着一定概率的风险，区块链世界同样仍须时刻监控、密切注意。

数学是信任的基石

人会说谎，但数字不会骗人，它是最真实也是最值得信任的。区块链技术的成功运行离不开数学的支持，我们以椭圆曲线方程为例，它是比特币的数学基石之一。

选择一种安全的加密算法并不容易，这后面充满了真正的阴谋。

NSA（美国国家安全局）是这个世界上最大的"魔鬼"，在加密算法里，如果NSA知道一个能影响特定曲线的椭圆曲线的漏洞，那么伪随机数参数的产生流程将阻止他们把那个漏洞标准化推广到其他曲线。如果他们发现了一个通用漏洞，那么算法也就被破解了。

比特币使用椭圆曲线算法生成公钥和私钥，选择的是secp256k1曲线，它不是伪随机曲线，它逃过了一劫。

SHA-256[1]是十分强大的，它不是像从MD5[2]到SHA-1那样的增强步骤。它可以持续数十年，除非存在着大量突破性的攻击。

椭圆曲线有许多类，但并不是所有的椭圆曲线都适合加密。$y^2=x^3+ax+b$是

---

[1] SHA-256，此种算法是SHA算法中的一种。SHA，安全散列算法（Secure Hash Algorithm）是一个密码散列函数家族，是联邦信息处理标准FIPS所认证的安全散列算法。能计算出一个数字消息所对应的、长度固定的字符串（又称消息摘要）的算法。且若输入的消息不同，它们对应到不同字符串的概率很高。
SHA家族的5个算法分别是SHA-1、SHA-224、SHA-256、SHA-384和SHA-512。
SHA-256算法，其哈希值大小为256位，输入是最大长度小于2^{64}位的消息，输出是256位的消息摘要，输入消息以512位的分组为单位进行处理。
SHA-1可将一个最大长度小于2^{64}位的信息，转换成一串160位的信息摘要。

[2] MD5，即Message Digest Algorithm 5，消息摘要算法第五版，是计算机安全领域广泛使用的一种散列函数（哈希函数），用以提供消息的完整性保护。MD5的作用是让大容量信息在用数字签名软件签署私人密钥前被"压缩"成一种保密的格式（就是把一个任意长度的字节串变换成一定长的十六进制数字串）。

一类可以用来加密的椭圆曲线,也是最为简单的一类,图3-4所示就是一条$y^2=x^3+ax+b$形式的椭圆曲线。

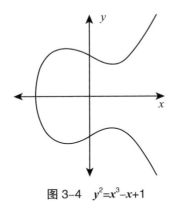

图 3-4　$y^2=x^3-x+1$

椭圆曲线加密算法依赖于叫作"点加"和"点乘"的在椭圆曲线上的运算,图3-5能做最好的诠释。

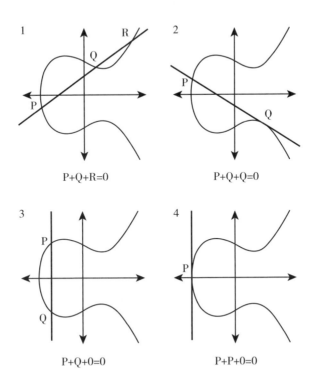

图 3-5　"点加"和"点乘"在椭圆曲线上的运算

简单来讲，想要把P和Q两点相加，就在两点之间画条线，找到这条线和曲线相交的第三个点，然后从那个点画垂直线以得到答案。然而，这些曲线有个弱点：它们是不精确的。如果进行了多次的点加，浮点四舍五入带来的差错就会慢慢地累积，并最终导致结果成为一个没有意义的噪声。因此，椭圆曲线加密算法用了一条修改了两个地方的椭圆曲线。首先，等式现在是 $y^2 = x^3 + ax + b + kp$，k可以是任何整数，而p是大的素数（除了a和b的曲线参数）。其次，x和y必须是整数。尽管最后出来的结果几乎不是一条"曲线"，但在数学上也够用了，并且限制在整数，避免了四舍五入带来的偏差。

关于椭圆曲线方程这里不详述，它是比特币世界的数学基石之一。比特币之所以初期得到很多极客、技术派、自由主义者和无政府主义者的信赖，是因为他们相信数学，而不是相信中本聪。这信用的机器，其实又是建立在数学之上的一台机器。

比特币归根结底属于数学，它天生理性且中立。虽然自由主义者认为比特币承载了"此物一出天下反"的理想，但实际上比特币仍然只是数学在互联网世界的一种延伸。无论赋予它多少荣耀与光环，它仍然只是一个工具，与TCP/IP协议、支付宝、P2P一样，其最大的意义就是为人们服务，如果不能改善个人的生活，它最终只会沦为科技先验者的实证游戏。

解决信用危机的区块链

在过去，两个互不认识和信任的人要达成协作是很难的，必须要依靠第三方。而数学的介入，使基于区块链技术的担保、贷款、授信、风控、股权、收益、评级都有实现的可能，区块链的价值互联网属性，使各类经济活动可以更加高效地运行。不管是社会上的普通人还是经济人，都会映射为一个"区块链ID"，形成新的道德体系、评估标准和信用记录等。

区块链技术不可篡改的特性从根本上改变了中心化的信用创建方式，通过数学原理而非中心化信用机构来低成本地建立信用。我们的出生证、房产证、婚姻证都可以在区块链上公证，变成全球都信任的东西，当然也可以轻松证明"我是我"。人是善变的，而数学不会撒谎，区块链有望带领我们从个人信任、制度信任进入机器信任的时代。

共识机制是构建机器信任的保证，在区块链系统中的参与者都可以核查，也可以共同维持账本的更新，按照严格的规则和共识来进行修改。如此，大家都严格遵守规则和共识，再加上区块链去中心化、不可篡改等特性，也就构建起了信任的基石，因此，区块链也能够低成本地建立信任，构建前所未有的大型合作网络。

结语：信任的机器

2015年，《经济学人》发表封面文章"信任的机器"。

文中谈到，由于对比特币的偏见，人们忽视了"区块链（Blockchain）"，但就是这个技术奠定了比特币的巨大潜力。这一创新承载的延伸意义已经远远超出了加密货币这个范畴。区块链可以让人们在没有一个中央权威机构的情况下，对互相协作的彼此建立起信心。

而这将解决人类千百年来的信任难题，使一切在这台创造信任的"机器链"上自动运转，低成本、去中介、点对点地实现完全对接。

只是不知道，在这条世界逐渐在改变的路上，区块链给予了我们信任，而我们的人性会给予区块链什么。

> **思考题**
>
> 世界上的第一个民主制度即雅典民主制，雅典民主制中的公民大会是最高权力机构，遵循少数服从多数的原则，却发生了"哲学之父"苏格拉底被古希腊人民用"民主"的投票手段判处死刑的事件。而与雅典民主制类似的是，区块链只要大多数人达成共识就可以修改记录，你对这种信任怎么看？

第4章 共识机制：从拜占庭问题谈起

如果说区块链是比特币运行的躯干，那共识机制就是其灵魂。

区块链技术的伟大之处，就在于它的共识机制在去中心化的思想上解决了节点间互相信任的问题。区块链拥有众多节点并达到一种平衡状态，是因为共识机制。尽管密码学占据了区块链的半壁江山，但共识机制才是让区块链系统不断运行下去的关键。

要深入谈及区块链的共识机制，就避不开一个问题——拜占庭问题。

拜占庭问题及其分析

拜占庭问题是容错计算中的一个老问题，由莱斯利·兰伯特（Leslie Lamport）等人在1982年提出：拜占庭帝国为公元5世纪到15世纪的东罗马帝国，拜占庭城邦拥有巨大的财富，令它的10个邻邦垂涎已久。但是拜占庭高墙耸立，固若金汤，任何单个城邦的入侵行动都会失败，而入侵者的军队也会被歼灭，反而使其自身容易遭到其他9个城邦的入侵。这10个城邦之间也互相觊觎对方的财富并经常爆发战争。

拜占庭的防御能力如此之强，非大多数人一起不能攻破，而且只要其中有一个邻邦背叛盟军，那么该邻邦的所有进攻军队都会被歼灭，随后还会被其他邻邦劫掠。因此，这是一个由互不信任的各个邻邦构成的分布式网络，每一方都小心行事，因为稍有不慎，就会给自己带来灾难。

为了获取拜占庭的巨额财富，这些邻邦分散在拜占庭的周围，依靠士兵传递消息来协商进攻目的及进攻时间。这些邻邦将军想要攻克拜占庭，面临着一个困扰：邻邦将军不确定他们中是否有叛徒，叛徒是否会擅自变更进攻意向或者进攻时间。在这种状态下，将军们能否找到一种分布式协议来进行远程协商达成他们的共识，进而赢取拜占庭城邦的财富呢？

"拜占庭问题"模型中，对于将军们（节点）有两个默认的假设：

① 所有忠诚的将军收到相同的命令后，执行这条命令得到的结果一定是相同的；

② 如果命令是正确的，那么所有忠诚的将军必须执行这条命令。

假设①的含义是：所有节点对命令的解析和执行是一样的，这个命令必须是一个确定性的命令，不能存在随机性，也不能依赖节点自身的状态。（这个命令不能是心情好就攻击敌人，心情不好就原地休息。）

假设②的含义是：忠诚的将军需要判断接收到的命令是不是正确的。这个判断命令的方法是整个拜占庭问题容错技术的核心。

对于将军们的通信过程，在"拜占庭问题"中也是有默认假设的：点对点通信是没问题的。也就是说，在这里，假设A将军要给B将军一条命令X，那么派出去的传令兵一定会准确地把命令X传递给B将军。

问题在于，如果每个城邦向其他9个城邦派出一名信使，意味着这10个城邦每个都派出了9名信使，也就是在任何一个时间有总计90次的信息传输，并且每个城市分别收到9条信息，可能每一条都写着不同的进攻时间。

除此以外，信息传输过程中，如果叛徒想要破坏原有的约定时间，如图4-1所示，就会自己修改相关信息，然后发给其他城邦以混淆视听。这样的结果是部分城邦收到错误信息后，会遵循一个（或多个）城邦已经修改过的攻击时间相关信息，从而背叛发起人的本意，由此遵循错误信息的城邦（包含叛徒）将重新广播超过一条信息的信息链，整个信息链会随着他们所发送的错误信息,迅速变质成不可信的信息和攻击时间相互矛盾的纠结体。

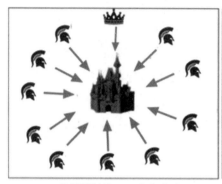
内部目标统一,攻击成功

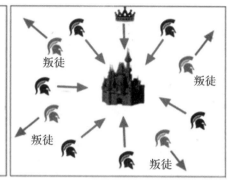
内部目标不统一,攻击失败

图 4-1 信息传输结果对比图

针对拜占庭问题的解决方法包括口头协议算法、书面协议算法等。

口头协议算法的核心思想:要求每个被发送的消息都能被正确投递,信息接收者明确知道消息发送者的身份,并且信息接收者知道信息中是否缺少信息。采用口头协议算法,若叛徒数少于1/3,则拜占庭问题可解。也就是说,若叛徒数为 m,当将军总数 n 至少为 $3m+1$ 时,问题可解。

然而,口头协议算法存在着明显的缺点,那就是消息不能溯源。为解决该问题,提出了书面协议算法,该算法要求签名不可伪造,一旦被篡改即可发现,同时任何人都可以验证签名的可靠性。

书面协议算法也不能完全解决拜占庭问题,因为该算法没有考虑信息传输延时、签名体系难以实现的问题,且签名消息记录的保存难以摆脱中心化机构。

以比特币为例的区块链共识机制解决方案

中本聪所创建的比特币通过对这个系统做出一个简单的变化解决了这个问题,它为发送信息加入了成本,这降低了信息传递的速率,并加入了一个随机元素,以保证在一个时间只有一个"城邦"可以进行广播。

中本聪加入的成本是"工作量证明"(即挖矿),并且工作量证明是基于计算一个随机哈希值。哈希算法唯一做的事情就是获得一些输入，然后进行计算，并得到一串64位的随机数字和字母的字符串。

就像如果我们输入"量子学派区块链"，运用哈希算法中的SHA256算法就会得到如下字符：

6ded5808805c1a92caa1334fcce014aeb8238103e8f2730d52b399af0d41b4e4

在比特币的世界中，输入数据包括到当前时间点的整个总账（区块链）。尽管单个哈希值用现在的计算机几乎可以即时地计算出来，但是比特币系统接受的工作量证明是无数个64位哈希值中唯一的哈希值，且这个哈希值前13个字符均为0，这样一个哈希值是极其罕见、不可能被破解的，并且在当前需要花费整个比特币网络总算力约10分钟才能找到一个。

在一台网络机器随机找到一个有效哈希值之前，上十亿个的无效值会被计算出来，计算哈希值需要花费大量时间，增加了发送信息的时间间隔，造成信息传递速率减慢，这就是使整个系统可用的"工作量证明"。

而那台发现下一个有效哈希值的机器，能将所有之前的信息放到一起，附上它自己的辨识信息及它的签名或印章等，向网络中的其他机器广播出去。只要其他网络中的机器接收到并验证通过了这个有效的哈希值和附着在上面的签名信息，它们才会停止当下的计算，使用新的信息更新它们的总账复制，然后把新更新的总账作为哈希算法的输入，再次开始计算哈希值。哈希计算竞赛从一个新的开始点重新开始。

如此这般，网络持续同步着，所有网络上的节点都使用着同一版本的总账。

与此同时，每一次成功找到有效哈希值及区块链更新的间隔大概是10分钟（这是故意的，算法难度每两周调整一次，以保证网络一直需要花费10分钟来找到一个有效的哈希值）。在这10分钟内，参与者可以发送信息并完成交易，所有的交易信息会随着分布式账本扩展到其他每一个节点，直到每个节点都完成总账复制。当区块链更新并在全网同步之后，在之前10分钟内进入区块链的所有交易也被更新并同步，因此分散的交易记录是在所有的参与者之间进行对账和同步的。

最后，在用户向网络输入一笔交易时，他们使用内嵌在比特币客户端的标准公钥加密工具来加密，同时用他们的私钥及接收者的公钥为这笔交易签名。这对应于拜占庭问题中他们用来签名和验证消息时使用的"印章"。因此，哈希计算速率的限制，加上公钥加密，使一个不可信网络变成一个可信的网络，所有参与者可以在某些事情上达成一致（比如说攻击时间，或者一系列的交易、域名记录、政治投票系统，或者其他任何需要分布式协议的地方）。

将比特币的共识机制引入拜占庭问题，就形成这样一种情况：城邦A向其他9个城邦发送进攻相关信息时，直接将相关信息及其当时发送的时间附加在通过哈希算法加密的信息中，同样加上独属于自己的数字签名，传递给其他城邦。

当城邦B收到城邦A发送的消息后，用相应的网络机器验证通过有效哈希值和附加的签名和时间戳信息，通过解密获得其中信息，并将这条信息的相关记录同步在城邦B机器内（节点）。这条信息从城邦B发向城邦C时，会在原来的消息上加入城邦B查阅了该信息的记录，加盖时间戳后，利用哈希算法对城邦B所有信息加密，再发给其他城邦。在其他城邦接收消息后，重复此流程直至所有城邦都收到消息。

如果叛徒想要修改进攻信息来误导其他城邦，其他城邦的机器会立刻识别到异常信息，同步的虚假信息将不被认可，机器依旧会同步其他大部分共同的信息，这样叛徒就失败了。他无法破坏10个城邦当中的大多数节点，也就是至少6个节点，这样信息的一致性就得到了保证，完美地解决了拜占庭问题。

这就是区块链共识机制为何如此特别关键，它为一个算法上的难题提供了解决方案。区块链的共识机制通过不断同步各个节点的信息，使得各分布式节点之间达成一种平衡，保证了绝大多数节点的一致性，即达成了共识。

区块链共识机制的发展变迁

目前区块链的共识机制出现了很多种，这里列举一些比较典型的共识机制。

1. Proof-of-Work（PoW），工作量证明

依赖机器进行数学运算来获取记账权，相比其他共识机制，资源消耗多、

可监管性弱。同时，每次达成共识需要全网共同参与运算，性能效率比较低，容错性方面允许全网50%的节点出错。优点是完全去中心化，节点自由进出。

当然，现在由于PoW算力的中心化，很多人对PoW机制提出了质疑，其中被质疑最多的就是比特币的算力中心化问题。

2. Proof-of-Stake（PoS），权益证明

总体上说，存在一个持币人的集合，他们把手中的代币放入PoS机制中，这样他们就变成验证者。假设很多验证者在区块链最前面发现了一个新区块（区块链中最新的块），这时PoS算法在这些验证者中随机选取一个人（选择验证者的权重依据他们投入的代币多少而定，比如一个投入押金为10 000代币的验证者，被选择的概率是一个投入1000代币验证者的10倍），给他们权力产生下一个区块。与PoW一样，以最长的链为准。如果在一定时间内，这个验证者没有产生出一个新区块，则PoS会继续选出第二个验证者，代替原来被选中的验证者来产生新区块。

与选择PoW算法相比，选择PoS算法有什么好处呢？具体可看图4-2所示的PoW和PoS两种共识机制的比较。

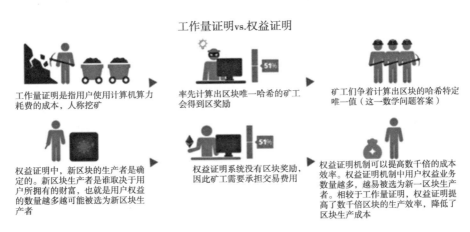

图4-2 PoW和PoS对比图

简而言之：不再需要为了安全产生区块而大量消耗电能。

由于不再需要大量能耗，通过发行新币以激励参与者继续参与网络的压力

就会下降。理论上负总发行量甚至成为可能,由于一部分交易费"被烧掉",因此货币供应会随着时间减少。

由于新币理论上的负总发行量,就合作博弈论[①]的观点来看,PoS算法可以减少因自私挖矿攻击而造成的系统弱点,虽然PoW在一定程度上也可以做到这一点。

随着规模经济[②]的消失,中心化所带来的风险就会减小。价值1000万美元的代币带来的回报不多不少,是价值100万美元的代币的1/10,即作恶所付出成本需要价值1000万美元的代币,收益只能得到价值10万美元的代币。这样一来,作恶的收获与付出不成正比,人们自然不会去攻击整个区块链。

同样,PoS也存在很多问题,如PoS相当于是大股东说了算,但如果大股东作恶怎么办?这也一直存在争议。

3. Delegate Proof of Stake(DPoS),股份授权证明

BitShares社区首先提出了DPoS机制。

DPoS与PoS的主要区别在于,其节点选举若干代理人,由代理人验证和记账,其合规监管、性能、资源消耗和容错性与PoS相似。这种方式类似于董事会投票,持币者投出一定数量的节点,由代理进行验证和记账。

DPoS的工作原理如下。

去中心化表示每个股东按其持股比例拥有影响力,51%股东投票的结果将是不可逆且有约束力的,其运作方式是通过及时而高效的方法,采用51%以上份额的股东投票来决定方案。为达到这个目标,每个股东可以将其投票权授予一名代表。

网络延迟有可能使某些代表没能及时广播他们的区块,从而导致区块链分叉。然而,这不太可能发生,因为制造区块的代表可以与制造前后区块的代表建立直接连接,而建立这种与你之后的代表(也许也包括其后的那名代表)的

---

① 合作博弈论,是指参与者能够联合达成一个具有约束力且可强制执行的协议的博弈类型,合作博弈强调的是集体理性,强调效率、公正、公平,其研究的核心问题是人们达成合作时如何分配合作得到的收益,即收益分配问题。

② 规模经济,是指扩大生产规模引起经济效益增加的现象。

直接连接,是为了确保你能得到报酬。

该模式可以每30秒产生一个新区块,并且在正常的网络条件下,区块链分叉的可能性极小,即使发生也可以在几分钟内得到解决,这样就可以大幅度缩小参与验证和记账节点的数量,达到秒级的共识验证。

4. Ripple Consensus,瑞波共识机制

瑞波币的共识算法如下。

瑞波共识算法使一组节点能够基于特殊节点列表达成共识。初始特殊节点列表就像一个俱乐部,要接纳一个新成员,必须由当前该俱乐部中51%以上的会员投票通过。共识遵循这些核心成员的51%权力,外部人员则没有影响力。与比特币和点点币一样,瑞波系统将股东们与其投票权隔开,并因此比其他系统更中心化。

5. Pool 验证池

这是一种基于传统的分布式一致性技术,加上数据验证的机制,是目前行业链大范围在使用的共识机制。

其优点在于,不需要代币也可以工作,在成熟的分布式一致性算法(Pasox、Raft)基础上,实现秒级共识验证。

其缺点在于,去中心化程度不如比特币,更适合多方参与的多中心商业模式。

除此之外,还有很多其他共识机制,但现在主流的共识机制是PoW共识机制、PoS共识机制和DPoS共识机制。5种区块链共识机制的对比具体如表4-1所示。

表 4-1 区块链共识机制的对比

共识机制	是否挖矿	需要代币	安全性	资源消耗	去中心化程度	交易确认时间	可承载交易量	典型应用情况	适用场景
PoW	是	是	高	大	完全	长	少	比特币、莱特币、以太坊等	公有链

续表

共识机制	是否挖矿	需要代币	安全性	资源消耗	去中心化程度	交易确认时间	可承载交易量	典型应用情况	适用场景
PoS	是	是	高	一般	完全	短	少	点点币、未来币	公有链
DPoS	否	是	高	小	完全	秒级	多	比特股	联盟链
Ripple Consensus	否	是	高	小	不完全	实时	多	RIPPLE网络	私有链
PooL	否	否	非常高	小	不完全	实时	多	各类私有链	私有链

但是，目前这些主流共识机制都还存在一定不足。比特币已经吸引了全球大部分的算力，其他再用PoW共识机制的区块链应用很难获得相同的算力来保障自身的安全，同时挖矿也会造成资源大量浪费、共识达成的周期较长等问题。

PoW之外，出现最早也最重要的算法是PoS。它的原则是一个节点持有的币越多，越有机会产生下一个区块，也就是如果想要造假，需要持有大量的币。而既然造假者持有了那么多币，破坏网络的可信度就会造成资产的大量损失，这个损失极有可能是超过造假的收益的。

PoS相比PoW节约了大量的资源，但是它的缺点也显而易见：会造成富者越富，穷者越穷，然后用户会流失，新用户也不愿意加入。而且还是需要挖矿，本质上并没有解决商业应用的痛点，所有的确认都只是一个概率上的表达，而不是一个确定性的事情，理论上很有可能存在其他攻击影响。而DPoS整个共识机制还是依赖于代币，很多商业应用是不需要代币存在的。

结语：没有一种共识机制是完美的

由此看来，没有一种共识机制是完美无缺的，同时也意味着没有一种共识机制是适合所有应用场景的。所以,区块链的共识机制还在不断地进步与发展中。

虽然目前主流的区块链共识机制中绝大多数都是去中心化的公共链,但本身仍存在一些缺点。还有少部分机构采用了半中心化或中心化的共识机制,而半中心化甚至中心化的共识机制是明显有违区块链的一致性的,会使权力掌握在少数人手里,出现很多问题,信用机器也将因此崩毁。

如今,世界还在等待一种新的共识机制——一种能让所有人都信服的共识机制。但这可能是一个哲学问题,或许世界上永远没有完美的共识机制。

> **思考题**
>
> 共识机制在日常生活中随处可见,董事会的股东投票决策是一种达成共识的表现,会议中头脑风暴一起想出办法是一种共识,军令如山也是一种共识。生活中你还遇到过哪些表现出共识机制的场景?

> 如果代码不可篡改，
> 就必须保证代码没有漏洞，
> 这就是区块链最纠结的地方。

第5章 世界宪章：代码即法律

区块链世界的"代码悖论"

代码曾经是自由的，越优秀的代码越自由，就如越好的语言扩展性越强一样，然而一旦在代码中添加区块链概念，就实现了不可篡改性。既然代码不可篡改，就必须保证代码没有漏洞。可谁敢保证自己没有错误呢？这真是一个难题。

如果说信任的机器是区块链的躯干，共识机制是区块链的灵魂。无论是躯干还是灵魂，在区块链的世界里最终都是由代码构成的，那么，代码就相当于是区块链的DNA了。

在现实世界中，法律作为一种配置社会资源的机制，被社会经济发展的客观要求所决定，并直接影响着经济运行的全部过程。随着社会分工细化和人类活动范围日益扩张，法律逐渐变成国家制度框架下加以确认的一套格式化规则体系，它能够简化社会关系的复杂程度，节约交易成本，帮助社会成员安全、规范、有序地进行交易。不管是基于社会契约论、功利主义论、暴力威慑论还是法律正当论，法律的约束力都从未突破人的自我意志。

也就是说，在现实世界中，法律的解释是多样的；而在区块链的世界中，代码的解释则是唯一的。

图5-1所示的是一个交易输出（Transaction）过程，其解释是比较确定的，即来自"14c5f88a"账户向"bb75a980"账户的价值为10的转账，该交易的标记（交易哈希）为30452fdedb3df7959f2ceb8a1。两个交易账户余额变化显而易见，"14c5f88a"交易前余额为"1024 eth"，交易后为"1014 eth"；"bb75a980"原有"5202 eth"，交易后为"5212 eth"。由代码完成的交易输出其解释唯一，没有歧义。

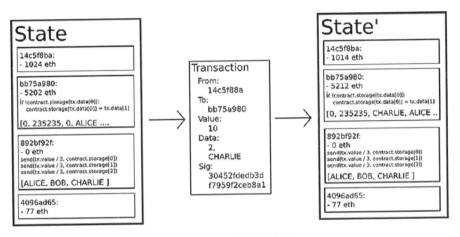

图5-1 交易输出过程

法律的本质是"合约"

现行法律的本质是一种合约，它是由（生活于某一社群的）人和他们的领导者所缔结的一种关于彼此该如何行动的共识。个体之间也存在着一些合约，这些合约可以理解为一种私法，相应地，这种私法仅对合约的参与者生效。

合同的概念可以追溯至远古时代，古希腊人和古罗马人认为，合同是解决信任、透明度和执法问题的正式协议，如市场交易合同、企业组织生产经营活动的各种内部规章及其他一些契约关系。

目前，主要依靠当事人的忠实履约或第三方来保障合约实行。在具体操作过程中，合约会面临着一系列成本，例如，交易双方在要约与承诺阶段因大量的谈判而发生的签约成本；合同签订过程中，双方还可能根据不同的情况对合同条款进行修改、补充以使合同更加完备而产生的修约成本；合同的维护和执行过程中发生的履约成本等。

例如，你和一个人订立合约，借给他一笔钱，但他最后毁约了，不打算还这笔钱，此时你多半会将对方告上法庭。可打官司这种事情充满了不确定性，通常情况下，将对方告上法庭，意味着你需要支付高昂的费用聘请律师，帮你在法庭上展开辩论，这一过程大多旷日持久。即使你最终赢得了官司，也可能会遇到一些问题（如对方拒不执行法庭判决）。而对你比较有利的是，当初你和借款人把条款写了下来，订立了合约。

但法律的制定者和合约的起草者们都必须面对一个不容忽视的挑战：在理想的情况下，法律或合约的内容应该是明确而没有歧义的，但现行的法律和合约都是由语句构成的，而语句，则是出了名地容易出现歧义。

合约：区块链世界的"法律前置"

一直以来，现行的法律体系都存在着两个巨大的问题：第一，合约或法律是由充满歧义的语句定义的；第二，强制执行合约或法律的代价非常大。

而随着区块链技术的诞生，这些问题将以更友好的方式解决。由代码组成的区块链技术基于法律框架，通过预设自动执行的智能代码合约在约束并引导人们的行为时引入技术，依靠技术使信息更加透明、数据更加可追踪、交易更加安全，大大降低了执行成本。从某种意义上来说，这是一种"法律前置"，有点《少数派报告》电影的味道。

在区块链世界中，由代码构成的智能代码合约形成了区块链的"自规则"——区块链中的法律。换句话说，代码即法律。

代码对应语言中的文字，但不同于文字的多释义，代码的含义具有唯一性。代码作为一种核心工具，可以用它来构筑并保护我们最基本价值理念的网络空间，同样也可以用代码使其消失殆尽。斯坦福的劳伦斯·莱斯格（Lawrence Lessig）教授在《代码》一书中反复强调：基于代码的软件或协议能够像任何法律规则一样规管我们的生活。

互联网的基础架构就是TCP/IP协议[①]，这个协议规定数据包是在网络中进行传输和交换的。

就是这个简单的协议，保证了互联网的迅猛发展。因为，它没有试图在基础的网络架构里加入太多的东西，如安全和控制等，从而保证了基础架构的简单和灵活性。互联网的这种架构，让创新在网络的边缘节点来进行，从而有很多的创新应用得以被发明出来。

如果当初按照AT&T（美国电话电报公司）的想法来规划互联网，那么互联网将不会像今天这样了。作为一个企业，AT&T必然会在基础架构里加入很多功能和控制，并会对边缘节点的接入应用进行限制，那样的互联网就不会像今天这样开放和自由。

一开始是美好的，控制着整个互联网的核心运作的就是TCP/IP协议，它是严格执行这个协议的程序代码。在计算机网络世界里，所有的规则定义是以代码来实现的。

然而发展的路径却并不是由程序员说了算：第一代架构是由非商业组织研究者和黑客建立的，他们关注于如何建立一个网络；第二代架构则是由商业建立的；第三代架构已经是政府的作品。现实社会的法律开始作用于网络空间，代码越来越不是法律，反而法律开始影响网络的架构，开始影响虚拟世界的一行行代码。为了维护网络空间的稳定，网络实名制被提上议程，新发的帖子需要通过关键词审查；为了网络纯洁，图片需要改变外链规则。在网络空间内，代码实现了法律所需要的效果，"法律"化身为代码。

不过，到了区块链时代，它区别于传统互联网，有着自定共识规则和自动实施规则的能力。区块链技术可以通过技术方法落实契约原则，解决信任问题。这是契约的前置，信任的锁定，法律的嵌入，社区的共识。每一笔交易都透明公开，通过共识协议和可编程的智能代码合约形式，可以建立互信、创造

---

① TCP/IP 协议，Transmission Control Protocol/Internet Protocol 的缩写，中译名为传输控制协议/因特网互联协议，又名网络通信协议，是 Internet 最基本的协议，Internet 国际互联网络的基础，由网络层的 IP 协议和传输层的 TCP 协议组成。

信用，制定和执行交易各方认同的商业条款，引入法律规则和监管控制节点，确保价值交换符合契约原则和法律规范，避免无法预知的交易风险。

谁要改变这样的代码就是与整个社区为敌，代码就是法律。

代码实现哈希值的计算

我们知道，比特币使用哈希加密算法来维护信息的安全性，那么代码要如何实现这一过程呢？

以Python[①]语言为例，首先，打开终端，输入"Python"并按【Enter】键，然后将进入Python REPL[②]，在这种环境下，可以直接使用Python命令，而不是在单独的文件中编写程序。最后输入以下数值，在每行之后按【Enter】键，并在标记处输入"TAB"，如下所示。

```
import hashlib
def hash(mystring):
[TAB] hash_object = hashlib.md5(mystring.encode())
[TAB] print(hash_object.hexdigest())
[ENTER]
```

这样就创建了一个函数——Hash()。该函数将计算出某一特定的使用MD5哈希算法的字符串的哈希值。将字符串插入上述的括号中便可运行该函数。例如：

```
hash(liangzixuepai)
```

按【Enter】键并查看该字符串的哈希随机值：

```
e4b9cb27e1fa5e644dc53e20de8c108f
```

---

① Python，由荷兰人 Guido van Rossum 于 1989 年发明，是一种面向对象的解释型计算机程序设计语言。Python 语法简洁清晰，特色之一是强制用空白符（white space）作为语句缩进。

② REPL，Read-Eval-Print Loop 的缩写，属编程术语，中文可翻译为"交互式解释器"或"交互式编程环境"。REPL 既可以作为一个独立的程序运行，也可以很容易地包含在其他程序中作为整体程序的一部分使用。其为运行 JavaScript 脚本与查看运行结果提供了一种交互方式，通常 REPL 交互方式可以用于调试、测试及试验某种想法。

如果改变这串字符，会发生什么呢？是哈希值的微小变化还是什么？

```
hash("liangzixuepai") => e4b9cb27e1fa5e644dc53e20de8c108f
hash("lianzixuepai") => 8a76b8bce8a03603003f23cce0e1b034
```

你将看到，在同一字符串上，调用该哈希函数将总是生成相同的哈希，但添加或改变其中的某一个字符，将会生成一种完全不同的哈希值。

代码实现了哈希函数的运行，在区块链中，通过代码就可以计算哈希值，基于哈希算法的数字加密也才得以更好地进行。

基于代码编程的区块链

想要区块链自规则能够完整运行，少不了代码的编程。下面从代码的角度实际讲一下如何形成一个完整的区块链。

① 逻辑步骤决定区块结构。

为了保证事情尽可能简单，我们只选择最必要的部分：Index（下标）、Timestamp（时间戳）、Data（数据）、Hash（哈希值）和Previous Hash（前区块哈希）。如图5-2所示。

图 5-2　区块结构图

② 确保区块链的这个块中必能找到前一个块的哈希值，以此来保证整条链的完整性。代码如下。

```
class Block {
constructor(index, previousHash, timestamp, data, hash) {
this.index = index;
this.previousHash = previousHash.toString();
this.timestamp = timestamp;
this.data = data;
this.hash = hash.toString();
```

③哈希加密。这里采用的是SHA-256算法（上面所用的是哈希MP5算法出来的散列值），为了保存完整的数据，必须用哈希计算整个区块。SHA-256会对块的内容进行加密，记录这个值应该和"挖矿"毫无关系，因为这里不需要解决工作量证明的问题。其代码如下。

```
varcalculateHash = (index, previousHash, timestamp, data) => {
return CryptoJS.SHA256(index + previousHash + timestamp + data).toString();
};
```

④块的生成。要生成一个块，必须知道前一个块的哈希值，然后创造其余所需的内容(= Index, Hash, Data and Timestamp)。块的Data部分是由终端用户所提供的。代码如下。

```
vargenerateNextBlock = (blockData) => {
varpreviousBlock = getLatestBlock();
varnextIndex = previousBlock.index + 1;
varnextTimestamp = new Date().getTime() / 1000;
varnextHash = calculateHash(nextIndex, previousBlock.hash, nextTimestamp, blockData);
    return new Block(nextIndex, previousBlock.hash, nextTimestamp, blockData, nextHash);
};
```

⑤块的存储。内存中的JavaScript[①]数组被用于存储区块链。区块链的第一个块通常被称为"起源块"，是硬编码的。

```
vargetGenesisBlock = () => {
return new Block(0, "0", 1465154705, "my genesis block!!", "816534932c2b7154836da6afc367695e6337db8a921823784c14378abed4f7d7");
};

var blockchain = [getGenesisBlock()];
```

[①] JavaScript，一种直译式脚本语言，是一种动态类型、弱类型、基于原型的语言，内置支持类型。它的解释器被称为JavaScript引擎，为浏览器的一部分，被广泛应用于客户端的脚本语言，最早是在HTML（标准通用标记语言下的一个应用）网页上使用的，用来给HTML网页增加动态功能。

⑥ 确认区块完整性。在任何时候，都必须确保一个区块或者一整条链的区块的完整性能够被确认。在从其他节点接收到新的区块，并需要决定接受或拒绝它们时，这一点尤为重要。

用代码表现为：

```
varisValidNewBlock = (newBlock, previousBlock) => {
if (previousBlock.index + 1 !== newBlock.index) {
console.log('invalid index');
return false;
} else if (previousBlock.hash !== newBlock.previousHash) {
console.log('invalid previoushash');
return false;
} else if (calculateHashForBlock(newBlock) !== newBlock.hash) {
console.log('invalid hash: ' + calculateHashForBlock(newBlock) + ' ' + newBlock.hash);
return false;
}
return true;
```

⑦ 选择下一个链。任何时候在链中都应该只有一组明确的块。万一出现冲突（例如，两个节点都生成72号块时，如图5-3所示），前面的主干区块链会选择有最大数目认同的链。

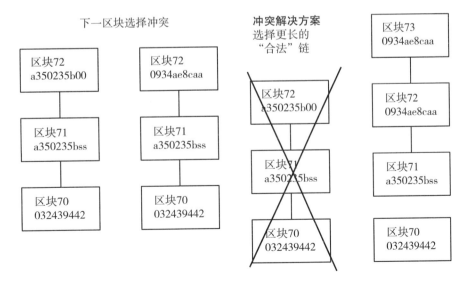

图5-3 不被承认的区块

```
varreplaceChain = (newBlocks) => {
    if (isValidChain(newBlocks) &&newBlocks.
length>blockchain.length) {
console.log('Received blockchain is valid. Replacing
current blockchain with received blockchain');
        blockchain = newBlocks;
        broadcast(responseLatestMsg());
    } else {
console.log('Received blockchain invalid');
```

⑧ 节点控制。某种程度上,用户必须能够控制节点。这一点可以通过搭建一个HTTP服务器实现。代码如下。

```
varinitHttpServer = () => {
var app = express();
app.use(bodyParser.json());

app.get('/blocks', (req, res) =>res.send(JSON.stringify
(blockchain)));
app.post('/mineBlock', (req, res) => {
varnewBlock = generateNextBlock(req.body.data);
addBlock(newBlock);
        broadcast(responseLatestMsg());
console.log('block added: ' + JSON.stringify(newBlock));
res.send();
    });
app.get('/peers', (req, res) => {
res.send(sockets.map(s => s._socket.remoteAddress + ':' +
s._socket.remotePort));
    });
app.post('/addPeer', (req, res) => {
connectToPeers([req.body.peer]);
res.send();
    });
app.listen(http_port, () => console.log('Listening http
on port: ' + http_port));
};
```

至此,一个区块链世界已经创建完成,在短短两百多行代码中,这个数字世界的法律被建立,"代码即法律"得到了完美的诠释。

但值得注意的是,以上的代码只是最简单的一种代码架构,像比特币和以太坊的代码经过这么长时间的发展，已经发生了一些变化，它们要复杂得多，架构肯定也完整得多。

区块链世界法律架构的确立——以以太坊为例

以太坊（Ethereum）通过数字货币和编程语言的结合，为用户提供了一个智能合约编写平台，用户能够以智能代码合约为底层系统确定自己区块链世界的"法律"。

以太坊的智能合约由一个完整的编程语言构成，有时也被叫作以太脚本（EtherScript）。代码语言是人类用来控制计算机工作的，而反过来，计算机则无法猜透人类的意图，因此，用任何代码语言写好的指令，对计算机来说都准确无误、没有歧义。也就是说，计算机执行一段代码不存在歧义，除非是代码编写出了问题。在同样的条件下，这段代码总是会按照既定的步骤执行，这种特性正是人类现行法律与合约中所缺失的。有了以太脚本之后，就可以建立具备这种特性的合约。

考虑大部分的合约都涉及经济价值的交换或具有某种经济后果，因此可以在以太坊上用代码实现人类社会中各式各样的法律与合约。用代码实现合约，可以有严格明确的定义，并且可以自动被执行。

这样说有些晦涩难懂，还是一起来看个简单的例子吧。

假如你有一个青花瓷古董，小明想以8888元的价格购买这个青花瓷，同时小明承诺会在5月付款。按照传统的交易流程，首先你会与小明签订一个合约，合约里会详细写明：小明将在5月向你付款。合同签订完毕，你就将青花瓷交到小明手里，等小明5月给你付款。等到了5月，按照你对合约的理解，小明应该付款了。可当你要求其履行合约时，小明表示他约定的5月指的是明年5月，而不是今年5月。这个时候，你就只能花钱请律师，和小明去法庭上好好讨论一下合同里的"5月"到底是何年何月了。

而如果基于以太坊，你完全可以用以太脚本定义出如图5-4所示的"智能代码合约"，这份合约，人和计算机都可以读懂。

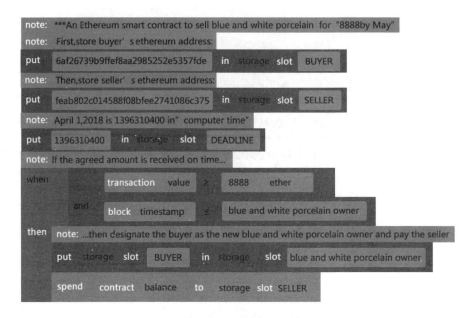

图 5-4 智能代码合约

一开始就读懂上图所示的代码合约可能要花点时间（如果你不是一名程序员的话），但一旦学会如何阅读，这份代码合约绝对比现有的律师起草的合约要通俗易懂得多。

在图 5-4 中，合约先确定了你和小明的身份（你为卖家，小明为买家），并直接说明这场交易通过价值 8888 元的以太币来进行。在区块链世界，代表身份（即账户地址）的是一串哈希字符值，因而交易双方需要在以太坊区块上确认彼此身份。合约定义了买家（小明）的以太坊账户地址为 "6af26739b9ffef8aa2985252e5357fde"，同样定义卖家（你）的以太坊账户为 "feab802c014588f08bfee2741086c375"。双方确认身份无误后，合约内容就是 2018 年 4 月 1 日，以太坊输出价值 8888 元的以太币和青花瓷所有权，买家在收到青花瓷后立即支付价值 8888 元的以太币。合约经过平衡函数调试后最终确立，2018 年 5 月 1 日自动执行。

以上合约清晰明了，如果采用这种方式，一般的用户就可以起草简单的代码合约，特殊一点的代码合约可能需要稍微资深一点的专家（就像复杂的传统合约也需要专门的律师起草一样）。作为结果，我们得到的这份合约完全消除了类似"我认为，你认为"的这种误解，缔约双方是否依法履约的不确定性也一并被消除。

也就是说，代码脚本写成的这份合约，既定义了合约内容，又保证了合约内容的执行。

本质上而言，由代码构成的合约是一个无歧义且无法毁约的合约，只要双方都认同合约，那么合约就一定会执行，不管其中是否有人想毁约或者提出歧义，代码就是最好的语言，代码的自规则将自行运转，是不以人的主观意志为转移的机器法律。

结语：代码即法律

法律作为一种社区共识，是以人性作为起点，以道德作为基础，以利益作为条件，以暴力作为信用而形成的一个"合约"，但这个"合约"很容易在高收益的诱使下被破坏，然后违约者被发现后才会受到法律制裁，这是一种"过去式"惩罚机制。

而区块链代码是一种"内在的"规则，为软件代码定义的对应的算法运算规则，如果不遵守代码的运行机理，程序将返回一个error（错误）并停止运行，这是一种"进行时"执行机制。代码所组成的"进行时"机制从根本上保证了整个规则体系的运转，如果代码无漏洞，该体系就无法被打破。

因此，代码意味着规则，区块链世界的宪章就是代码，代码即法律。

当然，最后的区块链世界会不会和互联网世界一样仍然由法律来主宰代码，谁也无法预测。

有时候，我们低估了技术的力量，也高估了人性的底线。

但由于区块链技术的介入，如果想要修改区块链世界宪章，那将是一场更激烈的战争。

? 思考题

司法解释是宪法赋予法官和审判组织的司法权,由于每个法官对法律条文或多或少会掺杂一些个人的理解,因此就会出现一些谬误。在区块链技术产生之后,有人认为,将现有法律转换成代码就可以实现法律的一致性,就不会出现歧义,法律也能很好地执行,你赞同这样做吗?为什么?

互联网的无序熵增
导致信息遗忘，
而区块链
保持有序熵不流失！

第6章 区块链+互联网：互信社会崛起

从互联网到区块链

区块链和互联网之间的关系一直存在争议，有人说区块链是互联网的2.0，将引发一场新的伟大革命；有人则说区块链只是互联网长河中的一个小支流，它的革命性被高估了。

但不管怎样，区块链的确给互联网社会带来了很大的改变。整体来讲，区块链技术带来的变革被笼统地分为三类，虽然这种划分并不一定准确，但基本上被业界广泛认可。

区块链1.0——货币。以比特币为代表的数字货币应用，场景包括货币的转移、支付等，目前仍然处于实验中。

区块链2.0——合约。在经济、金融领域内全方面的应用，如股票、债券、期货、产权、智能资产和智能合约。这一阶段是数字货币与智能合约的结合应用，以太坊是这个阶段的代表，但此阶段还远没有发展成熟。

区块链3.0——货币、金融领域之外的区块链应用。涉及垂直行业颇多，属于泛行业应用，特别是在健康、科学、文学、文化和艺术等领域。

虽然与比特币同生，炒币行为也使得其更为大众所关注，但区块链的应用绝不仅限于数字货币,它带来的技术可以在金融之外的领域得到进一步拓展应用。

目前,区块链技术处于发展的最初阶段,未来它将构建怎样的人类大厦还有待观察,但从纯理论角度出发,我们会发现区块链与互联网有着截然不同的一些特质:

①互联网用户越多越不安全,而区块链的节点越多则越稳定;

②互联网的神经网络是离散式的拓扑结构[①],区块链的神经网络则是线性化的链式牵引;

③互联网的无序熵[②]增导致信息遗忘,而区块链保持有序熵不流失;

④互联网是在混乱中产生秩序,而区块链是在秩序中连接混乱。

如果说互联网为人类带来了一个信息碎片化时代,那么区块链则是在重构文明线性思维。如果以互联网作为参照系,那这两者之间本质有何区别?如果两者深度整合,又会质变出一种怎样的格局?

互联网:建立在 TCP/IP 协议上的万网之网

有人将互联网比喻为万网之网,意为由许多网络连接在一起构成的大网络,是不同底层协议的互联。褪去所有光环,互联网本质上是一种技术,我们就从技术的本质来认识清楚互联网是什么。

TCP/IP 协议是互联网的底层协议,是互联网的基石,互联网建立在它之上。

1. TCP / IP 协议

TCP/IP 协议模型是因特网的核心协议,它是一组协议的代名词,包含了

---

① 拓扑结构,是网络中各个站点相互连接的一种形式。把网络中的计算机和通信设备抽象为一个点,把传输介质抽象为一条线,由点和线组成的几何图形就是计算机网络的拓扑结构。

② 熵,热力学中表征物质状态的参量之一,用符号 S 表示,其物理意义是体系混乱程度的度量。

一系列构成互联网基础的网络协议，这一系列协议组成了TCP/IP协议簇。基于TCP/IP的参考模型将协议分成四个层次，它们分别是链路层（网络接口层）、网络层、传输层和应用层。

在TCP/IP四层模型出现并广泛应用之前，国际标准化组织（ISO）定义了网络协议的基本框架，被称为OSI七层模型（开放系统互连参考模型）。

TCP/IP模型与OSI模型各层的对照关系如图6-1所示。

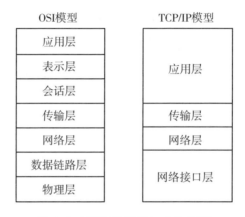

图 6-1　TCP/IP 模型与 OSI 模型

TCP/IP参考模型把TCP/IP协议分为四层，具体各层内容如下。

应用层：有FTP（文件传输协议）、SMTP（简单邮件传输协议）、POP3（邮局协议版本3）等协议，提供应用程序间的交换和数据交换。

传输层：为应用层实体提供端到端的通信功能，保证了数据包的顺序传送及数据的完整性，主要包括TCP以及UDP（用户数据报协议），所有的服务请求都使用这些协议。

网络层：主要有IP、ICMP（控制报文协议）、IGMP（互联网组管理协议）三个协议，这些协议处理信息的路由以及主机地址解析。

网络接口层：该层处理数据的格式化及将数据传输到网络电缆，即负责监视数据在主机和网络之间的交换，有ARP（地址解析协议）等。

TCP/IP协议又名网络通信协议，定义了电子设备如何连入互联网，以及数据如何在它们之间传输的标准。其核心由IP和TCP组成，其中IP是网际互联协议，TCP 是传输控制协议。

2. IP 协议

IP 属于网络层协议，IP 协议定义了一套自己的地址规则，称为 IP 地址。

IP 地址是标识主机在网络中的位置，像一个门牌号一样。IP 地址由四个字节组成，格式为"A.B.C.D"，如 192.168.1.1。IP 地址分为两部分，一部分代表网络，另一部分代表主机。在"A.B.C.D"中，前1到3位，可以用来识别网络，其余部分就用来表示网络上的主机。TCP/IP 网络的每台计算机都至少有一个（一个计算机有多个网卡是存在的）合法的 IP 地址。

IP 协议实现了路由功能，允许某个局域网的 A 主机，向另一个局域网的 B 主机发送消息。IP 协议可以连接多个局域网，路由器原理就是基于 IP 协议，IP 将多个交换网络连接起来，它在源地址和目的地址之间传送一种称为数据包的东西。

值得注意的是，IP 协议只是一个地址协议，并不保证数据包的完整。如果路由器丢包（如缓存满了，新进来的数据包就会丢失），就需要发现丢了哪一个包，以及如何重新发送这个包。这就要依靠 TCP 协议，其作用是保证数据通信的完整性和可靠性，防止丢包。

3. TCP 协议

TCP 属于传输层，是一种面向连接的、可靠的、基于字节流的传输层通信协议。互联网络的具体通信过程通过 TCP 协议来实现，包括三个步骤：

① 建立 TCP 连接通道（三次握手）；

② 传输数据；

③ 断开 TCP 连接通道（四次挥手）。

这就是俗称的"三次握手，四次挥手"。

所谓三次握手，即建立 TCP 连接，是指建立一个 TCP 连接时，需要客户端和服务端总共发送三个包以确认连接的建立。

握手过程中传送的包里不包含数据，三次握手完毕后，客户端与服务器才正式开始传送数据。理想状态下，TCP 连接一旦建立，在通信双方中的任何一方主动关闭连接之前，TCP连接都将被一直保持下去，断开连接则通过四次挥手完成。

整个过程如图6-2所示。

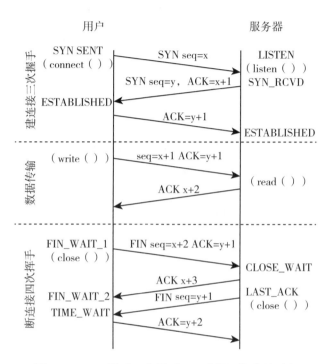

图6-2 TCP的"三次握手，四次挥手"传输过程

4. 万网之网

1973年问世的TCP/IP协议至今仍然是全球互联网得以稳定运行的保证。它使信息传输的可靠性完全可由主机设备保障，而与连接这些主机的网络硬件的材质和形态无关。

我们把第一代互联网，即现在所处的互联网叫作信息互联网，因为信息在其技术下能够更好更快地传输。纵观我国现在的互联网巨头"BAT"（百度、阿里巴巴和腾讯），它们的主要业务均与信息传播息息相关，这也正好反映了信息互联网阶段的时代特点。

TCP/IP协议的发明者——文特·瑟夫（Vinton Cerf），因与罗伯特·卡恩（Robert Kahn）设计了TCP/IP协议和互联网基础架构而被共同称为"互联网之父"。基础架构决定了什么可以做，什么不可以做，再由此决定了具体的种种形态。在互联网中，基础架构的重要性同样不言而喻。

作为互联网的底层技术与底层协议，TCP/IP协议像是专门为信息互联网而设计的。它构建了互联网的基础架构，简单的协议规定了数据包如何在网络中进行传输和交换，使其脱离了其他约束。这保证了互联网的迅猛发展，使得万网之网得以实现，使得信息得以自由传输。

区块链：一种新底层协议

如果说TCP/IP协议作为底层技术构建了信息互联网中的基础架构，那么现有的区块链公链就与信息互联网中的TCP/IP协议相似，是一种底层协议。这个底层协议会扩展到大数据、物联网、人工智能等领域，从而构建整个区块链生态，未来的颠覆也许将会从这个底层开始。

1. 区块链的知识图谱

区块链实际上是门技术，是实现了数据公开、透明、可追溯的产品的架构设计方法，这种意义上的区块链是广义的。从架构设计上来说，区块链可以简单地分为三个层次：协议层、扩展层和应用层。区块链的底层技术可以从区块链的知识图谱来理解，整个架构设计图如图6-3所示。

（1）协议层

协议层是区块链最底层的技术。这个层次通常是一个完整的区块链产品，类似于计算机的操作系统，它维护着网络节点，仅提供API[①]来调用。这个层次是网络的基础，构建了网络环境、搭建了交易通道、制定了节点奖励规则等。

---

① API，Application Programming Interface 的缩写，中文译为应用程序编程接口，其本质是一些预先定义的函数，负责一个程序和其他软件的沟通。通过 API，开发人员可以基于某软件或硬件访问一组例程，但又无须理解内部工作机制的细节，即无须访问源代码。

第 6 章 区块链 + 互联网：互信社会崛起

区块链架构设计图

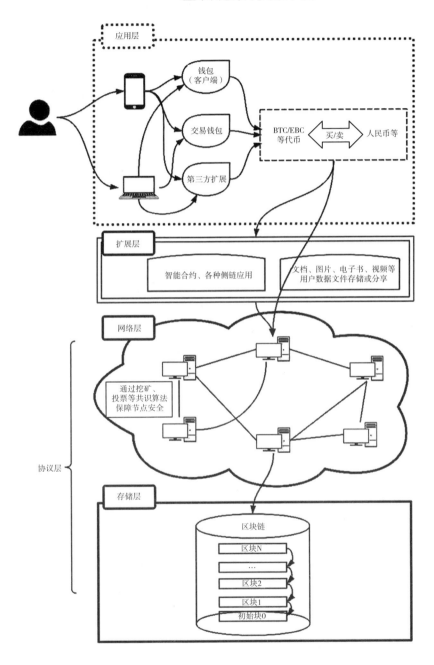

图 6-3　区块链架构设计图

69

在区块链应用中,协议层是现阶段开发者聚集的地方,也是比特币、莱特币及以太坊代表数字货币背后的基础协议。比特币和以太坊,是最为大众所熟悉的两个底层。

最早的区块链开发便是基于比特币的区块链网络开发。比特币是全球使用最广泛的和真正意义上的去中心化区块链应用。就区块链应用来说,比特币就是世界上最强大的锚,拥有最大的权威性。

而除了比特币外,以太坊则是目前在区块链平台最吸引眼球的应用。以太坊是一个图灵完备的区块链一站式开发平台,采用多种编程语言实现协议,采用 Go 语言编写的客户端作为默认客户端,基于以太坊平台之上的应用是智能合约,这是以太坊的核心。

(2)扩展层

扩展层,类似于计算机的驱动程序,是为了让区块链产品更加实用。"智能合约"是典型的扩展层面的应用开发,除去智能合约,还有解决区块链底层问题、提高区块链计算速度的快速计算,以及各类信息安全、数据库等技术应用。从这个层面来看,区块链可以架构和开发任何类型的产品,不仅仅是运用于金融行业。

(3)应用层

应用层类似于计算机中的各种软件程序,是普通人可以真正直接使用的产品,也可以理解为 B/S 架构[①]的产品中的浏览器端,通常和各个具体行业结合起来。这个层面的应用目前较少,市场亟待出现这样的应用,也是区块链未来发展的一大方向。人们现在使用的各类轻钱包(客户端),应该算作应用层最简单、最典型的应用。

2. 类"TCP/IP 协议"的存在

在 TCP/IP 协议出现之前,每个网络只能在网络内部的计算机之间互联通信,不同的计算机网络是一个个信息孤岛,它们之间不能通信。

---

① B/S 结构,Browser/Server 的缩写,即浏览器/服务器模式,是 Web 兴起后的一种网络结构模式,这种模式统一了客户端,将系统功能实现的核心部分集中到服务器上,简化了系统的开发、维护和使用。

直到1974年，研究人员设计出连接分组网络的协议，其中就包括著名的TCP/IP——网际互联协议IP和传输控制协议TCP。这才将这些孤岛连通起来，构成现在的互联网（Internet）。

而区块链技术，就是互联网结构中类TCP/IP协议的存在，也可以说，区块链作为一种底层协议，与TCP/IP协议共同构成互联网应用协议中最核心的两个协议。

区块链本质上是一个去中心化的账本系统，具备去中心化、开放性、信息不可篡改、可编程等特点，可作为一种底层存储与传输协议。从协议层到扩展层、应用层，它的价值也许会和当年的TCP/IP网络协议一样，会成为一种底层，在这个底层基石之上构建出一个新生态，并且像TCP/IP协议一样将目前区块链世界的"孤岛"连通起来。

因此，联盟链与公有链之间，比特币与以太坊之间，以及其他区块链网络之间，也许并不是一个你死我活、赢家通吃的局面，而是会通过构建不同区块链之间的价值传输协议，形成一个统一的区块链——互联链（Interchain）。

同样，互联链也会像互联网的物理层、网络层、传输层、应用层的层级设计一样，根据功能定位的不同、应用场景的不同、共享账簿开放权限的不同，而演化为不同层级的协议。这些协议可能也会构成新的协议簇，再演变成为基础协议，促进区块链的迅速发展。

区块链：从信息互联网到价值互联网

建立在TCP/IP协议基础上，互联网打破了信息传递的障碍，让我们进入了信息自由传递的时代。这一点已经被时代所确认，那么区块链带给我们的本质改变又是什么？有一点不能忘记：它是一个去中心化的账本系统。

在这个去中心化的账本系统里，有一个最核心的特点，那就是共识机制，它是区块链区别于互联网最鲜明的地方。共识机制是社区都认可的事情，它本质上是一种价值观。

互联网是A告诉B某件事情发生了，两者之间是一种弱关系。

区块链是A跟B一起来搞定某件事情，两者之间是一种强关系。

区块链具有天然的价值社交，它能够让部分信息互联网向价值互联网过渡。在这其中，它扮演了一种新引擎的角色，促成部分数据从信息传输到价值传输。

1. 价值互联网的开始

世界经济论坛发布的白皮书《实现区块链的潜力》指出："区块链技术能够催生新的机会，促进社会价值的创造与交易，使互联网从信息互联网向价值互联网转变。"

所谓价值互联网，就是人们能够在互联网上，像传递信息一样方便、快捷、低成本地传递价值，尤其是资金。

而想要在互联网上进行价值交换，则需解决以下三个问题。

（1）如何确保价值交换的唯一性？

（2）如何确立价值交换双方的信任关系？

（3）如何确保双方的承诺能够依靠网络的自治机制（智能合约）而自动执行，无须可信第三方的介入？

无疑，价值是一个很难交换的东西，因为价值的核心是大家有一个共识。信息互联网阶段只是交换信息，但到了现阶段，大家却希望能够交换价值，达成共识是异常艰难的。而我们已经知道，建立在随机数学算法之上的区块链技术可以使得网络达到这样一种共识。

2. 价值互联网的特征

价值互联网是互联网价值（数字货币或商品）基于区块链协议形成价值互联链，实现互联网价值的真实体现与透明转移，因而价值互联网的特征由区块链特征所决定。

在区块链技术下，我们可建立价值互联网——一个基于新的信任机制的高效、可靠的价值传输体系，这种能力来自区块链的设计。

区块链是一套技术体系，使用密码学原理连接称为区块的记录并同时保障其安全，从根本上防止数据被篡改。这是价值互联网的最基本特征，数据决定价值，价值不可更改。因为人类的价值观过于虚无，所以我们用数据来进行锁定。这套体系尤其适用于有效的、可验证的和永久的记录交易。

但这只是价值互联网的基本特征，也是传统互联网的深化与过渡。价值互联网更重要的特征是社区的共同行动性，也就是大家基于以上价值去完成一个共同目标。那么，怎么来保证大家一起完成某件事情呢？在价值互联网的这套体系中，不容忽视的特性有以下五点。

① 数据不可篡改。区块链不会被伪造，信息高度透明，这解决了信息安全问题，更重要的是，每一笔交易都是一次价值观的确定。

② 利益趋同性。既然要社区来完成一个目标，那就需要共享利益，这也是为什么区块链项目要以货币作为连接纽带的一个核心原因（存在争议）。

③ 共识机制恒定。从一开始就要确定一个共识机制，共识一旦形成，就很难进行更改，良好的共识是区块链发展的强大驱动力。

④ 去中心化。价值互联网的显著特征是去中心化，即交易双方不需要中心化的第三方的信用背书或助力就能直接完成交易。这也是基于区块链的价值互联网的显著特征。

⑤ 价值宗教化。价值互联网以社区作为基础，除了利益趋同外，远大的目标同样重要。比特币的原教旨主义者就具有一定的宗教色彩；"创世主"中本聪挖出了第一批比特币，他是比特币信徒的信仰所在。与其说人们在拥护信奉比特币与区块链，在某种意义上不如说是当传统无法适应需要，人们对一种公开公平、自由透明的技术追求。

3. 价值互联网的应用

无论是在物联网、金融、智能设备，还是在医疗、教学、档案、司法、版权，甚至家庭娱乐等领域，区块链都能够发挥核心价值，成为多个应用领域的基础。

以金融领域为例，在区块链的影响下，金融领域可能迎来最大的颠覆性改变。

首先，区块链可以为交易双方直接提供端到端的支付服务，其间不涉及中间机构。

其次，再以小额跨境汇款为例，如果基于区块链技术构建一套通用的分布式银行间金融交易系统，为用户提供全球范围的实时服务，跨境汇款将会变得更加便捷。

再次，从宏观来看，区块链新技术能够改变经济金融活动的搜索成本、匹配效率、交易费用、外部性和网络效应。从微观看，其也能改变影响企业内部的信息管理、激励约束机制等。

最后，从社会来看，大数据技术支持下，区块链所带来的价值观念将会更加促进共享金融局面的形成。作为一种去中心化机制和信用共识机制，在趋同的利益下，区块链公开透明的技术、自由平等的价值理念，将会构建资源共享、要素共享、利益共享的金融模式。

互联网的出现和普及，算力的爆发式增长，使人们在网络上构建点对点的连接变得异常容易。相较于互联网使信息传输变得简易，区块链是以一种完全开放的数据区块的信息链条形式出现，实现点与点之间的价值传递，由此成为新的引擎，开启了价值互联网时代。

结语：互信社会的形成

千万年来，人类文明之间的信息传达因空间被局限，信息只能传达到身边一部分人的耳朵里，而信息互联网改变了这一切。

与此类似，千万年来，人类之间的互信也只是在少部分人之中产生，而价值互联网（区块链）可能改变这一切。

处于价值互联网之中，区块链技术让网络中的每一个人天然互信。区块链数据是公开而透明的，区块链技术的防伪、防篡改等特性使每一个人都在区块链网络中建立了自己的诚信节点。在社会与技术的监督下，一旦某人作恶，将会迎来智能合约下的公开惩罚。

久而久之，在利益与价值的趋同下，这种公开与惩罚深入人心，潜移默化中，人人都把建立自己的信用中心当作了一种习惯，最终这种习惯成为一种约定俗成的道德规范。即技术成为解决社会信用问题的一剂良药，区块链技术重塑了价值体系，也重塑了道德体系。

一言以蔽之，TCP/IP协议让我们进入信息自由传递时代，而区块链技术则将把我们带入互信时代，在这个时代里，利益趋同，讲信修睦是更重要的价值共识。

因为信息互联网，人类社会已经发生了翻天覆地的变化；因为价值互联网，人类社会也必将迎来一场更完美的革命。如同TCP/IP协议让信息互联网发扬光大，区块链的产生和成熟也将首先在法律、金融、合约等领域发挥功用，最终形成一个人人互信的社会。

> **思考题**
>
> 我们已经从信息互联网时代走向价值互联网时代，未来有没有可能出现一种把各区块链网络之间连接起来的协议（即所谓的"互联链"）？

第2篇 区块链进阶

第7章 区块链经典：以太坊是什么？

第9章 编写一个智能合约

第11章 从智能合约到Token资产

第8章 智能合约和传统合约

第10章 加密货币在智能合约中的应用

第12章 财富：如何保护你的数字资产？

资源下载码：67890

第 7 章 区块链经典：以太坊是什么？

> 中本聪作为一个老派 C++ 程序员，编程水平并不高明，但运气不错。
> ——Vitalik Buterin

如果说比特币是区块链 1.0 的代表产品，那么以太坊可以说是前者的升级版本，即区块链 2.0，它将区块链技术应用于数字货币以外的智能合约领域之中。

如果说比特币是自由主义极客的理想试验，中本聪在"孤岛"上建立了一个"理想国"，那么以太坊则是一块"新大陆"，只要符合这片土地的法则，任何人都可以在这片土地上组建自己的城邦。一开始这片土地上什么都没有，只有 Vitalik Buterin（维塔利克·布特林）这个少年在勾勒草图，但现在已经有很多大厦在施工，并且日益繁荣。虽然现在还不能完全确定以太坊未来到底能走多远，但现在很多大型企业正在试探着如何入驻，这片土地也在逐渐成为一个生态多样化的世界。

区块链 2.0：以太坊的诞生

以太坊的诞生与比特币有着密切联系。作为区块链 1.0 最重要的应用，比特币是加密货币的代表，很好地实现了支付交易等职能。在很长一段时间里，很多人以为比特币就是区块链的一切，包括 Vitalik Buterin 也是一样。

作为一个跟着父亲长大的孩子，Vitalik Buterin 有着超越常人的成熟，很多时候不能认为他是一个程序员，而应把他看作是一个思想者。毕竟了解比特币的程序员不在少数，但没有任何一个人像他这样能够更敏锐地了解区块链在其他方面的应用。

以太坊大大拓展了区块链的疆土，Vitalik Buterin的以太坊是想要通过智能合约和智能资产来记录和转移更多复杂的资产类型，与比特币的图灵不完备不同，以太坊具有更强大的脚本系统——图灵完备，能够运行任何货币、协议和区块链。

其实在区块链1.0时代，也就是比特币运用的区块链技术中已经包含了智能合约概念，可以说，正是智能合约的引入，使区块链技术进化为驱动世界的力量。但是，由于比特币区块链支撑智能合约的脚本系统不完善，导致其应用在非金融领域十分困难，数学计算已经吞噬了全网80%的算力，每个区块的大小只有1MB，能够记录的信息非常有限。

2013年年末，Vitalik Buterin发布了代表他增强区块链底层协议扩展性的伟大设想和期望的以太坊初版白皮书。此后，以太坊项目正式启动，并在比特币区块链基础上进行了重大改进：

① 完善脚本系统，使智能合约能够应用在各种非金融领域；
② 平衡账目，实现更加精细的账目控制；
③ 底层协议保持简单。

由此，以太坊的出现使智能合约能力被自由释放。作为一个以区块链为基础，旨在提供图灵完备脚本语言的图灵完备平台，以太坊成功地将区块链带入了以智能合约为特色的2.0时代。比特币定位于一个应用，而以太坊则定位于平台。

以太坊是什么？

以太坊（Ethereum）的目标是打造一个运行智能合约的去中心化平台（platform for smart contract），平台上的应用按程序设定运行，不存在停机、审查、欺诈及第三方人为干预的可能。智能合约开发者可以在其上使用官方提供的工具，来开发支持以太坊区块链协议的应用（即所谓的DAPP[①]）。

简单来说，以太坊有类似于手机上的安卓系统或iOS系统，而手机上运行的各种应用软件，如微信、美图等都依赖于以上相应的操作系统。

只是当前的操作系统和应用软件背后都是由某些人或者某些人组成的机构所控制的，是中心化的；而以太坊和运行其上的各种应用都是去中心化的，它们在区块链云上自动执行给定协议的条款。

1. 以太坊区块链的特点

作为一个可编程、可视化、更易用的区块链，以太坊允许任何人编写智能合约和发行代币，并有着自己的特点，主要包括：

① 单独为智能合约指定编程语言Solidity；

② 使用内存需求较高的哈希函数：避免出现算力矿机；

③ 叔块（Uncle Block）激励机制：降低矿池的优势，使区块产生时间间隔降低到15秒；

④ 难度调整算法：一定的自动反馈机制；

⑤ Gas限制调整算法：限制代码执行指令数，避免循环攻击；

⑥ 记录当前状态的哈希树的根哈希值到区块：某些情形下实现轻量级客户端；

⑦ 为执行智能合约而设计的简化的虚拟机（EVM）。

2. 核心：以太坊虚拟机（EVM）

以太坊狭义上是指一系列定义去中心化应用平台的协议，它的核心是以太坊虚拟机（EVM），主要工作是执行智能合约的字节码。在计算机科学术语中，以太坊是"图灵完备"的。开发者能够使用类似于现有的JavaScript和Python等语言为模型的其他友好的编程语言，创建出在以太坊模拟机上运行的应用。由于图灵完备的语言提供了完整的自由度，让用户可搭建各种应用。因此，合约所能提供的业务几乎是无穷无尽的，它的边界就是人们的想象力。

[①] DAPP，Decentralized Application 的缩写，中文叫分布式应用/去中心化应用，和普通的APP原理一样，但它们是完全去中心化的，由类似以太坊网络本身自己的节点来运作的DAPP，不依赖于任何中心化的服务器。

与其他区块链相同,以太坊也有一个点对点网络协议。以太坊区块链数据库由众多连接到网络的节点来维护和更新,每个网络节点都运行着以太坊模拟机并执行相同的指令。因此,人们有时形象地称以太坊为"世界电脑"。

不过,这个贯穿整个以太坊网络的大规模并行运算并不是为了使运算更高效。实际上,这个过程使在以太坊上的运算比在传统"电脑"上更慢且代价昂贵。以太坊的主要价值不在于计算。

以太坊上的每个以太坊节点都运行着以太坊虚拟机,是为了保持整个区块链的一致性。去中心化的一致使以太坊有极高的故障容错性,保证零停机,而且可以使存储在区块链上的数据永远得以保存、被追踪,并且抗审查。

虽然以太坊平台本身看似没有特点,和编程语言相似,由企业家和开发者来决定其用途,但是很明显,某些应用类型较之其他更能从以太坊的功能中获益。以太坊尤其适合那些在点与点之间自动进行直接交互或者跨网络促进小组协调活动的应用。

例如,协调点对点市场的应用,或是复杂财务合同的自动化。比特币使个体能够不借助金融机构、银行或政府等其他中介来进行货币交换,而以太坊的影响可能更为深远。

理论上,任何复杂的金融活动或交易都能在以太坊上用编码自动且可靠地进行。除金融类应用外,任何对信任、安全和持久性要求较高的应用场景——如资产注册、投票、管理和物联网——都会大规模地受到以太坊平台的影响。由此,以太坊就成为一个多种类型去中心化区块链应用平台。

3. 以太坊技术架构

一般情况下,区块链由6层结构组成,如图7-1所示。

数据层:是一个区块+链表的数据结构,本质是一个分布式区块链。

网络层:P2P网络。

共识层:制定区块链获取货币的机制。例如,比特币用的是PoW(Proof-of-Work,工作量证明机制):计算机的性能越好,越容易获取到货币奖励;又如,PoS(Proof-of-Stake,权益证明机制):类似于众筹分红的概念,会根据持有的货币数量和时间,给持有者发放利息;再如,超级账本用的是PBFT(拜占庭容错)。

图 7-1　区块链的 6 层架构

激励层:挖矿机制。

合约层:以往的区块链是没有这一层的。所以最初的区块链只能进行交易,而无法用于其他领域或进行其他的逻辑处理。但是合约层的出现,使在其他领域使用区块链成为现实,如用于IoT[①]。以太坊中这部分包括了EVM和智能合约两部分。

应用层:区块链的展示层。如以太坊使用的是Truffle[②]和Web3.js[③]。区块链的应用层可以是移动端、Web端,或是融合进现有的服务器,把当前的业务服

---

① IoT,Internet of Thing 的缩写,中文含义为物联网,物联网是新一代信息技术的重要组成部分,也是"信息化"时代的重要发展阶段。
② Truffle,是目前最流行的以太坊开发框架,采用 JavaScript 编写,支持智能合约的编译、部署和测试。
③ Web3.js,是以太坊提供的一个 JavaScript 库,它封装了以太坊的 JSON RPC API,提供了一系列与区块链交互的 JavaScript 对象和函数,包括查看网络状态,查看本地账户,查看交易和区块,发送交易,编译/部署智能合约,调用智能合约等,其中最重要的就是与智能合约交互的 API。

务器当成应用层。

以太坊架构如图7-2所示。

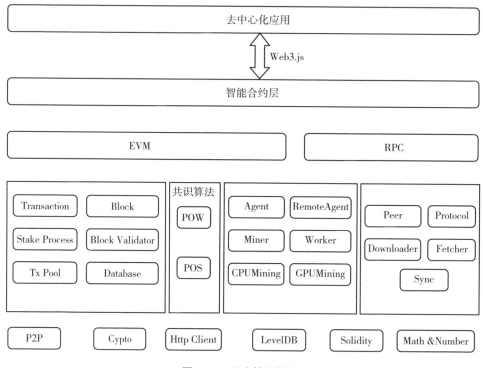

图7-2 以太坊架构图

以太坊最上层的是DAPP（分布式应用）。它通过Web3.js和智能合约层进行交换。所有的智能合约都运行在EVM上，并会用到RPC[①]的调用。在EVM和RPC下面是以太坊的四大核心内容，包括Blockchain（区块链）、共识算法、挖矿及网络层。除了DAPP外，其他的所有部分都在以太坊的客户端里，目前最流行的以太坊客户端是Geth（Go-Ethereum）。

4. 以太坊是如何工作的

以太坊中，"智能合约"这个流行的术语指的是在合同账户中编码——交易被发送给该账户时所运行的程序。用户可以通过在区块链中部署编码来创建

---

① RPC，Remote Procedure Call的缩写，中文含义为远程过程调用，它是一种通过网络从远程计算机程序上请求服务，而不需要了解底层网络技术的协议。

新的合约。

只有当外有账户发出指令时，合同账户才会执行相应的操作。所以合同账户不可能自发地执行诸如任意数码生成或应用程序界面调用等操作，只有受外有账户提示时，它才会做这些事。这是因为，以太坊要求节点能够与运算结果保持一致，这就要求保证合同账户的严格确定执行。

而这样一套依据编写而成的代码，自动执行的智能合约威力有多大？

我们举个生活中的例子感受一下，假设甲乙两人打了一个赌，甲赌明天定是晴天，乙赌明天肯定会下雨，赌注为100元。那么，该怎样做才能确保双方的赌约落地执行呢？一般我们会：

① 人品担保，相信彼此；

② 签署法律协议；

③ 找一位共同的朋友作为见证人。

但不论是上面哪一种方法，都有缺陷，要么可操行性不强，要么成本太高，而以太坊的智能合约很好地解决了这个问题，它就像是打赌者信任的共同朋友，只不过它存在于代码里。在以太坊上，打赌者可以在一款软件中写入"赌约"并各自存入价值相当于100元的以太币，等到次日结果出来后，赢的那方将获得该软件下的所有钱，即价值200元的以太币。

在这个智能合约执行的过程中，同比特币一样，打赌者（以太坊用户）必须向网络支付少量交易费用。这可以使以太坊区块链免受无关紧要或恶意的运算任务干扰，如分布式拒绝服务（DDoS）攻击或无限循环。交易的发送者必须在激活的"程序"中，每一步都进行付款，包括运算和记忆储存。费用通过以太坊自有的有价代币，即以太币的形式支付。

交易费用由节点收集，节点使网络生效。这些"矿工"就是以太坊网络中收集、传播、确认和执行交易的节点。矿工们将交易分组——包括许多以太坊区块链中账户"状态"的更新——分成的组被称为"区块"，矿工们会互相竞争，以使他们的区块可以添加到下一个区块链上。矿工们每挖到一个成功的区块就会得到以太币奖励。这就为人们带来了经济激励，促使人们为以太坊网络贡献硬件和电力。

和比特币网络一样,矿工有解决复杂数学问题的任务以便成功地"挖"到区块,这被称为"工作量证明"。一个运算问题,如果在算法上解决比验证解决方法需要更多数量级的资源,那么它就是工作证明的极佳选择。

为防止比特币网络中已经发生的专门硬件(如特定用途集成电路)造成的中心化现象,以太坊选择了难以存储的运算问题。如果问题需要存储器和CPU,事实上理想的硬件是普通的计算机。这就使以太坊的工作量证明具有抗特定用途集成电路性,和比特币这种由专门硬件控制挖矿的区块链相比,能够带来更加去中心化的安全分布。

5. 以太币(ETH)vs. 比特币(BTC)

以太币作为以太坊体系里的流通货币,经过4年的发展,已成为仅次于比特币的第二大虚拟货币体系。不过,虽然两者都是数字货币,但是以太币的主要目的不是像比特币那样使自己成为支付替代物,而是使以太坊的运营便利化且货币化,从而使开发人员可以建立并运行分布式应用程序。

另外,以太币相较于比特币更为复杂,简要地说,以太坊的数量以Premine(矿前)+Block Rewards(区块奖励)+Uncle Rewards(叔块奖励)+Uncle Referencing Rewards(叔块引用奖励)这种形式存在。

如表7-1所示,可以具体地从以下几个方面看出以太币和比特币的区别。

表7-1 比特币和以太币的比较

	比特币(BTC)	以太币(ETH)
总量	2100万	6000万+1872万/年
发行机制	每4年减半	每年0.26×发售,约1872万/年
核心算法	SHA256	Ethash
共识机制	PoW	PoW
区块时间	10分钟	12秒
区块奖励	12.5	5

续表

	比特币（BTC）	以太币（ETH）
矿工收益	挖矿奖励＋打包在区块中的交易所产生的交易费	挖矿奖励＋引用2个最近叔块的奖励＋在区块中进行合约的Gas

① 从总量上看，比特币是固定2100万枚，而以太币初期发售是6000万枚，但会加上每年挖出的1800万枚左右。

② 从发行机制上看，比特币每4年减半，而以太币是固定值。这也是这两种币的最大区别。

③ 从核心算法上看，虽然两者的共识机制是一样的，但是各有不同的核心算法。比特币的核心算法是SHA256，而以太币的核心算法是Ethash。

④ 从区块时间上看，区块的时间是比特币每10分钟出一个区块，而以太坊是12~15秒一个区块。

⑤ 从区块奖励上看，目前比特币的区块奖励是12.5个区块，而以太坊是5个区块。

⑥ 从挖矿收益上看，比特币矿工的收益包括挖矿的奖励及在区块中交易所产生的手续费。而以太坊的收益来源则更多，除了挖矿的收益，还包括引用最近两个叔块的奖励，以及区块中运行合约的Gas。

以太坊存在的风险和问题

随着互联网的不断发展，以太坊区块链也在日益完善。自2015年11月以太坊诞生到2018年2月，短短两年多时间，全球已有500多个以太坊应用诞生。发展态势极好，以至于有评论称，以太坊的价值实际上更优于比特币。相比于比特币仅局限于一种单纯的数字货币，以太坊智能合约和以太坊虚拟机的商业营利性都为以太坊的价值大添光彩。

但同时我们也需要注意到，以太坊自运行以来，多次爆出由于漏洞造成的重大安全事件。作为一个开源的有智能合约功能的公共区块链平台，以太坊区块链上的所有用户都可以看到基于区块链的智能合约，包括安全漏洞在内的所有漏洞也都可见。如果智能合约开发者疏忽或者测试不充分，而造成智能合约的代码有漏洞的话，就非常容易被黑客利用并攻击。并且越是功能强大的智能合约，就越是逻辑复杂，也越容易出现逻辑上的漏洞。

目前以太坊已知存在Solidity漏洞、短地址漏洞、交易顺序依赖、时间戳依赖、可重入攻击等漏洞，在调用合约时漏洞可能被利用，而智能合约部署后难以更新的特性也让漏洞的影响更加广泛而持久。

1. The DAO 事件

The DAO事件[①]是以太坊发展过程中发生的一次重大的安全事件，于北京时间2016年6月17日发生。由于以太坊的智能合约存在重大缺陷，区块链业界最大的众筹项目The DAO（被攻击前拥有1亿美元左右资产）遭到攻击，导致300多万以太币资产被分离出The DAO资产池。

其起源于The DAO编写的智能合约中存在着一个函数调用的漏洞，使攻击者可以通过此函数的漏洞，重复利用自己的DAO资产来不断从The DAO项目的资产池中转移DAO资产给自己。

2016年7月，以太坊官方修改了以太坊源码，在区块高度1 920 000强行把The DAO及其子DAO的资金转移到了另一个合约地址，通过这种方式夺回了被攻击者控制的DAO合约中的币。但是以太坊也因为这件事硬分叉成两个版本——以太坊经典（ETC）和以太坊（ETH），这件事情到最后也从技术争论变成了两种价值观的争论。

ETC一方认为区块链应用的原则就是不可篡改，账本已经形成就是形成了，因此无论资金发生什么样的问题，这是已经发生不应该去改变的事实。ETH一方则认为，为了坚持一种信仰而任由破坏者攻击是不合适的，这就是一种违法行为，即使是发生在软件系统上的行为也不能违法，不能忽

---

① The DAO 事件，在此次事件中攻击者利用了递归调用 split DAO 漏洞。也就是说，split DAO 函数被第一次合法调用后会非法地再次调用自己，然后不断重复这个自己非法调用自己的过程。这样的递归调用可以使攻击者的 DAO 资产在被清零之前，数十次的从 The DAO 的资产池里重复分离出来理应被清零的攻击者的 DAO 资产。

视司法意义。

无论如何，这件事的影响非常广泛，并且让大家都充分意识到，当智能合约的区块链应用复杂度提高以后，建立在上面的应用也会伴随着各种风险，同时，与此相关的各种法律法规建设及监管制度也亟待探讨和建立。

2. DAICO 新型融资方式

ICO 即 Initial Coin Offering，是区块链的行业术语，指区块链项目首次发行代币，通过募集比特币、以太坊等数字货币而筹得项目资金的一种行为。最早大约出现在2013年，对区块链行业的快速发展曾起到过重大的推动作用，其中以太坊是迄今为止最为成功的ICO项目。

但ICO本身也存在缺陷，一旦项目方募集资金之后，投资者对项目方缺乏约束力，甚至是束手无策。并且因其当前仍处于监管的灰色地带，也让一些ICO诈骗有恃无恐，2017年ICO的滥用及存在的诸多风险，更是使很多国家都发布了禁令。

2018年1月，以太坊创始人Vitalik Buterin提出一种新型融资方式DAICO，旨在最大限度地降低风险并提高问责制。DAICO是DAO和ICO的结合体，即Decentralized Autonomous ICO，是去中心化的自治ICO，如图7-3所示。

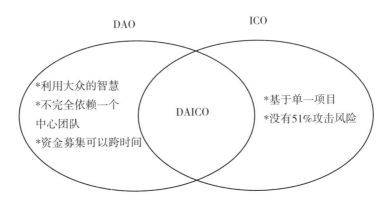

图 7-3 DAICO 定义图

其结合了DAO的ICO，即其设定了两种机制：

① 根据项目方对项目的推进情况，代币持有者进行投票，从而决定项目

方可以定期支取募集资金的比例或数量；

②代币持有者发现项目方涉嫌欺诈或者项目开发极不理想，那么代币持有者可以投票，从而使智能合约自动终止合同，剩余的资金将按照持有代币的比例原路返还给投资者。

任何ICO项目都面临团队不负责任或者项目本身就是骗钱的风险。然而，在DAICO中，这些风险被大大降低。在DAICO设定的机制中，投资方可以掌控募集资金的使用。项目发起方必须定期公布项目的进展并得到投资人的认可，证明项目在朝着预期的方向发展，从而促使投资人投票可以不断地从资金募集池中提取资金。

在最坏的情况下，投资人还可以通过投票自动终止合同，收回投出的资金，从而降低风险。当然，DAICO这种新型的融资模式究竟是否合理，能否流传开来，风险性如何，还有待现实进一步检验。

结语：区块链 2.0 时代

当前，以太坊已经占据区块链应用底层的半壁江山，这其中既有优于比特币的特性、以太坊抢占竞争高地带来的红利，也有包括摩根大通、微软在内的大型企业组成的以太坊企业联盟（EEA）带来的正面效果，如果以太坊继续改进优化，未来是否可期？当然，The DAO事件带来"中心化"的争议，谁是真正的"忒修斯之船"[①]已成为以太坊的锥心之痛，虚拟猫（Crypto Kitties）上线造成的网络拥堵，使以太坊的缺陷也更明显地暴露出来。

但以以太坊为代表的区块链2.0确实给了我们更多的想象空间。通过以太坊，我们看到了除数字货币外，还有一个多元化的开发平台的智能合约世界。2014年，当众人仍为比特币为首的数字货币应用痴迷不已时，Vitalik Buterin

---

① 忒修斯之船，亦称忒修斯悖论，是一种同一性的悖论：假定某物体的构成要素被置换，那它依旧是原来的物体吗？这个问题来源于公元1世纪普鲁塔克提出的一个问题：如果忒修斯的船上的木头被逐渐替换，直到所有的木头都不是原来的木头，那这艘船还是原来的那艘船吗？因此，这类问题现在被称作"忒修斯之船"的问题。

发起以太坊项目，试图以一套图灵完备的脚本语言，解决比特币扩展性不足的问题，提供不同的智能合约，让用户搭建各种应用。这一另辟蹊径的举动，不仅是区块链史上一次伟大的技术突破，也是对中本聪树立起来的权威的一次挑战，更是技术本身与人类发展需求相匹配的一次自然驱动。

> **思考题**
>
> 次世代数字发行平台The Abyss宣布将于2018年进行一种名为"DAICO"的新型ICO。这个概念由以太坊创始人Vitalik Buterin提出，旨在最大限度地降低风险并提高问责制，希望能够完善代币销售这种融资模式。请问，对于Vitalik Buterin提出的这种新型ICO"DAICO"，你有什么样的看法？

人类文明从出生到灭亡，
或许只不过是
超级文明签署的
一纸智能合约？

第8章 智能合约和传统合约

人类文明的发展史，在某种意义上可以缩影为契约的发展史。

原始社会口头约定下，契约为"券"，双方各持一片有相同刻痕记号的竹木片，当两片竹木片合对无误时，即为"合券"，一方就应履行义务。文字诞生后，口头契约发展为书面契约，以石、器、木、帛"书"契，左右两札再发展为"合同契"。

随着21世纪以来互联网的发展，合同的载体颠覆了以往历史上纸书等实物形式，出现了一种无纸化新形式——电子合同。电子合同是技术的产物，计算机将当事人双方的意思由文字转化为了数字，将"物质的流动"改变成了"电子的流动"。

在现实生活中，最好的智能合约的例子是售货机。

一台独立的售货机摆在你面前，没有收银员，你投几个硬币进去，就自动触发了让你选商品的选项，选择了商品以后，售货机里的饮料就自动掉下来了。

这就是一个普通的信息化智能合约。

但区块链上的智能合约有点不一样，在区块链上进行IFTT[①]逻辑编程，并且运行各个节点、自动更新所有人可见的透明总账。

如果在区块链上创建一份合约，并且合约声明：假设一个人将一笔钱转到

[①] IFTT，If This Then That，基本原理就是如果（IF）满足你设定的条件（This），那么（Then），触发你指定的操作（That）。

这份合约，合约就会执行下一个动作——这会触发合约执行一些其他事件。所有的这些流程，区块链上每个用户都是见证人。

溯源：智能合约的定义

比特币核心（Bitcoin Core）的开发者之一Peter Todd，曾总结智能合约的现状："从智能合约讨论中得到的结论：没有人理解智能合约究竟是什么，如果我们要实施智能合约，应该需要预言机（oracles）。"

而智能合约一说，到底从何而来？

1. 合约

合约，常被称为"契约"，其为一种合意，依此合意，一人或数人对于其他一人或数人负担给付、作为或不作为的债务。从本质上说，合约是双方当事人的合意，是双方当事人以发生、变更、担保或消灭某种法律关系为目的的协议。新婚宴尔，一纸婚约是为合约；你借我贷，劳动雇佣是为合约……合约无处不在，协议遍布丛生。

2. 智能合约

"智能合约（Smart Contract）"的概念由计算机科学家、加密大师尼克·萨博（Nick Szabo）在1993年提出来，1994年他写成《智能合约》论文，那是智能合约的开山之作。

作为一位因为比特币打下基础而受到广泛赞誉的密码学家，尼克·萨博为智能合约下的定义如下："一个智能合约是一套以数字形式定义的承诺（promises），包括合约参与方可以在上面执行这些承诺的协议。"

（1）数字形式

数字形式意味着合约需要被写入计算机可执行的代码中，只要参与者达成协定，智能合约建立的权利和义务就由一台计算机或者计算机网络执行。

① 达成协定。智能合约的参与方在什么时候达成协定，取决于特定的智

能合约实施。一般而言，当参与方通过在合约宿主平台上安装合约，致力于合约的执行时，合约就被发现了。

②合约执行。"执行"的真正意思依赖于实施。一般而言，执行意味着通过技术手段积极实施。

③计算机可读的代码。合约需要的特定"数字形式"，非常依赖于参与方同意使用的协议。

（2）协议

协议是技术实现（technical implementation），在这个基础上，合约承诺被实现，或者合约承诺实现被记录下来。选择哪个协议取决于许多因素，最重要的因素是——在合约履行期间被交易资产的本质。

以销售合约为例。假设参与方同意货款以比特币支付，选择的协议很明显将会是比特币协议，在此协议上，智能合约被实施。因此，合约必须要用到的"数字形式"就是比特币脚本语言。比特币脚本语言是一种非图灵完备的、命令式的、基于栈的编程语言。

萨博认为，智能合约的基本理念是，许多合约条款能够嵌入硬件和软件中。嵌入式合约最初的应用实例是自动售货机、销售点终端、大公司间的电子数据交换和银行间用于转移和清算的支付网络SWIFT[1]、ACH[2]、FedWire[3]。另一个嵌入式合约的例子是数字内容消费，如音乐、电影和电子书等领域的数字版权管理机制。

寻根：智能合约的真容

2015年以太坊出现的时候，区块链社区有着截然不同的意见。

---

[1] SWIFT，苹果于2014年WWDC（苹果开发者大会）发布的新开发语言，可与Objective-C*共同运行于Mac OS和iOS平台，用于搭建基于苹果平台的应用程序。
[2] ACH，Automatic Clearing House的缩写，自动清算中心是美国处理银行付款的主要系统。ACH系统的运作过程与纸质清算过程相似，只不过是以电子方式实施。
[3] FedWire，美联储转移大额付款的系统，是美国金融基础设施的重要组成部分。FedWire和相关支付系统的运作，经常将大额短期信用暴露给系统的参与者（反映为通常所说的日间透支）。

以太坊用事实证明：相比较仅使用数字货币，人们可以用这项技术实现更多事情。全新一类的分布式应用都可以被构想出来，并部署到一个可以支持它们的区块链上。

1. 本质

从本质上而言，智能合约是一种直接控制数字资产的计算机程序。通过在区块链上写入类似if-then语句的程序，使得当预先编好的条件被触发时，程序自动触发支付及执行合约中的其他条款，也就是说，它是储存在区块链上的一段代码，由区块链交易触发。

举一个简单的例子，如图8-1所示。

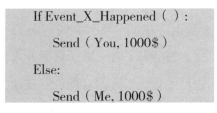

图 8-1　智能合约例图

这样一个if-then语句，意思就是，你我约定，如果事件X发生，则合约给你发送1000美元；否则，给我发送1000美元。这就是最简单的合约。

智能合约是部署在区块链上的计算机程序——DAPP（分布式应用）的基础单元。DAPP可以作为一组相互关联的智能合约，它们共同促成高级功能的实现——就像大型IT系统是由多个子系统或模块组成的，它们共同产生"整体大于部分之和"的效益。

DAPP是通过在区块链层部署一组智能合约，然后与这些智能合约进行交互而实现的。例如：

（1）供应链跟踪和交易解决方案，如Provenance、IBM和沃尔玛的试点；

（2）预测市场，如Augur和Gnosis；

（3）分布式组织，如The DAO；

（4）以太猫。

智能合约的实现需要底层协议支持，选择哪个协议取决于许多因素，最重要的因素是在合约履行期间被交易资产的本质。

2. 工作原理

基于区块链的智能合约构建及执行分为以下几步：

第一步，多方用户共同参与制定一份智能合约；

第二步，合约通过P2P网络扩散并存入区块链；

第三步，区块链构建的智能合约自动执行。

（1）多方用户共同参与制定一份智能合约

其过程包括以下步骤。

① 用户必须先注册成为区块链的用户，区块链返回给用户一对公钥和私钥。公钥作为用户在区块链上的账户地址，私钥作为操作该账户的唯一钥匙。

② 两个及两个以上的用户根据需要，共同商定了一份承诺，承诺中包含了双方的权利和义务，这些权利和义务以电子化的方式被编程为机器语言，参与者分别用各自的私钥进行签名，以确保合约的有效性。

③ 签名后的智能合约将会根据其中的承诺内容，传入区块链网络中。

（2）合约通过P2P网络扩散并存入区块链

其过程包括以下步骤。

① 合约通过P2P的方式在区块链全网中扩散，每个节点都会收到一份。区块链中的验证节点会将收到的合约先保存到内存中，等待新一轮共识时间，触发合约的共识并处理。

② 共识时间到了，验证节点会把最近一段时间内保存的所有合约一起打包成一个合约集合（set），并算出这个合约集合的Hash值，最后将这个合约集合的Hash值组装成一个区块结构，扩散到全网。其他验证节点收到这个区块结构后，会把里面包含的合约集合的Hash取出来，与自己保存的合约集合进行比较，同时发送一份自己认可的合约集合给其他的验证节点。通过这种多轮的发送和比较，所有的验证节点最终在规定的时间内对最新的合约集合达成一致。

③ 最新达成的合约集合会以区块的形式扩散到全网，每个区块包含以下

信息：当前区块的Hash值、前一区块的Hash值、达成共识时的时间戳，以及其他描述信息。同时，区块链最重要的信息是带有一组已经达成共识的合约集，收到合约集的节点，都会对每条合约进行验证，验证通过的合约才会最终写入区块链中，验证的内容主要是合约参与者的私钥签名是否与账户匹配。

（3）区块链构建的智能合约自动执行

其过程包括以下步骤。

① 智能合约会定期检查自动机状态，逐条遍历每个合约内包含的状态机、事务及触发条件。将条件满足的事务推送到待验证的队列中，等待共识，未满足触发条件的事务将继续存放在区块链上。

② 进入最新轮验证的事务，会扩散到每一个验证节点，与普通区块链交易或事务一样，验证节点首先进行签名验证，确保事务的有效性。验证通过的事务会进入待共识集合，等大多数验证节点达成共识后，事务会成功执行并通知用户。

③ 事务执行成功后，智能合约自带的状态机会判断所属合约的状态，当合约包括的所有事务都顺序执行完后，状态机会将合约的状态标记为完成，并从最新的区块中移除该合约。反之，将标记为进行中，继续保存在最新的区块中等待下一轮处理，直到处理完毕。整个事务和状态的处理都由区块链底层内置的智能合约系统自动完成，全程透明、不可篡改。

比较：智能合约和传统合约

经过对智能合约定义与本质的剖析，我们已经知道什么是智能合约及智能合约是如何运作的。或者说，我们可以知道，智能合约和传统合约之间有着某种密切关系，不可否认的是，智能合约将被归类为与合约、法律相关的行为。

1. 相似之处

合约与合同形影不离，合约是双方的合意，而合同则是两方面或几方面在办理某事时，为了确定各自的权利和义务而订立的共同遵守的条文。我们现在在这个社会上做的种种经济行为都涉及大量的合同，所使用的传统合约（合同）主要有以下四部分内容。

① 合同主体：即甲方和乙方。这里面包含自然人、法人和机构等。

② 合同条款：规定甲乙双方的权利和义务。合同条款尽可能详细地书写法律规定之外的内容。

③ 仲裁机构和执法机构：当出现违约或合同双方主体对合同条款产生歧义时，需要仲裁机构和执法机构来判决权利和义务的归属。

④ 仲裁对象：合同里定义（或现行法律保护当合同里没提到）的权利和义务。

与之对应的，智能合约也有现行合同制度里的四部分内容。

① 合约主体：拥有数字身份的甲方和乙方。

② 合约条款：由代码构建的甲乙双方的权利和义务。传统合同还兼容法律规定的内容，但智能合约不接受现行法律的约束，完全由代码详尽定义，除非智能合约被推翻。

③ 仲裁平台：智能合约是在某个平台（如以太坊，又如根链）上由合约主体去安装，然后代码自动判断执行合约的所有条款，包括违约和合约条款，都由代码给出。判决过程不需要其他机构代理。

④ 执法对象：合约里约定的数字资产或智能财产。

2. 两者区别

随着区块链技术热度的不断上升，智能合约也成为经常被谈论的新鲜对象。而为什么传统合约未能像其一样风靡一时？除去两者的相似之处，智能合约自然有其不同之处。我们从以下几个方面来明晰智能合约与传统合约的区别。

（1）自动化方面

智能合约可以对触发条件进行智能判断，而传统合约则只能进行人为判断。也就是说，智能合约可以自动判断触发条件，从而选择相应的下一步事务，而传统合约需要人工判断触发条件，在条件判断准确性、及时性等方面均不如智能合约。

（2）主客观方面

智能合约中的惩罚等条件是提前进行明晰的，适用于客观的请求场景，而传统合约则更适用于主观请求场景。智能合约中的约定、抵押及惩罚需提前明确，而主观性判断指标很难纳入合约自动机中进行判断，也就很难指导合约事务的执行。

（3）消耗成本方面

智能合约的成本要明显低于传统合约成本。因为智能合约中的各项执行条件等已经被提前写入代码，执行时不需要再耗费更多的人力、物力即可进行。

（4）执行时间方面

智能合约和传统合约在执行时间上有事前事后的区别。智能合约属于事前预定，预防执行模式。而传统合约采用的是事后执行，根据状态决定奖惩的模式。

（5）惩戒方式方面

智能合约中，合约依赖于抵押品、保证金、数字财产等具有数字化属性的抵押资产，若有违约行为发生，违约者会有资产的损失。但传统合约中，违约则将通过法律手段进行制裁，也就是违约惩罚主要依赖于刑罚，一旦违约，可以采用法律手段维权。

（6）适用范围方面

智能合约可以在全球范围内进行推广并投入使用，但传统合约则因为地域文化、习俗、具体法律法规的不同而有特定的使用范围，广度与智能合约有很大差别。

3. 新形式合约优势

作为一种新形式合约，智能合约与传统合约相比具有许多优势。

① 不依赖第三方执行合约。消除中间人，大大减少了花费在合约上的总金额。

② 消除第三方供应商，这也意味着合约验证和执行的整个过程随着用户间的直接交易而变得快速。

③ 由于合约条款不能更改，用户受骗的风险较小。智能合约不受各种人为干预。

④ 智能合约不容易出现断电、节点故障等问题。合约保存在分布式账本上时，不存在放错或丢失的风险。这意味着连接到网络的每个设备都有一份合约副本，并且数据会永远保存在网络上。

区块链智能合约的革命性

尽管如此,有些人仍然认为智能合约不具有革命性,认为它本质上与传统合约并无不同。

真的没有本质上的区别?

我们用一些现实的场景来进行描述,假设你在网上看中了一辆特斯拉,谈好价格后你去银行签署支票再回到经销商处,经销商确认支票后,你签署了一堆文件,表明拥有这辆车的所有权并最终获得这辆车。整个买车的过程可能需要花费好几天的时间。

但是,如果是一份智能合约,一辆特斯拉的所有权、价格和其他细节等信息都被上传到了区块链上。你只要支付了相应价值的比特币,就马上可以拥有这辆车。

传统的方法需要耗时耗力去银行办理交钱、签署文件、提车等所有事情,而在区块链上则只需要一个实时下单、执行的智能合约。你需要做的是用加密货币,甚至只需要一个携带加密信息的Token,就可以买下这辆车的所有信息、所有权(存储在区块链总账上的电子身份)。整个区块链系统的每个电脑,每个节点都会实时更新总账,在这个网络中的每个人都会知道,这辆车刚刚被卖给了你,你拥有了它的所有权。

毋庸置疑,这是一件非常便捷的事情,从这里我们也可以看出,区块链的智能合约是一种透明化的宏观确认,而传统合约只是一种非透明的微观确认。

对区块链智能合约的反思

那么区块链智能合约是万能的吗?

万能与否,这要取决于设定智能合约时是否合理,或者是否没有任何漏洞。

人类真的能躲在编制好的一系列区块链智能合约里,进化到更高级的文明吗?代码是否真的能完全代替人类,毫无纰漏地处理好未来的一切?

在区块链智能合约领域内,以太坊里的DAO给我们呈现了一个非常可怕的先例。

当人不能发挥主观能动性时，当DAO受到攻击时，我们惊讶地发现，整个以太坊社区只能眼睁睁地看着黑客作案，而且黑客所有的操作在数学上竟都是合法的，黑客利用了一个简单的递归函数的漏洞，就盗走了价值2亿美元的数字资产，因为智能合约是由代码认可的，而人性在这里则几乎无能为力！

智能合约真的是万能的吗？如果我们过于相信智能合约，那我们就是过于相信自己的预测能力，而忽视了自己在未来的创造力。

结语：智慧型契约社会

如今，智能合约已经开始生根发芽了。

区块链的智能合约是条款以计算机语言而非法律语言记录的智能合同。作为区块链最重要的特性之一，智能合约也是区块链能够被称为颠覆性技术的主要原因，更是各国央行考虑使用区块链技术发行数字货币的重要考量因素，是可编程货币、可编程金融的技术基础。

从尼克·萨博提出智能合约的概念到真正实践，区块链技术的出现解决了可编程合约缺乏数字系统技术的问题。人类文明已经从"身份社会"进化到了"契约社会"，而区块链下的智能合约则有望带领人类从传统契约社会过渡到智慧型自动社会。

思考题

"智能合约"概念的提出者尼克·萨博认为，智能合约最简单的一个例子是自动售货机：任何持有硬币的人都可以与供应商交易，投个硬币进去，就会触发选择商品的选项。选择商品以后，你要的饮料就会掉下来。在你的身边还有哪些通俗可见的"智能合约"？

> 银行的官僚主义是如此根深蒂固，
> 他们的专业知识和当地的法规及标准，
> 使得他们很难斩断戈尔迪之结，
> 以实现无缝的全球系统。
> ——智能合约提出者尼克·萨博

第9章 编写一个智能合约

绑匪、富豪和教父的故事

在讲编写智能合约之前，先说一个智能合约的故事。

一个绑匪绑架了富豪的儿子。

教父是黑白两道通吃的大佬。

绑匪和富豪都相信教父。

富豪收到绑匪的电话后，特别担心给钱之后仍然救不了儿子的性命，而绑匪也担心放了人拿不到赎金。

两者相持数小时，富豪的儿子提出一个解决办法，让富豪设立一个三方交易的比特币钱包地址，该交易只有在绑匪和教父都用私钥签名后才有效，并且协议被全网广播后，绑匪必须马上放人。

作为一个自动担保账户，当情景满足规定条件时，程序就会自动释放或转移资金。整个过程可以描述为：

富豪建立智能钱包；

绑匪用自己的私钥解锁；

仲裁者调用智能合约函数；

函数触发，将资金转移到合约当中，等待回调发生。

在这个故事中，仲裁者成功调用智能合约函数解决了富豪与绑匪的困境，由此，富豪与绑匪之间的不信任博弈从技术层面被破解了。那么，与智能合约相比，传统合约又是怎么运转的呢？

传统合约的订立

传统上，合同的订立是指缔约当事人相互为意思表示并达成合意而成立了合同。合同的订立由"订"和"立"两个阶段组成。"订"强调缔约的行为和过程是缔约各方接触、洽商过程，包括缔约各方的接触、洽商并最终达成协议前的整个讨价还价过程。此阶段由要约邀请、要约、反要约诸制度加以规范和约束，产生先合同义务及缔约过失责任。而"立"强调缔约的结果，指的是双方合意的达成，即双方当事人就合同条款至少是合同的主要条款已经形成一致意见，各方当事人享有的权利和承担的义务得以确定，简而言之，合同成立了。

实际而言，合约的"订"其实是要约，要约指一方当事人向他人做出的以一定条件订立合同的意思表示。前者称为要约人，后者称为受要约人。而要约的形式——要约作为一种意思表示，可以书面形式做出，也可以对话形式做出。书面形式包括信函、电报、电传、传真、电子邮件等函件。

要约的有效条件有以下三点。

① 要约必须是特定人的意思表示。

② 要约必须是向相对人发出的意思表示。要约的相对人应为特定的人，但在特殊情况下也可以为不特定的人。

③ 要约必须是能够反映所要订立合同主要内容的意思表示。

而合约"立"这一阶段就是承诺，承诺指受要约人同意要约内容缔结合同的意思表示。承诺应以通知的方式做出，但根据交易习惯或要约表明可以通过行为做出的除外。缄默或不行为不能作为承诺的表示方式。

承诺的有效要件：承诺须由受要约人或其授权的代理人做出；承诺须在有

效期内做出；承诺须与要约的内容一致；承诺须向要约人做出。

所以，合同订立的一般程序应该如下。

① 当事人双方相互约定，双方当事人有合作意向后就合约的内容不断探讨交流，最后形成合作的一致意见。

② 合同起草。有了明确的合作意见后，就敲定合约的细节，由双方当事人或者第三方（被双方所承认的）来着手合约的起草，完成合约的书面文本后，由双方当事人确认合约细节，确认无误后方可。

③ 专业人员评估。完成合约起草后，还需要合约有关专业人员（如律师）来确认合约本身的合法性，公证处对合同进行公证备案。

④ 合同执行。合同执行主要靠当事人双方自觉执行，如出现违约等情况，双方当事人应相互协商解决，协商后依旧无法解决的，可申请仲裁或上诉法院，法院判决后强制执行。

智能合约的编写步骤

相比传统合约时效性受到诸多限制，智能合约则存在着诸多好处，签署效率高，安全性强，且在违约执行时实现了不可抵赖和自动执行性。

那么，怎样编写一个智能合约来解决我们的问题呢？

一般而言，一个运行智能合约的去中心化平台会提供一条公有区块链，并会制定面向智能合约的一套编程语言。智能合约的开发者可以在该智能合约平台上使用官方提供的工具，来开发支持该平台区块链协议的应用（即所谓的DAPP）。

因此，可以在智能合约平台上进行编写，具体的逻辑步骤如下。

第一步，启动一个区块链节点。

第二步，使用编程语言编译智能合约，然后将源代码编译获得二进制代码。

第三步，将编译好的合约部署到网络，获得合约的区块链地址和ABI[①]。（这一

[①] ABI，Application Binary Interface 的缩写，合约接口的 JSON 表示，包括变量、事件和可以调用的方法；ABI 是合约接口的二进制表示。

步可能会消耗费用，还需要使用节点的默认地址或者指定地址来给合约签名。）

第四步，用JavaScript API来调用合约。（根据调用的类型有可能会消耗费用）

实例分析一：以太坊智能合约编写

1. 安装以太坊的准备工作

如果是首次接触Ethereum（以太坊），推荐使用下面的步骤安装部署。

第一步，安装Ethereum。

```
sudo apt-get install software-properties-common
sudo add-apt-repository -y ppa:ethereum/ethereum
sudo add-apt-repository -y ppa:ethereum/ethereum-dev
sudo apt-get update
sudo apt-get install Ethereum
```

第二步，安装solc编译器。

```
sudo add-apt-repository ppa:ethereum/ethereum-qt
sudo add-apt-repository ppa:ethereum/ethereum
sudo apt-get update
sudo apt-get install cpp-ethereum
```

安装后可以使用geth命令创建Ethereum账户。

```
geth account new
```

第三步，Solidity语言支持。

Browser-solidity提供了在线的Solidity语言测试。需要下载包括Solidity运行环境的安装包。

第四步，安装客户端Mist。

官方提供钱包客户端Mist，支持进行交易，同时支持直接编写和部署智能合约。

所编写的代码编译发布后，可以部署到区块链上。使用者可通过Mist发送指令，调用相应交易合约，让以太坊虚拟机（EVM）在区块链上执行交易合约。

以太坊现在有多种语言实现的客户端，包括以下几种：

ethereumjs-lib：JavaScript语言实现；

Ethereum（J）：Java语言实现；

ethereumH：Haskell语言实现；

go-ethereum：Go语言实现；

Parity：Rust语言实现；

pyethapp：Python语言实现；

ruby-ethereum：Ruby语言实现。

2. 在以太坊上编程时的注意事项

完成准备工作后，就可以着手编写属于自己的智能合约。在编写过程中，还有一些地方需要注意。

（1）查看验证节点能否正常运行

在成功部署了一个智能合约后，输入数据时即可验证代码是否正常运行。

（2）部署在其他节点上

为了使其他人可以运行你的智能合约，你需要两个信息。

① 智能合约地址 Address。

② 智能合约 ABI。ABI其实就是一个有序的用户手册，描述了所有方法的名字和如何调用它们。可以使用以下代码获得其ABI和智能合约地址。

```
geiverCompiled.griver.info.abiDefinition; greeter.address;
```

然后可以实例化一个JavaScript对象，该对象可以用来在任意联网机器上调用该合约，此处ABI和Address是上述代码返回值。

```
var griver= eth.contract(ABI).at(Address);
```

（3）自毁程序

一个交易被发送到网络需要支付费用，自毁程序是对网络的补充，花费的费用远小于一次常用交易。

可以通过以下代码来检验是否成功，如果自毁程序运行成功，以下代码会返回0。

```
giver.kill.sendTransaction({from:eth.accounts[0]})
```

3. 实际操作

根据以太坊白皮书上所说的对冲合约，即一种金融衍生品，我们可以进行代码编写。以下是白皮书上所举的一个例子：

等待A输入1000以太币；等待B输入1000以太币；通过查询数据提供合约，将价值1000以太币的等值美元，如x美元，记录至存储器。

30天后，允许A或B"重新激活"合约以发送价值x美元的以太币（重新查询数据提供合约，以获取新价格并计算）给A，并将剩余的以太币发送给B。

实现步骤如下。

第一步，确定进行交易的双方，包含双方地址、是否投票（默认为否）、金额等数据。代码如下。

```
struct giver{
     address gaddr;//A方人地址
     bool yn;//是否投票
uint amount;//金额
   }

   struct reciever{
      address raddr;//B方人地址
      bool yn;//是否投票
uint amount;//金额
}
```

第二步，对双方进行初始化，首先每个账户内打入1000以太币；确认交易后，将bool重新设定为true；接着用一个storage保存相关地址以方便后面调用（如果没有amount而使用balance，将会使得storage无法调用）；最后两个账户之间的转账可以只用msg.sender（准备下次实现），目前只有将amount数值设定为0，来表示将1000以太币转入对冲基金，在现实生活中则有很高的风险，是明显不可取的。代码如下。

```
function initializeA(address giverA){
    // A方人初始化
    givers[giverA].amount = 1000 ether;
    givers[giverA].yn = true;
    p1 = giverA;
    givers[giverA].amount = 0 ether;
}
function initializeB(address recieverB){
    // B方人初始化
recievers[recieverB].amount = 1000 ether;
recievers[recieverB].yn = true;
    p2 = recieverB;
recievers[recieverB].amount = 0 ether;
}
```

第三步，实现对冲的第一步，将1000以太币根据汇率转换成其他货币。

```
inthedgevalue;

    function hedging1(uintexchangerate) returns (uint){
hedgevalue = 1000 ether /exchangerate ;
return  hedgevalue;
}
```

第四步，实现对冲的第二步，30天后再次转化回以太币。值得注意的是，使用了bool以防交易失败。

```
bool success;
function hedging2(uintexchangerate ,uint time) returns(bool success){
if(time != 30) return false ;
    if(givers[p1].yn == false) return false;
    if(recievers[p2].yn == false) return false;
    givers[p1].amount = hedgevalue * exchangerate;
recievers[p2].amount = 2000 ether - hedgevalue * exchangerate;
    return true ;
}
```

第五步，确定双方交易后的金额。

```
function checkA(address giverA)returns(uint){ if(success)
givers[giverA].
amount = givers[p1].amount ;
else givers[giverA].amount = 1000 ether;
return givers[giverA].amount; }

functioncheckB(addressrecieverB)returns(uint){if(success)
recievers[recieverB].amount = recievers[p2].amount;
else recievers[recieverB].amount = 1000 ether;
return recievers[p2].amount;}}
```

通过这五步,一个简单的智能合约就建立起来了。注意,这个智能合约在转换汇率的时候用的是整型,这是一种理想状态,程序可以在 Remix 上完成调试。

所有代码组合起来如下。

```
contract hedge{

    struct giver{
        address gaddr;//A方人地址
        bool yn;//是否投票
uint amount;//金额
    }

    struct reciever{
        address raddr;//B方人地址
        bool yn;//是否投票
uint amount;//金额
    }
    address p1;
    address p2;
mapping(address => giver) givers;
mapping(address =>reciever) recievers;

function initializeA(address giverA){
        // A方人初始化
        givers[giverA].amount = 1000 ether;
        givers[giverA].yn = true;
        p1 = giverA;
```

```
        givers[giverA].amount = 0 ether;
    }

    function initializeB(address recieverB){
        // B方人初始化
recievers[recieverB].amount = 1000 ether;
recievers[recieverB].yn = true;
       p2 = recieverB;
recievers[recieverB].amount = 0 ether;
    }
uinthedgevalue;

    function hedging1(uintexchangerate) returns (uint){
hedgevalue = 1000 ether /exchangerate ;
return  hedgevalue;
 }
bool success;
   function hedging2(uintexchangerate ,uint time) returns(bool success){
if(time != 30) return false ;
      if(givers[p1].yn == false) return false;
      if(recievers[p2].yn == false) return false;
       givers[p1].amount = hedgevalue * exchangerate;
recievers[p2].amount = 2000 ether - hedgevalue * exchangerate;
       return true ;
function checkA(address giverA)returns(uint){ if(success)
givers[giverA].amount = givers[p1].amount ;
else givers[giverA].amount = 1000 ether;
return givers[giverA].amount; }

function  checkB(addressrecieverB)returns(uint)
{if(success) recievers[recieverB].amount = recievers[p2].amount;
  else recievers[recieverB].amount = 1000 ether;
 return recievers[p2].amount; }}
```

以上代码可以简单构成一个智能合约——对冲合约，但这个对冲合约还不够完善，需要更加详细地引入函数和变量来优化它。

实例分析二：EOS 智能合约编写

1. 前期准备

（1）编程语言选择

基于EOS.IO的区块链，使用Web Assembly(WASM)执行开发者提供的应用代码。WASM是一个已崭露头角的Web标准，受到Google、Microsoft、Apple及其他大公司的广泛支持。到目前为止，用于构建应用及WASM代码编译的最成熟的工具链是clang/llvm及其C/C++编译器。

其他由第三方开发中的工具链包括Rust、Python和Solidity。尽管用其他语言更简单，但是它们的性能很可能制约所构建的应用规模。EOS官方推荐的是C++为开发高性能及安全智能合约的最佳语言。

（2）开发环境准备

EOS.IO软件仅官方支持如下环境：

Ubuntu 16.10 或更高；

MacOS Sierra 或更高。

（3）命令行工具

EOS.IO提供了一系列工具，需要基本的命令行知识来操作它们。

（4）message 与 transaction 设定

一个message代表单个操作，一个transaction是一个或多个messages的集合。合约和账户通过messages通信。messages可以单个发送，如果希望一次执行批处理也可以集合起来发送。

① 单个message的transaction。

```
{
  "ref_block_num": "100",
  "ref_block_prefix": "14070148",
  "expiration": "2018-04-09T06:28:49",
  "scope": ["initb","initc"],
  "messages": [
```

```
  {
     "code": "eos",
     "type": "transfer",
     "authorization": [
        {
           "account": "initb",
           "permission": "active"
        }
     ],
     "data": "fbbc85598ab319612aa7f5c904b20701897722968a577a1229873aeb6293192b"
  }
],
"signatures": [],
"authorizations": []
}
```

② 多个messages的transaction,这些messages将全部成功或全部失败。

```
{
  "ref_block_num": "100",
  "ref_block_prefix": "14070148",
  "expiration": "2018-04-09T06:28:49",
  "scope": [...],
  "messages": [{
     "code": "...",
     "type": "...",
     "authorization": [...],
     "data": "..."
  }, {
     "code": "...",
     "type": "...",
     "authorization": [...],
     "data": "..."
  }, ...
  ],
  "signatures": [],
  "authorizations": []
}
```

③ message名的限定。

message的类型实际上是base32编码的64位整数。所以message名的前12个字符需限制在字母a~z,数字1~5,以及"."。第13个以后的字符限制在前16

个字符（"."，a~p）。

④ transaction 确认。

获得一个 transaction 哈希并不等于 transaction 完成，它只表示该节点无报错地接受了，而其他区块生产者很可能也会接受它。但要确认该 transaction，你需要在 transaction 历史中查看含有该 transaction 的区块数。

2. 技术限制

（1）无浮点数

合约不接受浮点小数计算，因为这在 CPU 层级上是一个不确定的行为，可能会导致意想不到的分叉。

（2）输出执行时间

transaction 需要在 1 秒内执行，transaction 的执行时间需要*小于或等于 1 秒，否则 transaction 将会失败。

（3）tps 限制

最大 30tps。根据测试公网设置，每个账户最多每秒可发布 30 个 transactions.

3. 编写第一个 EOS 智能合约 "Hello World"

第一步，使用 eoscpp 来生成智能合约的骨架。这将在 hello 文件夹里产生一个空白工程，里面有 abi、hpp 和 cpp 文件。

```
$ eoscpp -n hello
```

① 从 .cpp 文件含有一个"当收到 message 后打印 Hello World: ${account}->${action}"的样例代码。代码如下。

```
void apply( uint64_t code, uint64_t action ) {
eosio::print( "Hello World: ", eosio::name(code), "->",
eosio::name(action), "\n" );
}
```

② 从 .cpp 文件生成 .wast 文件。

```
$ eoscpp -o hello.wast hello.cpp
```

③ 获得 .wast 和 .abi 文件后,就可以将合约部署到区块链上了。

第二步,假设你的钱包已经解锁,并且有 ${account} 的 keys,你就可以上传,用下面的命令将合约上传到 EOS 区块链上。

```
$ eosc set contract ${account} hello.wasthello.abi
Reading WAST...
Assembling WASM...
Publishing contract...
{
  "transaction_id": "1abb46f1b69feb9a88dbff881ea421fd4f399
14df769ae09f66bd684436443d5",
  "processed": {
    "ref_block_num": 144,
    "ref_block_prefix": 2192682225,
    "expiration": "2017-09-14T05:39:15",
    "scope": [
      "eos",
      "${account}"
    ],
    "signatures": [
"2064610856c773423d239a388d22cd30b7ba98f6a9fbabfa621e42cec
5dd03c3b87afdcbd68a3a82df020b78126366227674dfbdd33de7d488f
2d010ada914b438"
    ],
    "messages": [{
        "code": "eos",
        "type": "setcode",
        "authorization": [{
            "account": "${account}",
            "permission": "active"
          }
        ],
        "data": "0000000080c758410000f1010061736d010000000
1110460017f0060017e0060000060027e7e00021b0203656e76070726
96e746e000103656e76067072696e74730000030202030404017000
0050301000107190306d656d6f727902000469e69740002056170706
c7900030a20020600411010010b17004120100120001000413010012
001100041c00010010b0b3f050041040b0450400000004110b0d496e69
7420576f726c64210a0000041200b0e48656c6c6f20576f726c643a20000
041300b032d3e000041c0000b020a000029046e616d6504067072696e7
```

```
46e0100067072696e7473010004696e69740005617 0706c79020130013
1010b4163636f756e744e616d65044e616d6502087472616e736665 720
0030466726f6d0b4163636f756e744e616d6502746f0b4163636f756e7
44e616d6506616d6f756e740655496e7463340761636 36f756e7400020
76163636f756e74044e616d650762616c616e636505 5496e7436340 10
00000b298e982a4087472616e7366657201000000080bafac60803693 6
3401076163636f756e7400076163636f756e74"
            }
    ],
    "output": [{
            "notify": [],
            "deferred_transactions": []
        }
    ]
}
```

第三步，如果查看eosd进程的输出，你会看到：

```
...] initt generated block #188249 @ 2018-04-13T22:00:24
with 0 trxs   0 pending
Init World!
Init World!
Init World!
```

可以看到"Init World!"被执行了三次，这其实并不是个bug。区块链处理transactions的流程如下。

① eosd收到一个新transaction（正在验证的transaction）；

创建一个新的临时会话；

尝试应用此transaction；

成功并打印出"Init World!"；

失败则回滚所做的变化（也有可能打印"Init World!"后失败）。

② eosd开始产出区块；

撤销所有pending状态；

推动所有交易输出记录在该区块；

第二次打印"Init World!"；

完成区块；

撤销所有创造区块时的临时变化。

③ eosd 如同从网络上获得区块一样将区块追加到链上；

第三次打印"Init World!"。

此时，合约就可以开始接收 messages 了。因为默认 message 处理器接收所有 messages，我们可以发送任何我们想发的东西。

第四步，我们试试发一个空的 message：

```
$ eosc push message ${account} hello '"abcd"' --scope ${account}
```

此命令将"hello" message 及十六进制字符串"abcd"所代表的二进制文件传出。注意，后面将展示如何用一个好看易读的 JSON 对象替换十六进制字符串的 ABI。以上，我们只是想证明"hello"类型的 message 是如何发送到账户的。

结果如下。

```
{
  "transaction_id": "69d66204ebeeee68c91efef6f8a7f229c22f47bcccd70459e0be833a303956bb",
  "processed": {
    "ref_block_num": 57477,
    "ref_block_prefix": 1051897037,
    "expiration": "2017-09-13T22:17:04",
    "scope": [
      "${account}"
    ],
    "signatures": [],
    "messages": [{
        "code": "${account}",
        "type": "hello",
        "authorization": [],
        "data": "abcd"
      }
    ],
    "output": [{
        "notify": [],
        "deferred_transactions": []
```

```
      }
    ]
  }
}
```

第五步，继续查看eosd的输出，将在屏幕上看到：

```
Hello World: ${account}->hello
Hello World: ${account}->hello
Hello World: ${account}->hello
```

再一次，你的合约在transaction被第三次应用并成为产出的区块之前被执行和撤销了两次。

第六步，如果查看ABI文件，将会注意到这个ABI定义了一个叫transfer的action，它的类型也是transfer。这就告诉EOS.IO，当${account}->transfer的message发生时，它的payload是transfer类型的。transfer类型是在structs的列表中定义的，其中有个对象，name属性是transfer。

```
...
  "structs": [{
    "name": "transfer",
    "base": "",
    "fields": {
      "from": "account_name",
      "to": "account_name",
      "quantity": "uint64"
    }
  },{
...
```

第七步，在弄清骨架ABI后，可以构造一个transfer类型的message。

```
eosc push message ${account} transfer '{"from":"currency",
"to":"inita","quantity":50}' --scope initc
2570494ms thread-0    main.cpp:797
operator()              ] Converting argument to binary...
{
  "transaction_id": "b191eb8bff3002757839f204ffc310f1bfe5b
a1872a64dda3fc42bfc2c8ed688",
```

117

```
"processed": {
  "ref_block_num": 253,
  "ref_block_prefix": 3297765944,
  "expiration": "2017-09-14T00:44:28",
  "scope": [
    "initc"
  ],
  "signatures": [],
  "messages": [{
      "code": "initc",
      "type": "transfer",
      "authorization": [],
      "data": {
        "from": "currency",
        "to": "inita",
        "quantity": 50
      },
      "hex_data": "00000079b822651d000000008040934b3200000000000000"
    }
  ],
  "output": [{
      "notify": [],
      "deferred_transactions": []
    }
  ]
}
```

第八步，继续观察eosd的输出，将看到：

```
Hello World: ${account}->transfer
Hello World: ${account}->transfer
Hello World: ${account}->transfer
```

根据ABI，transfer message应该是如下格式：

```
"fields": {
  "from": "account_name",
  "to": "account_name",
  "quantity": "uint64"
}
```

account_name -> uint64表示这个message的二进制，表示如下：

```
struct transfer {
    uint64_t from;
    uint64_t to;
    uint64_t quantity;
};
```
EOS.IO的C API通过Message API提供获取message的payload的能力：
```
uint32_t message_size();
uint32_t read_message( void* msg, uint32_t msglen );
```

第九步，修改hello.cpp，打印出消息内容：

```
#include <hello.hpp>
/**
 * The init() and apply() methods must have C calling convention so that the blockchain can lookup and
 * call these methods.
 */
extern "C" {
    /**
     * This method is called once when the contract is published or updated.
     */
    void init()  {
       eosio::print( "Init World!\n" );
    }
    struct transfer {
       uint64_t from;
       uint64_t to;
       uint64_t quantity;
    };
    /// The apply method implements the dispatch of events to this contract
    void apply( uint64_t code, uint64_t action ) {
       eosio::print( "Hello World: ", eosio::name(code), "->", eosio::name(action), "\n" );
       if( action == N(transfer) ) {
          transfer message;
          static_assert( sizeof(message) == 3*sizeof(uint64_t), "unexpected padding" );
          auto read = read_message( &message, sizeof(message) );
          assert( read == sizeof(message), "message too short" );
```

```
eosio::print( "Transfer ", message.quantity, " from ",
eosio::name(message.from), " to ", eosio::name(message.
to), "\n" );
    }
  }

} // extern "C"
```

第十步，重编译并部署：

```
eoscpp -o hello.wast hello.cpp
eosc set contract ${account} hello.wasthello.abi
eosd
```

① 重部署将再次调用init( )：

```
Init World!
Init World!
Init World!
```

② 执行transfer：

```
$ eosc push message ${account} transfer '{"from":"currency
","to":"inita","quantity":50}' --scope ${account}
{
  "transaction_id": "a777539b7d5f752fb40e6f2d019b65b5401be
8bf91c8036440661506875ba1c0",
  "processed": {
    "ref_block_num": 20,
    "ref_block_prefix": 463381070,
    "expiration": "2017-09-14T01:05:49",
    "scope": [
      "${account}"
    ],
    "signatures": [],
    "messages": [{
        "code": "${account}",
        "type": "transfer",
        "authorization": [],
        "data": {
          "from": "currency",
          "to": "inita",
```

```
            "quantity": 50
        },
        "hex_data": "00000079b822651d00000000804093
4b3200000000000000"
      }
    ],
    "output": [{
        "notify": [],
        "deferred_transactions": []
      }
    ]
  }
}
```

③ 将看到 eosd 有如下输出：

```
Hello World: ${account}->transfer
Transfer 50 from currency to inita
Hello World: ${account}->transfer
Transfer 50 from currency to inita
Hello World: ${account}->transfer
Transfer 50 from currency to inita
```

④ 使用 C++ API 来读取 messages，代码如下。

```
/// eoslib/message.hpp
namespace eosio {
    template<typename T>
    T current_message();
}
```

目前我们使用的是 C API，因为这是 EOS.IO 直接暴露给 WASM 虚拟机的最底层的 API。幸运的是，eoslib 提供了一个更高级的 API，移除了很多不必要的代码。

第十一步，可以像下面一样更新 hello.cpp，把它变得更简洁。

```
#include <hello.hpp>

/**
 * The init() and apply() methods must have C calling
convention so that the blockchain can lookup and
 * call these methods.
```

```
*/
extern "C" {

    /**
     * 此方法仅在合约发布或升级时调用一次
     */
    void init()  {
eosio::print( "Init World!\n" );
    }

    struct transfer {
eosio::name from;
eosio::name to;
       uint64_t quantity;
    };

    /// apply 方法实现了合约事件的分发
    void apply( uint64_t code, uint64_t action ) {
eosio::print( "Hello World: ", eosio::name(code), "->",
eosio::name(action), "\n" );
if( action == N(transfer) ) {
          auto message = eosio::current_
message<transfer>();
eosio::print( "Transfer ", message.quantity, " from ",
message.from, " to ", message.to, "\n" );
       }
    }
} // extern "C"
```

这里可以注意到，我们更新了transfer的struct，直接使用eosio::name 类型，并将read_message前后的类型检查压缩为一个单个的current-Message调用。

在编译和上传后，还可以看到和C语言版本同样的结果。

到此为止，已经完成了第一个智能合约"Hello World"的编写。

4. 部署和升级智能合约

如上所述，将合约部署到区块链上可以通过set contract命令简单地完成。并且如果有权限的话，set contract命令还可更新现有合约。

使用下面的命令来部署一个新合约，更新现存合约。

```
$ eosc set contract ${account} ${contract}.wast
${contract}.abi
```

5. 调试智能合约

为调试智能合约，需要安装本地的 eosd 节点。本地的 eosd 节点可以以单独的调试私网来运行，也可以作为调试公网（或官方的调试网络）的延伸来运行。

在第一次创建智能合约时，最好先在测试私网中测试调试完毕智能合约，因为这样可以完全掌握整个区块链。这使你有无限的 eos，而且可以随时重置区块链的状态。当合约可以上生产环境时，可以通过将本地 eosd 和测试公网（或官方的调试网络）连接起来以完成公网的调试，这样就可以在本地的 eosd 上看到测试网络的数据了。

如果还没有安装本地 eosd，请根据安装指南安装。默认情况下，本地 eosd 将只在测试私网中运行，除非修改 config.ini 文件，将其与测试公网（或官方的调试网络）节点连接，就像该指南中提到的一样。

（1）方法

用于调试智能合约的主要方法是 Caveman 调试法，我们使用打印的方法来监控一个变量并检查合约的流程。在智能合约中打印信息可以通过打印 API（C 和 C++）来完成。C++ API 是 C API 的封装，因此，大多数情况下我们用的是 C++ API。

（2）打印

C API 支持打印如下数据类型：

prints – a null terminated char array (string);

prints_l – any char array (string) with given size;

printi – 64-bit unsigned integer;

printi128 – 128-bit unsigned integer;

printd – double encoded as 64-bit unsigned integer;

printn – base32 string encoded as 64-bit unsigned integer;

printhex – hex given binary of data and its size。

打印时，C++ API 通过重写 print( ) 方法封装了一些上面的 C API，使用户不需要关心需要调用哪个打印函数。C++ 打印 API 支持以下数据类型：

a null terminated char array (string);

integer (128-bit unsigned, 64-bit unsigned, 32-bit unsigned, signed, unsigned);

base32 string encoded as 64-bit unsigned integer;

struct that has print( ) method。

结语：智能合约的漏洞隐患

智能合约的编写其实并不困难，但对于编写智能合约代码的逻辑和正确性需要认真对待。The DAO 事件中，黑客就是利用了智能合约的漏洞攻击了该智能合约，使合约内源源不断地有以太币转账到黑客的账户，给以太坊和众筹投资者造成了大量损失。所以在编写智能合约方面，如果只是想学习一下，那么请随意尝试，但如果是要实际应用智能合约，一定要注意其安全性和正确性。

> **思考题**
>
> 恋人之间"永不分离"的海誓山盟也可以通过智能合约来实现。如婚前双方拿出部分资产写入智能合约，然后将智能合约的触发条件绑定在婚姻登记链上，一旦双方离婚，智能合约内的财产将直接转入第三方公益组织，双方都将无法拿回财产，这样就使男女双方难以离开对方。如果让你编写一个恋人之间海誓山盟的智能合约，你会怎么写呢？

第10章 加密货币在智能合约中的应用

> 将多重签名技术和加密货币结合起来,智能合约的价值更加得到凸显。

比特币圈和区块链圈经常在谈论比特币和区块链的好处,那它们的好处到底体现在哪?

从"多重签名"这个技术切入电商应用场景,或许能够明白它为什么会得到技术爱好者的认可。

多重签名首先解决了加密货币不能退款的世界性难题(比特币其实是可以退款的)。

如果将多重签名应用在加密货币的安全维护中,黑客即使成功攻击了服务器,也只能拿到一把密钥,其必须再获得一把密钥才能获益,这无疑增强了加密货币的安全性。

如果将其应用于在线钱包中,可以保证网站不能任意挪动客户资金。

如果再将其应用在电子商务的买家与卖家的交易过程之中,中介平台无法挪动资金,就限制了中介者作恶的能力。

……

在这些场景中可以看到,多重签名技术的出现使加密货币的交易更加安全,同时增强了交易双方的信任。而这份信任的背后其实就是比特币本身的意义：自由、透明、去中心化。

并且，通过对权力滥用施加限制，多重签名技术让权责更加分明，让每个中介、每个人都掌控且恰好掌控他所应当掌控的权力。由此，能更有效地防范"权力导致腐败"的情况出现。

进化中的比特币

比特币其实一直在进化，这也是比特币强大的原因之一。

最开始的时候，比特币是通过一个公钥来存储的，如果对应公钥的私钥丢失，那么将无法支配该公钥名下的比特币，在那个公钥名下的比特币只能沉底；而如果这个私钥被盗取，那么盗取者只要知悉了这个私钥对应的公钥，就可以随意支配该公钥名下的比特币。

对于一个可靠和安全的系统来讲，免疫单点故障是一条基本的原则。单点故障指的是一处出现故障，则全系统会停止运转。而在比特币发布之初，这样的情况下比特币系统是没有免疫单点故障的。只要私钥丢失或者泄露，就意味着用户失去比特币合法所有者的身份。

对比特币这一单点故障缺陷的最初解决方案，是一种名为秘密片段的密码学方法。秘密片段是将一条私钥分解成独立的几个部分（称为片段），而一定数量的片段（少于总数）组合起来就可以重建原私钥。通过这种方式，一个私钥片段的丢失或者泄露并不会危害到比特币的安全。理论上秘密片段这种解决方法是可行的，但是实际操作起来较难，秘密片段需要额外的工具来创造和推演私钥片段，无法保证该工具的安全性；其次是秘密片段保存的问题，为了使用比特币，还是会将大量的秘密片段放在一起，这依旧无法免疫单点故障。

其实解决方案一直包含在比特币核心代码之中，从一开始就存在，只是没有标准化：有两个脚本操作允许对普通的比特币公钥进行多重签名。这样的话，多重签名交易时需要验证的不同的私钥无须处于同一空间，相比于使用单一的私钥或者加密片段的方法，系统安全性可以得到很大的提升。

一个比特币改进协议（BIP11）将这种类型的交易标准化，并将密钥的最大数量限定为三个。2011年12月20日，BIP11被纳入比特币核心代码，2012年1月下旬，首个BIP11类型的交易出现在区块链上。

多重签名概念

多重签名，就是多个用户对同一个消息进行数字签名，可以简单地理解为一个数字资产的多个签名。

签名标定的是数字资产所属及权限，多重签名表示该数字资产可由多人支配与管理。在加密货币领域，如果要动用一个加密货币地址的资金，通常需要该地址的所有人使用他的私钥（由用户专属保护）进行签名。由此，动用这笔资金就需要多个私钥签名，通常这笔资金或数字资产会保存在一个多重签名的地址或账号里。

A和B两人怎么对同一个数字文件进行签名呢？

（1）不用单向散列函数[①]

① A和B分别对文件的副本签名，签名消息的数据大小是原文的两倍。

② A先签名，然后B在A的签名基础上再进行签名。这是可行的，但是在不验证B签名的情况下就验证A的签名是不可能的。

（2）采用单向散列函数，可以很简单地实现多重签名

① A对文件的散列签名。

② B对文件的散列签名。

③ B将他的签名交给A。

④ A把文件及其签名和B的签名发给C。

⑤ C验证A和B的签名。

[①] 单向散列函数，又称单向Hash函数、杂凑函数，就是把任意长的输入消息串变化成固定长的输出串且由输出串难以得到输入串的一种函数。这个输出串称为该消息的散列值。一般用于产生消息摘要、密钥加密等。

在采用单向散列函数的情况下，A和B是能同时或顺序地完成第①步和第②步的，且在第⑤步中，C可以只验证A、B其中一人的签名而不用验证另一人的签名。

在实际操作过程中，一个多重签名地址可以关联N个私钥，在需要转账等操作时，只需要M个私钥签名就可以把资金转移了。其中M要小于或等于N，也就是说M/N小于1，可以是2/3、3/5等，需要在建立这个多重签名地址的时候确定好M/N的具体模式。

从原理上讲，多重签名本身并不复杂，用一句话就可以说明："用N把钥匙生成一个多重签名的地址，需要其中的M把钥匙才能花费这个地址上的比特币，$N \geq M$，这就是M/N的多重签名。"

多重签名实现第三方的适当介入保障，也增加了数字货币的信任度，多重签名地址允许多个用户使用一个公钥单独发送部分地址。当一些人想要使用比特币时，他们需要除他们本人以外其他一部分人的签名，且需要签名用户的数量在最初创建地址的时候就已经商定。使用资金前需要的多个签名，除了本人以外，其他的签名可以是你的商业伙伴，或与你关系密切的人，甚至是你所拥有的另一个设备，由此来为你成功使用比特币增加一个可控因素，使比特币交易过程接近绝对安全。

多重签名在智能合约中的应用

目前，多重签名技术的应用较为广泛，主要有电子商务、财产分割和资金监管三个方面的智能合约应用。

1. 电子商务

较常见的是2/3的模式。延伸一下，电子商务的应用本质就是第三方机构，所以多重签名技术还可用在各类中介机构的服务上。

第 10 章 加密货币在智能合约中的应用

过去，支付行业的处理方式是加入一个像支付宝、PayPal①这样的第三方中介机构。以支付宝为例，当发生交易纠纷时，处理流程如图 10-1 所示。

图 10-1　支付宝交易处理流程图

① 买家向信用卡公司提出扣款索偿申请。

② 买家的信用卡公司向支付宝的商家银行提出扣款索偿，并向支付宝扣除相应款项。

③ 支付宝临时冻结卖家的支付宝账户中与扣款索偿相关的资金。

④ 支付宝立即向卖家发出电子邮件，要求其提供附加信息，用于对扣款索偿提出争议。

整个流程下来，可能需要 75~100 天。在图 10-1 中可以看到，卖家、买家、买家的信用卡公司、卖家的银行、第三方中介机构，总计 5 个不同的利益实体参与到了整个流程。各方之间的协商、沟通都需要花费时间，这不可避免地使得整个处理流程冗长，并且处理效率低下。

而如果使用比特币进行交易，买家和卖家之间可以直接发生资金转移，在有必要的时候，才需要加入一个第三方中介机构，这样就可以极大减少参与到交易处理流程中的利益实体数目，降低成本，提高效率。

2014 年 6 月 16 日，币须网就完成了比特币支付第一笔多重签名交易的退款处理，如图 10-2 所示。

币须网是中国第一家把多重签名技术应用到比特币交易中的网站。在交易流程中，买家、卖家、平台各持有一份私钥及对应的公钥，利用 2/3 的多重签

---

① PayPal，是 eBay 旗下的一家公司，致力于让个人或企业通过电子邮件，安全、简单、便捷地实现在线付款和收款。

名方式，做到更加安全、易用。这里需要说明的是，买家、卖家的私钥会在浏览器中通过用户自己的密码进行加密，即币须网是无法获取用户私钥的。对于一笔交易，币须网会利用交易对应的买家、卖家及平台公钥，生成一个唯一的多重签名支付地址，这个地址中的比特币，由与事三方共同管理，采用2/3模式。

图10-2　比特币第一笔多重签名交易退款处理记录

我们可以进一步把以前的比特币退款流程和币须网多重签名退款流程进行比较。

以前的比特币退款流程：买家申请退款，输入退款地址，浏览器中运行的代码会利用买家的私钥，对从交易multisig地址到退款地址的这笔交易进行签名。卖家同意退款，浏览器中运行的代码会利用卖家的私钥对这笔退款交易进行签名。三方中有两方签名成功，这笔交易可以广播到比特币网络，用户也会收到退款。

币须网多重签名退款流程：买家申请退款，商家不同意退款，这时币须网会利用双方提供的快递单等申述信息进行仲裁。如果仲裁决定退款通过，有了币须网的私钥签名加上买家的签名，三方中有两方签名成功，这笔交易就可以广播到比特币网络，用户也会收到退款。

有人会有疑问，如果币须网联合买家怎么办？

这种可能也是存在的，但仅仅为了获得这一笔报酬，币须网作为一个电商平台有必要与某一个用户联合起来作恶吗？就算币须网确实作恶，那也只是造成一个用户的损失，其他用户仍然是安全的。根据博弈与竞争的理论，与事双方不会出现损人不利己的行为，币须网使用的多重签名是非常安全的，从技术底层来说已经超越了传统的法币电商平台。

2. 财产分割

如夫妻双方共有财产，可以使用1/2的模式，一个账户谁都可以使用，其好处是系统忠实地记录了每个人的支出明细，若夫妻发生纠纷就很容易清算。同样扩展到公司合伙经营，可以使用1/N模式，N个合伙人都可以直接支配共有资金，具体清算时，一目了然。

3. 资金监管

其实，这是多重签名最直接的作用，一笔资金需要多个人签名才能使用，任何一个人都无法直接动用资金。这在生活中太常见了，只要灵活设置多重签名的比重模式，就能解决生活中很多问题。

如一对夫妻要储备一笔资金来供孩子上大学使用，在这之前谁都不能动，那么，把多重签名的模式改为2:2，这样不仅限制了夫妻双方，也给黑客攻击增加了难度。

作为一个中间的网站平台，币须网使用了多重签名技术来处理比特币交易。经过数年基础设施与技术的发展，多重签名钱包技术在比特币世界也有了长足发展。Greenaddress.it 和 BitGo 是最初的两个竞争者，BitGo 拿到1200万美元的风投并自称囤有价值超过1亿美元的比特币。

BitGo 是一款支持 BTC、LTC、ETH 等多币种的数字钱包，拥有中文、英文两种语言界面，支持网页端、移动应用端、微信端的数字货币交易，可同时登录并保证数据同步，BitGo 采用多重签名技术确保其钱包安全性，用户可以使用 BitGo 进行无须手续费的转账。如图10-3所示，向其他用户发送加密货币时需要多重签名确认，一是支付密码，二是手机验证码，保证2/3模式可以实现。

图 10-3 BitGo 转账界面

多重签名优势

可以说，多重签名在加密货币世界出现后得到众人追捧，那么它具体有哪些优势呢？

1. 增加交易的可靠保障

如果众筹的钱包是一款多重签名的钱包地址，用一个可靠有信誉的第三方人或者机构掌握有钱包的密钥来进行担保，对于大部分想参与 ICO 的朋友来说，这样的众筹要比直接参与更有安全保证。加密数字货币的开发团队不再拥有唯一的众筹款项支配权，而会受到第三方的制约，其中小蚁（Antshares）的 ICO 就采用了这一做法。

小蚁是基于区块链技术，将实体世界的资产和权益进行数字化，通过点对点网络进行登记发行、转让交易、清算交割等金融业务的去中心化网络协议。

小蚁为开源系统，遵循MIT开源协议①，设置所有参与小蚁的ICO地址是全公开的，哪些地址里有BTC，有多少BTC，有没有移动过，全都清晰可见，在ICO结束之前，所有地址里的BTC都不会有任何移动。ICO过程中的金额数量全程透明，加上多重签名和可退回机制，便是在告诉参与者：小蚁团队不会自取自投。

2. 可以有效地防止密码被盗取和黑客的攻击

使用多重签名服务能够更好地抵御窃取，因为资金被椭圆曲线数字签名（ECDSA）所保护，所以访问服务器钱包盗取资金的传统做法会失败。ECDSA远比网站自己代码中的安全措施安全得多。对于不采用多重签名的钱包，只要你进行转账活动，就代表了你的资金进入别人的账户；而多重签名地址允许多个用户用一个公钥单独发送部分地址。当一些人想要使用比特币时，他们需要除他们本人以外其他一部分人的签名，即黑客也不能简单地通过盗取密码而盗取比特币。

3. 在线钱包可以使用多重签名技术来保证客户的资产安全

在线钱包允许用户创建比特币私钥和公钥，建立多重签名地址，并且通过多重签名钱包签署交易。多重签名钱包的工作方式很简单，它有三个私钥，第一个私钥是本地私钥，就和传统比特币钱包一样；第二个私钥建议用户安全储存（如保险箱）；第三个私钥则保存在服务器上。

现在很多机构和网络平台都在应用最先进的多重签名技术保证客户财产的安全。如韩国的Coinone推出的首款多重签名钱包，他们在声明中提到："我们决定使用BitGo的多重签名技术，来消除许多人对于交易平台和钱包安全的顾虑。通过实施这项多重签名钱包，希望我们的平台可以吸引更多来自国内和国际的比特币用户。"加密货币团队Ripple实验室在多重签名技术领域也处于领先地位，Ripple共识协议引进了"多重签名"功能，来保护未经授权的资金和

---

① MIT 开源协议，MIT 许可证之名源自麻省理工学院（Massachusetts Institute of Technology, MIT），又称"X 条款"（X License）或"X11 条款"（X11 License）。MIT 内容与三条款 BSD 许可证（3-clause BSD license）内容颇为近似，但是赋予软件被授权人更大的权利与更少的限制。

国际资金不被黑客直接从银行转走。

结语：技术颠覆未来世界

总的来看，多重签名技术是一个可靠有效的安全技术保证，不论是数字货币交易平台、在线钱包，还是第三方数字货币托管运营机构，都会为增加客户的信任度在多重签名技术上有所应用，毕竟资金安全是信誉的重要保证，也是用户第一考虑因素。第三方机构不会只为了一小部分利益就破坏多重签名的架构，而会为了信誉正确使用属于其的密钥来赢得更多用户的支持。即使第三方机构联合其中一个用户的密钥背叛了另一个用户，那也无妨，这不会危及其他不相关用户，受到损失的只是一个用户。

互联网已经成为寡头的天下，从世界范围内看，Amazon和eBay基本上垄断了整个互联网的跨国贸易；而国内电子商务这块互联网上的黄金宝地，也已被互联网大佬瓜分完毕……

当一切似乎尘埃落定时，以加密货币作为新的支付手段，并引入多重签名机制的电子商务网站出现，在世界范围内带来了一种新的革命微光。其安全快捷地在全世界范围内转账，给跨境贸易商家带来世纪福音的同时，必然会对未来的电商格局产生影响。

> **思考题**
>
> 战国符玺制度是防范军权滥用的重要措施，调兵需要兵符，虎符一左一右相匹配才能发兵，但也不是有了兵符就能直接调兵。在《信陵君窃符救赵》中，信陵君从魏王手中盗得兵符后，还需出兵诏书才能调兵，无诏书不出兵，这其实是一种2/2模式多重签名技术的典型应用。除此之外，人类历史上还有哪些运用了多重签名概念的场景？

Token（代币/通证）
直接穿透了现有金融体系，
让金融牌照废纸化。
对于人类进步而言，
这可能是史诗级的变化。

第11章 从智能合约到 Token 资产

区块链可以用于许多资产的交易应用，而以区块链为基础，并通过合约符合现行法律的，可交易的所有资产类型都可以称作智能资产。智能资产的核心就是控制所有权，对于在区块链上注册的数字资产，用户能够通过私钥随时使用。

在此基础上，从技术而言，智能合约也就是一种直接控制数字资产的程序。用代码来构建一个数字资产的去中心化资产管理系统，这是一个伟大的构想，或许我们对数字资产未必熟识，但肯定知晓比特币，以比特币为代表的加密数字货币，就是最为典型的数字资产。

而实际上，加密数字货币也只不过是一种特殊的 Token（代币/通证），在一个可以运行 Token 的平台上发行加密数字货币，是一件易如反掌的事情，人人都可以发行自己的加密数字货币，人人都可以发行自己的 Token。那么，究竟什么是 Token 呢？

代币之说：ERC-20 与 Token 合约

在区块链领域，Token 最为普遍又广泛的译法是"代币"。要说起这一概念在产业内广泛的熟知和使用,就不得不说ERC-20标准。

ERC-20标准是以太坊在2015年11月推出的,它是一种实现代币合约的标准函数。使用这种规则的代币,表现出一种通用的和可预测的方式。简单地说,就是任何ERC-20代币都能立即兼容以太坊钱包(几乎所有支持以太币的钱包,也支持ERC-20的代币)。

1. Token合约的概念

本质上说,Token合约就是包含了一个对账户地址及其余额的映射的智能合约。账户余额表示一种由合约创建者定义的值:一个Token合约也许使用余额来表示物理对象,或是表示另一种货币价值,还可以表示持有人的名誉。而余额的单位通常被称为Token。

一个ERC-20合约是通过合约地址以及它可用的Token总供给来定义的,但它通常还提供一些非必需的东西,也是为用户提供更多细节,包括该Token的名字、标志、小数位。

Token合约的名字(name)是该Token合约应被知道的完整名称。名字的长度没有限制,但完整名称在一些钱包应用中更容易显示不完全,所以名字短一些较好。

Token合约的标志(symbol)是该Token合约应被知道的符号。广义上,它对应着金融市场的股票代码,没有严格的长度限制,它的长度通常是3个或4个字母。

Token的小数位(decimals)意味着一个Token的可切分性,从0位小数(即完全不可切分)到18位小数(几乎是连续的)。小数位经常被称为是一个人性化的元素,从技术上来说,它的意义在于在屏幕上显示Token价值的时候小数点后面跟着的位数。

2. Token合约的功能

ERC-20 Token合约拥有一系列的功能,它允许用户发现用户的余额,也允许余额经过验证从一个账户转账到另一个账户,这些功能依靠合约代码来实现。

而一个Token代币合约代码则如下所示。

```
pragma solidity 0.4.8;
contract Token {
mapping (address =>uint) public balancesOf;
address public owner;
function Token() {
owner = msg.sender;
balancesOf[msg.sender] = 10000;
  }

function transfer(address _to, uint _value) {
    if (balancesOf[msg.sender] < _value) throw; //避免转移出
去的代币超过当前的存货
    if (balancesOf[_to] + _value <balancesOf[_to]) throw;
//避免自己调用自己，或者递归调用
balancesOf[msg.sender] -= _value;
balancesOf[_to] += _value;
  }

function mint(uint _amount) {
balancesOf[owner] += _amount;
  }
}
```

在一个Token代币合约代码中，有两个函数很重要，Balance( )和Transfer( )。

Balance( )函数提供了被一个给定地址持有的Token的数量，即返回地址是_owner的账户的账户余额。任何人都可以查到任何地址的余额，正如所有数据在区块链上都是公开的。

Transfer( )函数可以从信息发送者那里直接转一些Token到另一个地址，即转移_value的Token数量到地址_to，并且必须触发Transfer事件。人们不会查验接收地址，因此确保接收者按预期的方式行动是发送者的责任。

Transfer( )中的核心代码如下。

```
balancesOf[msg.sender] -= _value;
balancesOf[_to] += _value;
```

也就是说，msg.sender的账户会减少一定数额，而_to会增加一定数额。

简而言之，ERC-20提供了一个良好的基础来构建Token合约，使用这种规则的代币，表现出一种通用的和可预测的方式（即互操作性），其目的也就是在DAPP和钱包之间处理代币。它定义了所有以太坊Token遵守的公共规则，这意味着这个特殊的Token可以授权给所有类型的开发人员，使其能够准确地预测新的Token将如何在更大的以太坊系统中运行。

代币之外：Token 亦"通证"

区块链源于比特币，受比特币的影响，Token从广义上成了"代币"一说。但随着比特币越来越受到关注，比特币背后作为支撑的区块链技术也越来越被挖掘，从技术层面而言，又有人提出，直接把Token译为代币，某种意义上稍显局限。

1. Token 的技术本质

Token源于网络通信中的概念，属于计算机术语，Token的原义是指"令牌、信令"。历史上有个局域网协议，叫作Token Ring Network（令牌环网）。网络中的每一个节点轮流传递一个令牌，只有拿到令牌的节点才能通信。这个令牌其实就是一种权利或者说权益证明。

Token可以代表任何权益和价值。现今用Token来作为某种权益证明进行ICO，已经是一种普遍的做法。

一个代币实则就是一项资产的数字化、一种不记名债券，这种债券被资产发起人嵌入比特币的区块链网络中。一个资产发行主体在比特币网络发送一个交易，附带一个"资产创始"的元数据，就相当于创建了一个Token，一个Token用来代表某一项资产。

通证论者认为，货币自古与权力和政治挂钩，没有国家的授权和支持，Token即代币这种说法有着显而易见的弊端，以区块链为底层技术的虚拟货币更是会遭到法定货币本质上的争议，它所代表的不仅仅是货币。况且，不是所有Token都具有货币属性，具有货币属性的Token也并非只此一种属性，它的想象空间远超"代币"。

2. Token 的基本要素

Token 本质上是一种可以流动的加密的数字权益证明,它有三个基本要素,如图 11-1 所示。

图 11-1　Token 的三个基本要素

(1) 通过共识机制形成的价值

每一个 Token 都必须代表一种价值,换句话说,Token 必须是以数字形式存在的权益凭证,它必须代表一种权利、一种固有和内在的价值(inteinsic value),否则就失去了存在的必要。区块链技术的进步为人们开启了一扇窗户,每一个自然人都可以发行 Token,募集生产资料(币或等值算力)去实现自己的想法,但只有那些基于人和人、人和机器、机器和机器之间形成共识,通过算法予以确认了的 Token 才能产生价值,也才能得到区块链世界的互认,失去价值的 Token 将变得一文不值。

(2) 通过加密数字确权形成的信用

任何权益证明都需要信用背书,所不同的是,现实世界里的股权、债券、积分、票据等权证依赖于一个中心化的组织的认可,而 Token 是去中心化的。在区块链的世界里,权证 Token 化之后,它便成了数字世界里的一串字符,其信用是通过强大的加密算法和分布式记账形成的共识机制来加以确证的。也即言,每一个 Token 自身都必须具有真实、防篡改、保护隐私等基本安全性能,这串字符严格按照区块链代码执行,安全并可信。

(3) 通过流通形成的类金融属性

每一个 Token 上都记载着主体的责权和资产归属,如身份证明、学历、卡券等,因此它可以作为信用凭证而具备价格。在此基础上,这张凭证还可无限切分，自由灵活，全链流通。用Q币类比，在QQ生态中，Q币可以用来购买QQ秀、游戏充值等平台内服务，这与Token在区块链生态中扮演的角色类似，Token作为区块链生态中的通证，也能进行兑换、交易、价值重估。不同的是，Q币可以无限量地发行，而Token一旦产生，数量恒定，不能篡改，于是Token便成为区块链时代的财富代码，可以兑换资产和劳动，具备物权属性、货币属性、股权属性，在交易和流通中，成为金融的承载形式。

人类社会的文明发展就是建立在无穷的权益证明之上的，所有的账目、所有权、使用权、资格、证明等都是权益证明。从原始社会到现代社会，从物物交换到商品货币，从令牌、虎符到票据卡券，作为权益证明的Token有着许多表现形式。它所代表的不仅仅是货币，或许恰恰相反，Token实际落地后，非代币类的应用恐怕会远远走在代币前面。

Token 价值：于大浪中淘沙

区块链被《经济学人》喻为"信用的机器"，它真正解决的是数字世界的信任问题。它是通过什么方式解决信任问题的？答案很简单，那就是Token。

区块链技术的进步，让每一个自然人都可以发行基于自我信用背书的Token，去实现自己的梦想。然而，这也导致了Token市场的乱象丛生。目前市场上的Token项目五花八门，我们可从价值的角度区分出三六九等。究竟什么样的Token才是有价值的呢？

1. 垃圾 Token 和普通 Token

先来看看表11-1中Token市场的两大阵营。

表 11-1　Token 市场的两大阵营

阵营	类型	特点
垃圾 Token	空气币	完全没有真实资产的映射，存在故意欺诈的行为，其发行 Token 然后 ICO 的动机是为骗钱，根本没有考虑生态的健康成长。"韭菜成堆"、没有监管的市场，也成了骗子套利的天堂，CX 币层出不穷。不过，这种类型注定不会持久，它属于监管严打的对象
	鸡肋币	虽然映射了资产，却是毫无意义的资产，要么没有升值空间，要么没有流通需求，也注定了生态不可能生长起来。发行这种 Token，跟欺诈也没多大区别
	侏儒币	有生态经济模型设计，但囿于团队能力，设计上有天然缺陷，导致生态模式难以为继，缺乏长远的价值。例如，激励机制不合理，应用场景缺乏等，都会使生态成长乏力
普通 Token	积分币	企业在转型中，会将内部发行的积分 Token 化，有一定价值，可以换购实物或服务，如某些网站或消费积分。但因此积分太依赖某个中心化的组织，缺乏共识机制和升值逻辑，在区块链时代，也只是新瓶装旧酒而已
	会员币	会员卡所拥有的权益有多重，如折扣权、积分权、准入权、充值多送等。理发卡、健身卡、车友卡等都属于此类。将会员卡 Token 化后，其实指向的仍是系统内部的使用权，仍是中心化的，发行量没有限制，多数产品或服务的使用权也没有稀缺性，因而投资价值不大
	分红币	此类 Token 有一定的迷惑性，构建者先设计一定的生态，让使用者享受类似会员卡的优惠福利，此外还会拿出部分利润分享给生态参与者。此类"使用权+分红权"Token，也是基于对中心化机构的信用和期限，诸多不透明因素，也就限制了其自身的流通和升值预期，因而难以具备长期投资价值

当前市场上 90% 的 Token 项目都在第一阵营，没有落地场景或者只映射了一些毫无意义和没有增值空间的资产，并不具备投资价值。

第二阵营的Token，部分存在使用价值，但从设计逻辑上看，并未摆脱传统的中心化思路，且不具备稀缺性、恒久性、流通性等属性，参与生态的关键建设者无法通过共识算法和应用程序等去第三方的机制享受稳定的预期，因而也不具备投资价值。

2. 价值型Token

从发展史看，Token可以分为价值型、权利型、收益型、标识型四大类，如图11-2所示。而在这其中，价值型Token才是区块链与生产关系真正相互作用的产物。

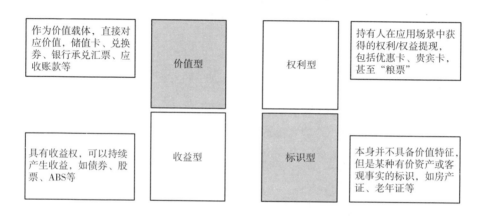

图11-2　Token的四大分类

如今，Token通过共识机制在区块链迅猛发展的时代大放异彩，在更深层次的生产资料和生产要素重组之后，价值型Token成为一种数字化的权益通证，对实体经济产生着巨大价值。

根据区块链时代的组织型态，大致可以将价值Token分成如表11-2中的四种类型，这四种类型的Token将具有较强的成长性。

表 11-2　价值型 Token 的四种类型

阵营	类型	特点
价值 Token	技术生态 Token	许多公有链都在建构自己的底层技术生态。因为有了成熟的技术基础设施，区块链应用才能得以广泛普及。这类 Token 有 ETH、EOS、NEO①、Qtum②、IOTA③等，目前还处在"春秋战国"时期
价值 Token	产业生态 Token	产业生态 Token 基于产业区块链而构建。目前许多大型企业如华为、腾讯、京东、阿里都在进行布局，但各大公司对 Token 或 Token 的呈现形态并未形成最终结论，因此，此类 Token 还很难评判
价值 Token	社群生态 Token	社群的繁荣不仅仅有赖于社交，更重要的是要形成利益共同体和精神共同体，Token 作为价值共识下的承载物，恰好为社群提供了链接和润滑作用，从而完美地解决了传统社群所缺乏的机制问题
价值 Token	资产生态 Token	生产资料中的许多要素，如房屋、文化、旅游产品在传统的经济体系中难以进行分割和分布式记账，区块链技术的出现解决了这一痛点，通过技术切分将此类产品的权益进行数字化，形成资产流通型 Token，房产等大宗商品由此可以切分成小份获得上市流通

3. Token 价值的判断依据

长期来看，Token的价值取决于其设计逻辑和其所依托的生态体系的成长潜力，这也可以解释为什么市场几经沉浮，但人们仍对比特币、以太币等有价值的Token趋之若鹜。

与此相反的是，随着法律法规的出台和监管趋严，垃圾Token最终会退出市场，价值依托较弱的Token，也将逐渐被淘汰。

一个价值型Token必须同时满足以下三个条件：

第一是使用权，可向有需求的对象交付产品或服务，即物权属性；

---

① NEO，是一个非营利的社区化的区块链项目，是利用区块链技术和数字身份进行资产数字化，利用智能合约对数字资产进行自动化管理，实现"智能经济"的一种分布式网络。

② Qtum，Quantum Blockchain 的简称，即量子链，致力于开发比特币和以太坊之外的第三种区块链生态系统。

③ IOTA，诞生于 2014 年，是一种创新的分布式分类账技术，被用作物联网的骨干。

第二是可流通，可在生态系统内作为硬通货进行交换，即货币属性；

第三是成长价值，长期来看收益可期，升值空间较大，即权益属性。

物权属性取决于该Token是否能解决用户痛点，货币属性取决于参与者间点对点的信用关系，权益属性则取决于该Token所在生态的用户成长规模和顶层设计。

以以太坊为例，在以太坊的底层操作系统之上，生态参与者在执行任务、提供服务时，需要调用以太坊底层的计算资源——这些都不是免费的，这时用户需要先以"挖矿"的方式，通过PoW（工作量证明）来获得权益奖励，这就是"以太币"（Ether），然后以此作为Token，跟别人交换生产资料，获取生态圈的各类服务。当以太坊上搭建的应用越来越多，所需调用的资源也越来越多时，对以太币的需求也就越大，这就推动了以太币价格的水涨船高。

反思：币链 Token 之争

受比特币影响，加密货币圈多习惯将Token称为"代币"，而代币之外，区块链圈则更多将Token视为"通证"之意。

加密货币圈中的用户持有大量的BTC（比特币）和ETH（以太币），对加密货币怀有赤子情怀，其中还有一些技术理论狂人和数字加密货币的布道者。而区块链圈的很多布道者则来自2015年后，有风投公司、创业者、对技术着迷的编程人员和开发者等。

在这两个圈子中，加密货币圈很重视Token，区块链技术派则对Token不感兴趣。加密货币圈最在意的是代币价格，在区块链项目私募的时候，敢于冒险投资；区块链圈却恰恰相反，他们则非常不看重Token在生态中的作用，甚至喊出了"只要链不要币"的口号。

究竟是代币还是通证，究竟要不要Token，针对各方对Token的态度，按照行业大部分意见，综合来说可将之分为三个派系。

1. 技术派（链论）

这一派就是技术论者，他们把区块链当成分布式账本，一个升级版的分布式数据库。这个派系的人多为"链圈中人",认为区块链最大价值在于降低商业摩擦,产业里的相关企业用分布式账本技术在彼此之间共享关键数据。这个派别的项目特点就是:Token可有可无,没有和Token结合来思考业务,仅仅利用区块链技术解决现在已有的业务痛点。

2. 共识派（币论）

这个派系多"币圈中人",在国内相当繁荣。币圈人表面上看只关注数字货币的交易和价格炒作,百分之百地逐利,实则是因为他们相信数字货币有着"不证自明"的价值。他们觉得Token不一定要有内在价值,不一定要有应用场景,更不一定要有政府支持,他们相信"共识"的价值,某种意义上共识派把Token当成一切。

3. 融合派（统一）

融合派可以说是币圈、链圈的融合,他们既重视区块链技术,又重视Token的激励设计。他们重视技术本身,注重让技术解决实际业务问题,同时也理解区块链技术的局限性;另外,他们也重视Token在商业生态中血液一般的流通作用,注重发挥Token在经济模型的激励机制,注重将Token和区块链技术结合,更好地达成商业"信任",减少商业摩擦。

从历史渊源讲,Token并非区块链所特有,在中心化的系统中也可以应用。而从技术上讲,区块链也可以只是作为一种技术手段和生态体系,无论是币圈还是链圈,技术流派的各类取向,都不能遮盖熠熠生辉的Token经济。无论是金融业还是实体业,无论是公司还是社群,都在迅速拥抱区块链,面对经济Token化,或许无论是币圈还是链圈,都不能一概而论。

结语：是通证还是代币？

有一个问题值得深思：为什么区块链项目都要发行代币？

在区块链的影响下,我们已经在向一个价值互联网时代过渡,注重达成一种价值共识。然而毋庸置疑，拥有共同信仰是相当难的，当信仰无法一致时，价值共识或许只能通过利益来绑定。而利益最广泛也最直接的表现形式，就是货币。如此一来，经货币捆绑的区块链人群就形成一个拥有共同利益的社群，因此也可以说，任何区块链项目都天然具有社交属性。

实际上，Token是信息互联网理念的一种延伸，但对于区块链项目来说，Token是其发行激励的一种必然机制，因而又被称为代币，它承载着价值互联网的属性，这种激励促进共识，使它成为区块链技术中不可或缺的一部分。这样一种Token，是价值承载和流通必需的，能促进区块链的正常运转和价值流通，是公有区块链的血液。

作为可在互联网上直接流通的权益凭证，Token已不仅仅是链化改革的重要工具，更是一种打破传统、解决痛点的思维方式，是区块链最重要的应用产物。在信息互联网时代，Token是一个"通证"，而在价值互联网时代，Token却是一个"代币"。没有Token的区块链应用是不完整的，是单纯的去中心化的分布式数据库，使用场景将大大受限。

> **思考题**
>
> 有人作过这样一个比喻：比特币拥护者好比革命派，区块链拥护者是改良派，而Token拥护者则为保皇派，你对这个说法怎么看？

第12章 财富：如何保护你的数字资产？

> 在加密货币的世界，私钥是你的一切。

加密货币是安全的，但你的币不一定是安全的。

2014年2月，比特币最大的交易所MtGox倒闭；

2014年3月，美国Poloniex被黑客攻击，损失12.3%BTC；

2015年1月，欧洲Bitstamp被黑客攻击，损失190 000个BTC；

2016年5月，中国香港Gatecoin损失250个BTC和185 000个ETH；

2017年11月，以太坊Parity钱包再出现重大bug，导致上亿美元资金被冻结；

……

任何一个加密货币圈的资深人士，总有过丢币的经历，如果没有，那只能说明他入行时间太短。加密货币世界最大的问题，就在于安全。随着资产的数字化，以比特币为代表的数字资产的安全，一直是加密货币持有者的最大隐忧。

关于安全的问题会产生很多误解，例如，有人开口就说比特币不安全，或许，并不是比特币不安全，而是管理你钱包的平台不安全……

数字时代的到来

互联网的发展已经让数字世界积累了上万亿的数字资产，数字世界具有无限可扩性，数字资产市场也还有继续扩充的趋势，处在互联网中心的我们，已经很难摆脱数字化。

究竟什么是数字资产，什么是数字货币？

1. 数字资产

数字资产是指企业拥有或控制的，以电子数据形式存在的，在日常活动中持有以备出售或处在生产过程中的非货币性资产。数字资产具有以下几种属性。

① 数字资产是以比特结构存在的虚拟资产，不是像黄金那样具有原子结构的实物资产，数字资产大部分情况下都是以"coin"（数字代币）的形式存在的。

② 数字资产是一段计算机程序，可以对它进行编程，资产之间的交换是代码与代码的交换。交换可以在区块链上，通过编制智能合约程序，完全去中介化地、自主自治地进行点对点交易，不需要人工干预。

③ 数字资产是登记在区块链账本或分布式账本上的资产，确权还在讨论中，那些登记在工商局的股权、登记在房产局的房产一定不是数字资产。

④ 随着数字技术应用的不断扩展，特别是区块链技术的应用升级，传统资产数字化程度不断提高，数字资产的内涵和外延正在迅速膨胀，金融、知识文化等领域可率先实现高度资产数字化。

⑤ 数字货币等数字资产跨越了资产证券化的阶段，直接达到了资产货币化阶段。

2. 数字货币

比特币、以太币等数字货币是最为人们熟悉的一类数字资产。

数字货币的发行者可以是个人、组织、公司或者仅仅是一套软件系统。目前，中央银行不承认也不发行数字货币，数字货币也不一定要有基准货币。

数字货币主要分为中心化发行的货币和去中心化发行的货币。

① 中心化发行的数字货币，其发行方是某个人、机构或者公司，发行量和发行方式都是由该个人、机构或者公司进行控制，并且可以根据需求随时进行更改。中心化发行的数字货币代表有Q币、E-gold[①]，以及Ripple系统中的XRP[②]。

② 去中心化发行的数字货币，往往通过密码技术和校验技术来创建，也被称为加密货币。由最初的发行者对发行量、发行方式、发行速度等要素进行定义后，由P2P在线系统进行运作，自发行后，发行量和发行方式等重要参数就不能再更改。

去中心化发行的数字货币代表有比特币。建立在区块链技术上的比特币，其流动方式和数字资产是相同的，它们会直接在交易双方之间进行流动，交易结算速度快，交易的签署都是以加密的方式，有一个清晰的账本记录或控制链来保持交易的透明性。

数字资产本身的安全性

在拥有数字资产之前首先要明白一点，就是你购买的数字资产本身是否安全。

以2015年Vpal币（又称V宝、未来资产）为例，它本身是一种中心化的货币，背后操作的是一个中心化平台，打着去中心化加密货币的口号来传销获利。它不敢开放代码，因为它本身就是一个传统的积分系统。这样的传销币有很多，这样的数字资产不能选择，因为它从诞生的第一天起就准备归零。

那什么是安全的货币？还是以比特币为例，以钱包加密这个流程来看它的安全性。

---

① E-gold，诞生于1996年，至2009年已有超过500万的注册用户，它由黄金作为支持，后来被犯罪组织和黑客所利用，导致其声名狼藉，最终垮台。

② XRP，是由OpenCoin公司发行的虚拟货币，又称为Ripple币或人品币、瑞波币。它是基于Ripple协议的虚拟货币，主要功能有二：防止恶意攻击；桥梁货币。

比特币客户端中的核心是私钥，拥有私钥就拥有私钥对应比特币的使用权限，所以，加密钱包的核心对象显而易见，就是私钥。

在解读加密过程前，先来看一些名词的含义。

密码：从外部输入的，用来加密和解密钱包的字符串。

主密钥：一个32字节的随机数，直接用于钱包中私钥的加密，加密完后立即删除。

主密钥密文：根据外部输入【密码】对【主密钥】进行AES-256-CBC[①]加密的结果，该加密过程为对称加密。

主密钥密文生成参数：主要保存了由【主密钥】得到【主密钥密文】过程中参与运算的一些参数。由该参数配合【密码】可以反推得到【主密钥】。

私钥：椭圆曲线算法私有秘钥，即钱包中的核心，拥有私钥就拥有私钥对应的比特币使用权，而私钥对应的公钥只是关联比特币，没有比特币的使用权限。

私钥密文：【主密钥】对【私钥】进行AES-256-CBC加密解密的结果，过程为对称加密。

整个加密解剖如图12-1所示。根据加密解剖图，我们把加密过程解剖如下。

首先，程序生成32个字节随机数作为【主密钥】，然后根据外部输入的【密码】结合生成的【主密钥密文生成参数】一起对【主密钥】进行AES-256-CBC加密，加密结果为【主密钥密文】。

稍后，我们将【主密钥】对钱包内的【私钥】进行AES-256-CBC加密得到【私钥密文】，待加密完成后，删除【私钥】，保留【私钥密文】。同时删除主密钥，保留【主密钥密文】和【主密钥密文生成参数】。就这样，钱包的加密就完成了。

---

① AES-256-CBC，AES全称Advanced Encryption Standard，即高级加密标准，在密码学中又称Rijndael加密法。AES的基本要求是，采用对称分组密码体制，密钥长度的最少支持为128、192、256。CBC(Cipher Block Chaining，加密块链)模式不容易主动攻击，适合传输长度长的报文。

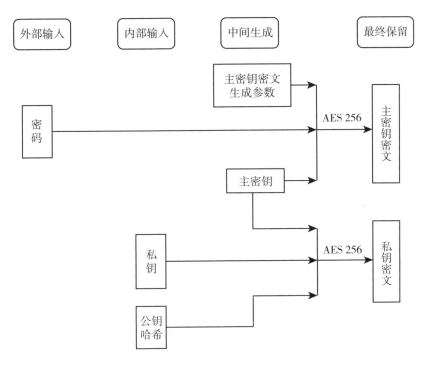

图 12-1 加密解剖图

以下是对加密过程的输入输出的总结。

输入：【密码】。

中间生成：【主密钥】【主密钥密文生成参数】【主密钥密文】【私钥密文】。

最终保留：【主密钥密文生成参数】【主密钥密文】【私钥密文】。

内部输入：【私钥】。

比特币使用椭圆曲线算法生成的公钥和私钥，选择的是secp256k1曲线。SHA-256十分强大，它不像从MD5到SHA-1那样增强步骤，它可以持续数十年，除非存在大量突破性的攻击。正是因为一套非常完备的加密体系，从数学层面来讲，比特币这种数字货币值得信任，而这也是其值得投资的首要原因。

如何保护数字资产

上文所说的加密流程是货币本身自带的安全体系，但这并非表示你手中的数字资产是安全的。我们从交易平台、钱包管理、理财平台以及技术理念上来谈谈应该如何保护自己的数字资产。

1. 交易平台

（1）中心化的交易平台

2017年，是加密货币动荡的一年，Bitstamp、Bitfinex、Youbit、Bithtumb等平台纷纷遭受攻击，黑客们因系统漏洞大获收益。而所有这些遭受损失的交易平台，大都是中心化的。

当交易平台是中心化的时候，中心有两种形式：资产控制和系统管理。如果黑客想要进入中心化的交易平台，他们只需要通过一个中心化的入口通道，通常是第三方托管服务器。一旦进入，黑客就可以获得中心化资金来源——交易平台的热钱包储备和私钥。

曾经最大的比特币交易所门头沟（MT.Gox），宣称遭到黑客入侵，导致约75万个比特币丢失并破产。它宣布倒闭，用户根本没有办法，因为私钥不在用户手上。有人大胆猜测，这是交易所本身监守自盗，把币卖给了其他交易平台。但无论什么原因，用户的币没有办法找回来。

（2）去中心化的交易平台

那如何保护数字资产？有人说，最有效的解决方式是用去中心化交易所来实现交易的去中心化，让交易平台从数字资产管理的框架中脱离出来。

去中心化的交易平台不受单一实体的控制，大多数去中心化的交易平台都建立在以太坊区块链上，并且由节点网络而不是中心化服务器来支持。这意味着攻击者不得不破坏一半支持交换的节点才能控制它，而这是相当困难的。

去中心化交易平台基于区块链技术，相较而言拥有更强的安全优势，但去中心化的交易所在撮合交易这一块没办法与中心化交易所相提并论。效率和安全总是矛盾的。

2. 钱包

用户在平台买到的数字货币只是平台给其"显示的数据"，并不是真正意义上的数字货币，币还是在平台的钱包里面，并没有因为用户的买卖而变动。

（1）什么是钱包

在数字资产世界里，钱包并不是用来装钱的，而是装密钥（私钥和公钥）的管理工具，交易信息也不是存储在钱包中，而是存储在区块链中。举个简单的例子：

钱包 = 你的房子，房子里有你的资产和物品。

公钥 = 房子的公开地址（如深圳市南山区粤海街道×××号），通过这个地址其他人可以找到你的位置，也能够给你寄送快递（转账），但无法进入你的房子（没钥匙）。

私钥 = 房子开门对应的钥匙，用来证明你就是房子的主人，并拥有资产物品的使用权，这也是需要保管好自己私钥的原因，因为它相当于我们需要保管好房子的开门钥匙。

有了钱包中的密钥，你就拥有相应地址上的数字货币的支配权。

如果你弄丢了数字货币私钥，或者被别人知道了，该地址下的数字货币就与你无关了，要么你永远动用不了地址上的数字货币，要么你的数字货币会被知道你私钥的人转走。

（2）冷热钱包

关于钱包的一些分类如表12-1所示。总体来说，钱包有冷热之分。通俗地说，冷钱包是不联网的钱包，热钱包是保持联网上线的钱包。

表 12-1 钱包的类别

类别	链上钱包				链下钱包
	离线钱包（冷钱包）	本地钱包	在线钱包	多重签名钱包	
私钥储存位置	离线设备（计算机、手机、专业硬件设备等）	用户本地设备计算机、手机等	钱包服务器	服务器和本地各一把私钥	用户不掌握私钥

续表

类别	链上钱包				链下钱包
	离线钱包（冷钱包）	本地钱包	在线钱包	多重签名钱包	
对应钱包产品	Armory 离线端 Electrum 离线端 比太冷钱包 Trezor 硬件钱包 HardBit 硬件钱包	Bitcoin-QT Multibit Armory 在线端 比太热钱包	Blockchain OpenBlock	BitGo GreenAddress 快钱包 Armory	Coinbase 币付宝 币加锁

① 热钱包。热即联网，也就是私钥存储在能被网络访问的位置，如在"热"计算机上存储私钥的Bitcoin-core、MultiBit，在"热"手机上存储私钥的Bitcoin-Wallet，在网站上存储加密后私钥的Blockchain.info等在线钱包。

热钱包的安全依赖于其运行的环境，电脑钱包依赖于计算机操作系统（Windows、Linux、MacOS等）的安全，手机钱包依赖于移动操作系统（iOS、Android等）的安全，在线钱包除依赖于操作系统的安全外，还要依赖于浏览器的安全。

因而，热钱包的安全，其实就是其运行环境的安全。要保护资产，就是要在运行过程中防止木马、病毒、黑客入侵和钓鱼邮件等。用户可以根据需要，将用于日常支付的小额资产存储在热钱包地址上。

② 冷钱包。相比较而言，保护密钥更安全的办法是——冷钱包，冷钱包比热钱包更安全。

冷钱包是指将钱包离线保存的一种方法，也就是将密钥离线保存，也称为冷存储。

它是最有效的安全技术之一，通俗地说，也就是在一台永远都不联网的计算机上生成数字货币的公钥和私钥，然后让这台计算机及存放有私钥的设备（手机、U盘等）离线妥善保存起来，由这台计算机生成的私钥永远不在其他计算机或网络上出现。

对于一些大额的、平时不多用的数字资产，为安全起见，可放于冷钱包地址之上。

除冷储蓄外，硬件钱包也是存储和管理个人资金的安全选择，因为它们不会受危害钱包的恶意软件的影响。使用符合去中心化交易平台的硬件钱包，这比手动输入私钥更可取，因为手动输入容易受到钓鱼攻击和键盘记录的攻击。

（3）如何识别onchain钱包和offchain钱包

热钱包又分为onchain钱包和offchain钱包，这两种钱包的最大区别在于，私钥是否自己持有。

区别一：是否在区块链上可见。

offchain是数据和交易都在服务器上，其类似于支付宝，交易所使用的就是offchain钱包，两用户之间支付宝转账，不需要经过网银，只需要服务器上一边加一边减即可。秒速确认，几乎无手续费。

onchain是链上交易，即所有交易都在区块链上可查。链上钱包只是帮着管理钱包地址而已。

区别二：是否给有私钥的地址。

offchain往往只给一个币地址，而地址对应的私钥不会给用户。存入offchain钱包的币，相当于给了钱包官方。他们给用户一个数据库里的币量记录，至于用户存入地址上有多少币及怎么变为不影响用户在offchain钱包上的币量。

onchain钱包往往都是用户自己保管私钥，或者和钱包官方一起保管。即区块链上能查询到的地址上的币量就是用户的币量。

（4）如何保护你的钱包

在对钱包有了一定了解后，我们除了根据自己的需要挑选适合自己的钱包之外，在日常生活中，同样有一些小技巧，可以更好地保护钱包，简单举几个例子。

① 安装各类客户端后，钱包文件保存在系统安全目录之下，并为文件加密。

② 经常备份你的钱包，对于计算机使用者而言，重要文件定期备份应形成习惯。

③ 以比特币为例，备份与恢复钱包之前要退出Bitcoin客户端，客户端在

运行时可能在读写配置文件,备份可能不完整,恢复也可能损坏,因此须先退出客户端。

④ 不要使用自动同步程序,自动同步往往按时间判断文件的保留与否,容易出误差。

3. 多重签名

(1)多重签名的安全性

多重签名,顾名思义就是多个用户对同一个消息进行数字签名。以比特币为代表的数字资产网络上的多重签名,一般指一次交易转账需要有第三方签名人认证方为有效。

专家表示,多重签名方案是防止个人手机或其他设备遭受恶意软件攻击的最好保护,这些恶意软件可能会在用户不知情的情况下收集用户的重要信息,如钱包私钥。

当一个公司或个人持有大量比特币时,他们应该考虑采用多重签名的比特币地址。多重签名的比特币地址需要多个签名才能支付,从而保证资金的安全。

(2)如何进行多重签名

多重签名是一种技术,除去平台或系统自身的技术装备之外,在实际之中,同样也可以根据一些通俗的、人为的多重签名来保护资产安全。

比特币富翁Winklevoss兄弟称,他们把存储着价值13亿美元比特币的密钥用信封分成几个部分,每部分都存在美国各个不同的银行保险库里,以此来妥善保管自己的资产。

多重签名的密钥应存储在多个不同的地方,并由不同的人掌控。

打个简单的比方,在企业环境中,密钥应该分别生成并由若干公司管理人员持有,以确保没有任何一个人可以独自占有资金。多重签名的地址也可以分开保存,例如,一个人持有多个密钥,并将它们分别存储在不同的地方,也可以将一个密钥分成几部分分别持有。

而将冷存储和多重签名相结合,又可能要比单独采用它们当中一方相对安全些。

4. 平衡分散风险

很多以太坊和比特币用户经常会将所有的比特币放在一个钱包里。但是对于投资人而言，分散投资很重要，回报与风险成正比，永远不要把鸡蛋放在一个篮子里，以免一损俱损，用户也应该将风险分散到不同类型的钱包中。

比较审慎的做法是，只留一小部分（如低于5%）的数字资产在一个在线的手机钱包，其余部分应该采用不同存储机制分散开来，如电脑钱包和离线（冷存储）钱包。

同样，我们可以设立多个账户，也就是盛放鸡蛋的多个篮子，来平衡分散风险。

① 日常交易账户：存储小额资产，可频繁交易，常用账户。

② 中等额度账户：存储中额资产，相对日常账户较不常用。

③ 离线账户：用于存储大量长期持有的资产，平时不常动用。

5. 最后的"保险受益人"

说来也许忌讳，就像我们购买人寿保险时填写受益人一样，在密钥持有者意外丧失工作能力或死亡的情况下，他们的数字资产怎么办？

考虑资产安全，我们或许不能忽略一点，那就是资产的使用。如果密钥持有者或者说资产所有者遭遇不测，他们的资产怎么用，可用吗？用户常在持有资产时被千叮咛万嘱咐，被告知应该使用复杂难破解的密码，并且保证他们的密钥安全且不为他人所知。

而这种做法，一旦用户遭遇意外不测、自己无法解锁时，用户的家人几乎无法将该财产恢复。事实上，很有可能数字资产持有者的家人完全不知道这笔数字资产的存在。

如果你有很多比特币、以太坊等数字资产，你应该考虑与一个值得信赖的亲属或朋友分享解密的细节。制订一个相对科学的"数字资产恢复计划"，可以通过设置纸钱包或脑钱包进行资产恢复，如此，在需要动用资产本人又无法解密之时，资产才能更好地被使用。

结语：握好你的私钥

随着移动时代的到来，数字资产将成为企业的核心财富，而随着区块链技术热度的持续发酵，依托于区块链技术的数字资产的安全也将成为决定成败的核心竞争力。

比特币、以太币等Token不断升值，区块链财富俨然成了众人眼中的"肥肉"，许多人蜂拥而上，加密货币投机泡沫的堆积，让区块链有种隐隐走向失控的局面。

黑客潜伏，危机暗藏。

而在这样投机泡沫积聚、风声四起的时候，如何保护你的数字资产，原则恐怕只有一个，那就是将私钥握在自己手里。而如果你想投机，把币放在交易所，放在理财钱包里，那也许就谈不上安全性了。

> **思考题**
>
> 王明拥有一大笔比特币资产，他想要进行投资理财。现有一加密货币理财平台负责人说，如果将资产放在他们那，他们承诺期间每年给他40%的收益。
>
> 一边是40%的诱人收益，一边又是对加密货币理财平台安全的担忧。如果是你，你会怎么选择？

第3篇 区块链应用

第13章 分类：区块链有哪几种？

第14章 如何投资区块链项目？

第15章 创业：区块链如何与你的行业相结合？

第16章 如何设计一个良性代币（Token）系统？

第17章 白皮书：区块链项目的战略蓝图

第18章 如何从技术上发行一个加密货币？

第19章 一个区块链项目是怎样落地的？

> 每一个链条，
> 都是一个世界。

第13章 分类：区块链有哪几种？

如果说2017年开启了区块链纪元，那2018年就是公链的战争之年。

作为区块链世界的地基，公链现在得到最广泛的关注，也获得了最多的收益。

但公链只是区块链中的一种。作为一种具备分布式数据存储、点对点传输、共识机制、加密算法等计算机技术的新型应用模式，区块链在各应用中迈向有序发展的同时，自身内部也在逐步分化，渐成体系。

不同的应用场景选用不同的区块链，我们从技术应用和项目应用的角度来对区块链进行分类，以便对区块链应用有更为深入的认识和思考。

区块链技术应用分类

区块链技术是维护一个不断增长的数据记录的分布式数据库，这些数据通过密码学的技术和之前被写入的所有数据关联，使第三方甚至是节点的拥有者难以篡改数据。区块（block）包含有数据库中实际需要保存的数据，这些数据通过区块组织起来被写入数据库。链（chain）通常指的是利用Merkle tree（默克尔树）等方式来校验当前所有区块是否被修改。

1. 分类

目前已知的区块链技术应用大致有三类。

（1）公有链（public blockchain）

公有链公开透明。全世界任何个体或团体都可以在公有链上读取、发送交易，且交易能够获得该区块链的有效性确认，是每个人都能参与其共识过程的区块链，如图13-1所示。

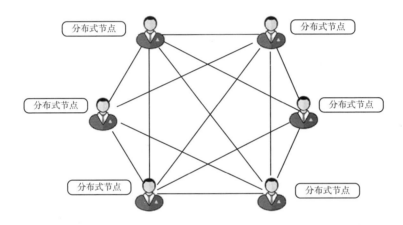

图 13-1　公有链示意图

（2）联盟链（consortium blockchains）

联盟链半公开，参与区块链的节点是预先指定好的，这些节点之间通常有良好的网络连接等合作关系，每个区块的生成会由所有预选记账人共同决定，其他节点可以交易，但没有记账权。通常为某个群体或组织内部使用，如图13-2所示。

（3）私有链（private blockchain）

私有链则完全封闭，参与的节点仅在有限范围，数据的访问及使用有严格的管理权限。仅采用区块链技术进行记账，记账权并不公开，且只记录内部的交易，由公司或者个人独享，如图13-3所示。

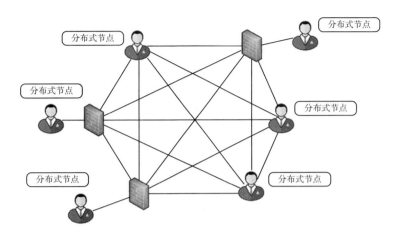

图 13-2 联盟链示意图

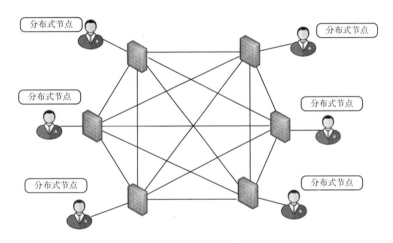

图 13-3 私有链示意图

2. 公有链 vs. 联盟链 vs. 私有链

公有链、联盟链和私有链互有优势，也各有局限。公有链很难实现得很完美，联盟链、私有链需要找到在现实社会有迫切需求的应用需求和场景。至于具体选择哪套方案就要看具体需求，有时使用公有链会更好，但有时又需要一定的私有控制，适合使用联盟链或私有链。

（1）各自优势及弊端

① 公有链作为一种完全分布式的区块链，数据公开，访问门槛低，用户参与程度高，易于应用推广，便于产生网络效应。但系统的运行却依赖于内建

的激励机制，存在决策太过困难，技术更新困难，且容易遭到攻击，效率较低，交易费用越来越高等弊端。

② 联盟链为部分意义上的分布式区块链，因参与节点的预先指定，验证效率高，仅需极少成本即可维持运行，提供了高速交易处理的同时，降低了交易费用，有很好的扩展性，数据可以保持一定的隐私性。但是这也意味着在共识达成的前提下，参与节点可以一起篡改数据。

③ 私有链最大的好处是加密审计，发生错误时也能追踪错误来源。且在特殊情况需求下，运行着私有链的机构或公司可以很容易地修改该区块链的规则、还原交易、修改余额等。这一点似乎略有违背区块链的本质，但是却适用于一些特殊场景需求。例如，全国土地登记，要实现这个功能就必须得使用私有链，毕竟，试图建立一个不受政府控制的土地登记机构，在实践中是不会被政府承认的。另外，由于私有链验证者是内部公开的，交易的成本会很低，并且不存在部分验证节点共谋进行51%攻击的风险。

（2）三者的区别

如表13-1所示，可以具体从以下几方面对公有链、联盟链和私有链进行比较。

表 13-1 公有链、联盟链、私有链比较

	公有链	联盟链	私有链
参与者	任何人自由进出	联盟成员	个体或公司内部
共识机制	PoW/PoS/DPoS	分布式一致性算法	分布式一致性算法
记账人	所有参与者	联盟成员协商确定	自定义
激励机制	需要	可选	不需要
中心化程度	去中心化	多中心化	（多）中心化
突出特点	信用的自建立	效率和成本优化	透明和可追溯
承载能力	3~20万笔/秒	1000~1万笔/秒	1000~10万笔/秒
典型场景	虚拟货币	支付、结算	审计、发行

① 从参与者来看，公有链对所有人开放，任何人都可以参与；联盟链

对特定的联盟成员（通常为组织团体）开放；私有链则对单独的个人或实体开放。

② 从共识机制来看，公有链中的共识机制一般是工作量证明（Proof-of-Work）和权益证明（Proof-of-Stake）。联盟链一般不采用工作量证明的挖矿机制，而多采用权益证明（Proof-of-Stake）或实用拜占庭容错算法（Practical Byzantine Fault Tolerant）等共识算法。私有链因参与的节点只有自己，一般也不采用工作量证明的共识机制。

③ 从记账人来看，公有链上所有人都可以读写数据和发送交易。联盟链上的读写权限、参与记账权限按联盟规则来制定，而私有链的写入权限仅在参与者手里，读取权限可以对外开放，也可以被任意程度地进行限制。

④ 从激励机制来看，公有链需要利用密码学验证以及经济上的激励，在互为陌生的网络环境中建立共识。联盟链的共识形成过程则由预先选择的一系列节点所掌控，因此可选择是否设置激励机制。私有链由于在书写许可方面对一个组织保持中心化，因而不需要激励机制。

⑤ 从中心化程度来看，公有链是真正意义上的完全去中心化的区块链，它通过密码学保证交易不可篡改。联盟链则是部分去中心化的，而私有链是存在一定的中心化控制的区块链。

⑥ 从突出特点来看，公有链的信用自建立；联盟链则具有效率高、成本优化的优势；而私有链因私人化订制，更透明安全。

⑦ 从承受能力来看，公有链最高每秒完成交易3~20万笔，联盟链则达到每秒1000~1万笔，而私有链更快，达到每秒1000~10万笔。相比起公有链，联盟链和私有链的交易速度显然更快且交易成本大幅降低。

⑧ 从应用场景来看，目前虚拟货币是公有链的典型应用，联盟链则一般应用于结算，而私有链则一般应用于审计、发行。

3. 应用

区块链最早作为比特币的底层技术而广为人知。比特币的概念在2008年诞生，2014年以后，人们发现将其底层剥离出来的区块链技术进行改造、增加新特性后，可作为基础设施适用于更多的应用场景。于是诞生了很多类似于比特币网络的，任何节点无须任何许可便可随时加入或脱离网络的区块链项目，这种项目可称为公有链项目。

随之世界上各大金融机构开始关注区块链技术，并且在分析后认为，区块链技术有可能在金融各个领域中发挥减少成本、增加效率的作用。在金融领域的场景中，因为无法直接使用性能较为低下、数据透明公开、全网记账的公有链技术，所以在2016年就出现了大量不局限于金融行业，各种以联盟链为目标的区块链项目。随着时间的发展，由比特币起源的，作为公有链的区块链技术、联盟链的区块链技术与私有链的区块链技术各自独立地发展出了新的特点。

但无论是公有链还是联盟链和私有链，都从区块链技术中获益匪浅。公有链可以访问到更多的用户、网络节点、货币和市场，联盟链、私有链有望高效地解决传统金融机构的效率、安全和欺诈的问题。以下是其在现实生活中的典型应用。

（1）公有链：比特币、以太坊等

作为最早的区块链，公有链也是目前应用最多的区块链类型，如比特币和许多其他虚拟货币，实际上都是依靠比特币区块链运行的。且一种虚拟货币只能对应一条公有链，反之，一条公有链可能运行多种虚拟货币，公有链的各个节点都可以自由加入和退出，并可以在链上读写数据。

当前广为人知的公有链项目有比特币、以太坊、小蚁、量子链、元界、比原链、星云、光链、IPFS、EOS等，其中IPFS、EOS是近年比较瞩目的项目。

IPFS（InterPlanetary File System），即星际文件系统，它是一个面向全球的、点对点的分布式版本文件系统，目标是为了补充（甚至是取代）目前统治互联网的超文本传输协议（HTTP），将所有具有相同文件系统的计算设备连接在一起。原理用基于内容的地址替代基于域名的地址，也就是用户寻找的不是某个地址，而是储存在某个地方的内容，不需要验证发送者的身份，而只需要验证内容的哈希，通过这样可以让网页的速度更快、更安全、更健壮、更持久。

EOS（Enterprise Operation System）则是一款区块链操作系统，它提供了数据库、账号许可、调度、认证和互联网应用通信，提高智能商业开发效率。另外，它还使用了并行计算，使把区块链拓展到百万用户和每秒百万次交易成为一种可能。

（2）联盟链：超级账本（Hyperledger）、区块链联盟R3 CEV等

在2016年最早公开联盟链代码的是由Linux基金会发起的开源HyperLedger（超级账本）平台。HyperLedger项目是首个面向企业应用场景的开源分布式账本平台，旨在成为跨行业的区块链技术的标准，多个不同行业的公司都在超级账本平台上贡献、提交了自己的代码。

在Linux基金会的支持下，超级账本项目吸引了荷兰银行（ABN AMRO）、埃森哲（Accenture）等十几个不同利益体加入。其目标是让成员共同合作，共建开放平台，以满足来自多个不同行业的各种用户案例，并简化业务流程。由于点对点网络的特性，分布式账本技术是完全共享、透明和去中心化的，故非常适合在金融行业应用，以及其他诸如制造、银行、保险、物联网等众多行业。通过创建分布式账本的公开标准，实现虚拟和数字形式的价值交换，如资产合约、能源交易、结婚证书，能够安全和高效低成本地进行追踪和交易。其中最活跃最被认可的，作为基础设施的项目是由IBM推出的Fabric[①]项目。

（3）私有链：Eris Industries等

Eris Industries创建的平台是一个开源的应用程序套件，任何人都可以免费使用。这些应用程序旨在创建全面运行和合法的分布式应用程序（DAPPs）和分布式自治组织（DAO）。

目前，Eris开发的平台是唯一一个既能在亚马逊网络服务市场，也能在微软Azure上应用的应用程序。比特币硬件钱包制造商Ledger的CEO Eric Larchevêque说："Eris Industries是一家成长非常快的区块链基础设施供应商，已经拥有了多家世界500强客户。我们期待着将我们的解决方案部署到Eris的基础设施中，给他们的关键工作流程和密码原语的管理带来更强大的安全层。"

---

① Fabric，超级账本，是在系统中数字事件、交易调用，不同参与者共享的总账。它是区块链技术的一种实现，比特币是可以在Fabric上构建的一种简单应用。

技术应用之争：公有链和私有链孰优孰劣

对于公有链和私有链孰优孰劣的问题，争论一直不停。在这里需要补充的一点是，有部分人把联盟链也划分在了私有链范畴，由此也存在一种只有公有链和私有链的区分。

一些人认为私有链使用范围有限，仅对单独的个体或实体开放，可扩展性不如公有链，并且会让用户依赖于其所有者的技能、专业知识等，这意味着用户会被捆绑到开发者的决策中，有时甚至是错误的决策中。

另有一些人则持有不同的观点，认为私有链能给许多金融企业问题提供公有链无法解决的解决方案，如遵守规章制度。由于银行和金融机构都要严格遵守规章制度，所以他们不能够使用公有链。公有链本身是开放无许可的，任何人都可以参与，这与他们必须遵守的规章制度是相矛盾的。

把人们的观点进行划分，大体可以分为以下三类。

1. 支持私有链观点

CHEX首席执行官Eugene Lopin曾说："私有链与传统的数据库基本没有差别，私有链与美化了的数据库意义是一样的。但是其好处在于，如果开始将公共节点加入其中，就会有更多节点出现。开放的区块链是拥有一个可信任账本的最佳方法。去中心化的范围越大，也越利于该技术的采用。"

Syscoin团队经理Dan Wasyluk说："私有链为企业提供了一些有趣的机会，可以让企业利用可信任的透明的性能，开发内部企业之间的应用案例。随着智能合约的到来，该技术会最终代替所有中心化的企业。"

2. 支持公有链观点

Ledger首席执行官Eric Larchevêque认为，抗审查的公有链有潜力颠覆社会，而私有链只是银行后台的一个成本效率工具。

OpenBazaar的创始人Brian Hoffman则说："在我发表评论前，我想陈述一个事实，OpenBazaar是一个公有链，且仅支持比特币的项目，所以我对私有链没有太多的经验。我个人认为，搭建在享有特权的数据库之上的私有链不会提供太多的附加值，同时对他们来说也没有看到一个必要的应用案例。"

3. 中立观点

Yours.Network的创始人Ryan Charles说："私有链可以有效地解决传统金融机构的效率、安全和欺诈问题，但是这种改变是日积月累的。私有链并不会颠覆金融系统。可是，公有链有潜力通过软件取代传统金融机构的大多数功能，从根本上改变金融体系的运作方式。"

Omni董事会成员Patrick Dugan认为，私有链可以提高金融机构后台结算流程的效率。他们不应当看成是有争议性的，或进入流氓或警察这样的辩证言论中。到了AML/KYC的身份识别层能放入公有链元数据时，铁轨两面之间会有互操作性。现在，由于国家只允许垄断机构发放信用证，世界上的大多数流动资产仍然在银行。我们相信，长期来看，公有链会成为非正式经济活动的重要组成部分，同时也会成为全球经济增长的起源。

其实，公有链、私有链、联盟链都是区块链技术的一个细分，而技术仅仅是一种工具。只有在不同的应用场景选用合适的工具解决问题才是关键，也才是区块链出现的意义。

区块链项目应用分类

作为炙手可热的一门新生技术，区块链已经掀起了一轮新的项目应用风，各类项目纷纷涌现。而从2017年区块链应用项目市值排名前二十的项目来看，目前，区块链项目主要分为以下四类：数字资产、智能合约平台、全球支付、平台类应用。

1. 数字资产

数字资产可分为一般数字资产和主打匿名应用场景的匿名数字资产两种。

（1）一般数字资产

一般数字资产包括我们非常熟悉的比特币、莱特币，除此之外还有新经币

NEM（New Economy Movement）、狗狗币等。它们解决的是跨中心情况下的支付问题。

（2）匿名数字资产

匿名数字资产则是解决在保护隐私情况下的支付问题，比较知名的有达世币（Dash）、门罗币（Monero）及采用零知识证明的零币Zcash（Zero Cash）和PIVX（Private Instant Verified Transaction）。

目前，全球的数字资产过千种，其主要充当"交换媒介"的功能，交换媒介就是用来换取商品的一般等价物，如以前黄金、白银、银票可以作为交换媒介。但受限于应用场景，数字资产市场总容量增长不快。

根据图13-4，CoinMarketCap网站近期排名前10的区块链资产分别为：Bitcoin（比特币）、Ethereum（以太坊）、Ripple（瑞波）、Bitcoin Cash（比特现金）、EOS、Litecoin（莱特币）、Cardano（虚拟币）、Stellar（恒星币）、IOTA（埃欧塔）、TRON（波场币）。其中，市值最大的依旧是比特币。

#	名称	市值	价格	交易量（24小时）	流通供给量	变化量	价格图（7天）	
1	Bitcoin	¥992,137,700,434	¥58,280.26	¥48,406,113,639	17,023,562 BTC	-2.24%		
2	Ethereum	¥464,094,202,241	¥4,672.51	¥18,577,147,012	99,324,299 ETH	-2.50%		
3	Ripple	¥195,160,775,247	¥4.98	¥3,721,890,509	39,178,259,468 XRP *	-5.62%		
4	Bitcoin Cash	¥167,868,576,778	¥9,806.48	¥7,163,990,889	17,118,125 BCH	-5.65%		
5	EOS	¥95,373,604,595	¥112.89	¥8,313,672,806	844,848,555 EOS *	-4.46%		
6	Litecoin	¥55,725,933,963	¥987.15	¥2,955,389,170	56,451,113 LTC	-5.13%		
7	Cardano	¥51,845,365,216	¥2.00	¥1,110,055,071	25,927,070,538 ADA *	-6.74%		
8	Stellar	¥43,868,672,099	¥2.36	¥346,232,479	18,576,041,388 XLM *	-7.37%		
9	IOTA	¥40,852,290,809	¥14.70	¥1,972,294,607	2,779,530,283 MIOTA *	-5.61%		
10	TRON	¥33,733,122,305	¥0.513066	¥2,438,672,684	65,748,111,645 TRX *	-3.55%		

图13-4　2018年5月CoinMarketCap网站的市值排名

2. 智能合约平台

简单地说，智能合约就是在一块区块链中预设自执行的合约条款，它们是在区块链数据库上运行的计算机程序，可以在满足其源代码设定条件下自行执行。智能合约一旦编写好就可以被用户信赖，合约条款不可以被改变，因此合约是不可更改、不可被违约的。

例如，基于房屋租金协议相关的智能合约，当业主收到租金时就会触发自动执行，并将公寓的安全密钥交给租户。这个合约可以确保租金的定期支付，并自动执行。

当前，智能合约的代表项目主要是以太坊。这类项目的主要功能是建立底层的技术平台，让开发者在这个底层的技术平台上做其想做的运用开发。由此，相当于一部分平台处于开发状态当中，机构投资在该领域占据较大份额。截至2018年2月，市值最大的依旧是以太坊。

3. 全球支付

现有的跨境转账体系中间代理层级过多、基础设施成本较高及信息不透明，导致全球支付的普惠金融难以推进。而通过借助区块链去中心化的网络，能够进行全球范围内的货币流通和国际金融结算，同时还允许用户向世界上任何人转账而不需要支付高额的服务和交易费用。另外可以实现实时汇款，不仅可以大幅度节约成本，还极大地提升了跨境汇款的效率。

因此，这类项目主要用于实现国际之间的数字货币交易，可以在全球范围内转账任意一种货币，或者实现法币与数字资产的等价交换。

当前，全球支付代表项目有Ripple和Tether。

Ripple是全球第一个开放的支付网络，通过这个支付网络可以转账任意一种货币。

Tether则是一种利用比特币区块链交易的法币代币，可实现法定货币与数字资产的固定价值的等值兑换。

4. 平台类应用

第四类是平台类的应用，这类运营范围比较广泛，涵盖金融、社交、游戏、产权保护等诸多领域，也是目前区块链资产增长最快的领域。比较著名的项目包括基于区块链打造的市场预测平台Augur，计算资源交易平台Golem，去中心化的云存储平台MaidSafe，实时交易及支付平台OmiseGO等。

其中，Augur是基于以太坊区块链技术的一个去中心化的预测市场平台。用户可以通过在该平台上预测市场，并用数字货币投注，Augur通过依靠群众的智慧来预判事件的发展结果。

当前，这类应用绝大部分都建立在以太坊上，运用场景范围非常广泛。未来，随着区块链技术的不断成熟，其也将逐步与各个行业相结合，进入区块链3.0时代。

结语：主链运转的世界

从公有链到联盟链、私有链的诞生，从比特币到以太坊生态系统形成，再到处于生态系统核心地位的区块链技术开始颠覆众多行业，包括医疗保健、供应链、金融市场、中央交易所、管理、能源生产、身份管理等。

区块链自身包罗万象的属性，使得区块链保持活力的同时，也在不断更新和细化。

反过来，区块链也在逐步发展中渐成体系。区块链分类的逐步细化、分类标准的逐步多样化，也意味着区块链正不断地在各个领域逐步崛起。现在越来越多的链，包括公有链、联盟链、私有链都开始层出不穷，那么，链与链之间的跨链操作会成为可能吗？

或者说，未来只有一条最强大的主链，就像现在的互联网一样？

这条链主宰着整个合法的光明世界，而在主链之外有非常非常多的暗链，每一条链都对应着一个黑暗场景。

> **思考题**
>
> 　　如果国家发行自己的数字货币，那么应该采用的是公有链、联盟链，还是私有链？为什么？

> 投资是认知的变现，
> 于投资者而言，
> 更重要的是
> 如何认知区块链。

第14章 如何投资区块链项目？

在区块链项目投资者眼里，世界已经完全改变了。

区块链出现以前，"古典互联网"仍在风险投资的ABC轮中步履蹒跚，上市更是远方一座难以攀登的大山。

加密货币出现以后，传统金融体系面临更大的冲击，加密货币投资改变了之前所有的玩法，募资时间大幅度压缩，中间收割层被彻底滤掉，投资者与创业者直接点对点互动。

在人类历史上，财富从未像今天这般出现如此之大的变局。

2014年，以太坊众筹获1800万美元，成为区块链历史上早期最成功的众筹案例。

2017年，EOS乘坐区块链时代之巨舟，又掀起了一股众筹巨潮。

如今，以太坊市值1315亿美元，而EOS还在萌芽之初市值就已达200亿美元。

万向集团当年投资50万美元得到50万个以太币后，短时间内得到了1000倍的回报收益，让其内心翻涌起了惊涛骇浪。

区块链项目带来的财富效应，使每个人都为之震撼。

区块链的价值

那么,对于因区块链技术的发展而带来的投资机遇,投资者应该如何冷静客观地看待?于投资者而言,区块链项目又是否真的值得投资?

要回答这一问题,首先要了解区块链已发展到什么阶段。

先估算一下区块链的用户渗透率(目前近似等于数字货币的用户渗透率)。2017年剑桥的研究表明,当前世界上大约有290万~580万个活跃用户在使用数字货币钱包(Dr Garrick Hileman & Michel Rauchs,2017),世界互联网用户人数为37亿(Internetlivestats,2017),数字货币用户的渗透率大约为0.12%。

如果参考互联网的用户渗透率,0.12%大约对应的是互联网1992年的水平。

经过2017年的普及,到了2018年,接近1000万个用户成了加密货币的深度用户。

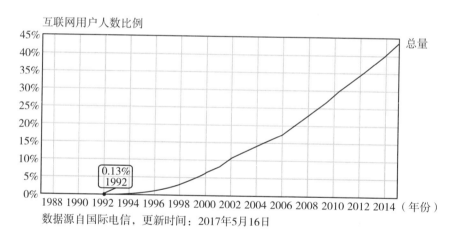

图 14-1 1988—2014 年互联网用户渗透率变化图

1992年,互联网还处于基础设施建设阶段,这时万维网才发布两年。后来,万维网成为物联网上使用最广泛的服务,其将超文本和互联网相结合,搭建起了全球性的信息库。相较而言,互联网经过20年时间,从1970年诞生,发展到1992年,还是处于基础设施建设阶段,区块链则比互联网发展得迅速得多。

2017年的区块链就是1992年的互联网。自比特币诞生后,币价的持续上涨,让更多人将目光投向了加密货币的圈子,而加密货币币值上涨则使得区块链技术领域的开发经费更为充足，有更多的优秀人才加入到这个领域，同时社会认可度也在不断提高，从这几点看，区块链比互联网发展要快得多。但就用户渗透率和基础设施完善程度来讲，2018年的区块链与1995年之前的互联网情况比较相似，仍然处于非常早期的阶段。

区块链的所有参与者会自发维护区块链的正向发展，同时区块链能保证个体参与者的私人利益最大化。以比特币为例，比特币系统中没有任何权威机构，核心开发团队（Bitcoin Core）想做个区块扩容跟各参与方代表吵了几年都解决不了，但比特币网络还是在完美运行，继续保持比特币的特征，所有的参与者都能获得自己的利益。这就是区块链价值网络模型的精妙之处。

由此看来，区块链项目的投资也是极具价值的。

VC[①] 投资情况

尤其近几年，国内VC机构对区块链项目的整体投资情况也呈现出攀升态势。

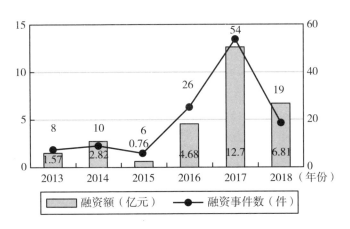

图 14-2　区块链融资情况（VC）

如图14-2所示，单分析VC对区块链的投资情况可以看出，区块链项目融

---

① VC，Venture Capital（风险投资）的缩写，主要是指向初创企业提供资金支持并取得该公司股份的一种融资方式。

资额从2013年至2016年呈小幅上涨趋势。由于2015年的政策监管，导致2015年区块链的投资热度有所下降。但不久之后，VC在2017年大举入局，投资总额达12亿元，2018年不到一个月的时间，融资额和融资事件数已经超过2016年。

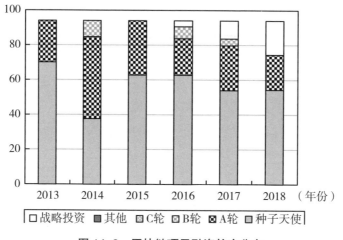

图14-3　区块链项目融资轮次分布

再观测图14-3，从轮次占比可以看出，战略投资的占比逐步上升。由于其他募资形式（如发行代币）为行业带来了资金，传统VC机构对于区块链公司来说价值更多地体现在背书及战略资源上。

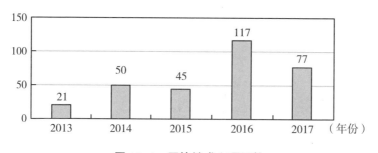

图14-4　区块链成立项目数

我们再具体看看区块链项目本身的一个情况，如图14-4所示，近几年国内的区块链成立项目整体呈现增长趋势，成立数量在2016年达到顶峰，2017年时出现一定回落。另外，如图14-5所示，相对于初创公司的平均情况来看，区块链项目在一线城市出现得更加密集，仍旧是一线城市带动行业发展。其中值得注意的是，由于监管等原因，中国香港的区块链项目数在全国排名第五。

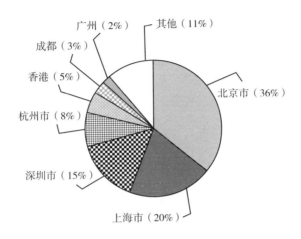

图 14-5　国内区块链项目地域分布

区块链项目分析

尽管近年来区块链项目无论是从融资情况还是成立项目数来看，都表现出欣欣向荣的态势，但目前市场上也确实存在着很多项目不过是披着区块链的外衣的项目，混杂其中。那么，具体如何辨别一个优秀的区块链项目呢？可以通过以下几个方面来分析。

1. 项目合法性分析

合法合规是判断一个区块链项目是不是优质项目的关键。当前区块链项目是采用私募的方式：在国外成立一个基金会，然后国内的咨询公司来操盘具体的业务运营，同时在合规上，尽可能在公司主体结构上与法务相匹配。现在许多区块链项目代币被认为是"空气币"，主要就是因为这些项目不合法、不合规。

企业在进行区块链项目时，很重要的一点就是项目合法合规，不能挑战监管底线。区块链项目多数是一些创新项目，创新往往要破坏一些过去的束缚和常规，很可能与现有规则产生冲突，这是投资者在挑选优质项目时需要特别注意的。

2. 白皮书分析

仔细阅读区块链项目的白皮书，逐一分析白皮书的重点，特别要注意以下三点。

首先是经济架构，也就是如何分配代币，代币的具体分布情况。

其次是商业逻辑，在业务场景中到底有哪些痛点，运用了哪些技术，技术架构是怎样的。这是信任问题，或者说是确权问题，确定它究竟能不能解决这个业务当中的一些痛点。

最后，团队本身有无丰富的区块链行业经验，它的能力和资源是否匹配；技术架构是否合理，它的算法是否科学，使用了什么创新技术，能否被大家认同。

至于那些在白皮书中一开始就声称自己多厉害、币价一定会涨到多高的项目，请谨慎投资。一个好的项目肯定不会仅以追求币价为目的，优秀的项目会优先解决真实存在的问题，币价上涨就是水到渠成的事。

3. 项目需求与应用场景

对于项目的一些定位要了解，定位是否清晰，项目是不是有明确的市场需求，市场需求是否为刚需，如果市场对于该区块链项目需求不够，或者是一种非刚需状态，那么这个项目的成功率和潜力就可能很低。

核心资产偏数据化的项目会比较容易落地。互联网步入大数据时代后，很多互联网公司对于区块链项目偏数据化的项目是有优势的，如BAT三巨头，都拥有海量用户大数据。

偏技术类的公链的投资价值会更大一些。就发展趋势来看，偏技术的区块链项目肯定潜力更大，其投资价值也更大。

4. 项目产品模型

现在，很多的区块链项目之所以被称为空气币或垃圾币，是因为一开始根本就没有产品模型，没有市场需求，只是为了赚钱而发币。投资者遇到这样的项目，尽量远离，否则可能会成为操盘手的印钞机。

所以在看项目时，投资者应该更倾向于先看项目团队有没有做出相关的产品模型，产品本身是否满足了市场需求，产品本身是否用到了区块链技术且是否真的需要区块链技术，产品模型经过了几次迭代，每次迭代间隔多长时间。

项目团队有了一个产品模型，它的产品在手机端已经有了应用场景，甚至有了数据，这样的区块链项目说明项目团队在认真做事。产品有多少用户在使用，用户的体验如何，这些也是衡量标准。

另外要去审计项目代码，最能反映团队踏实做事的就是代码库更新，因为代码更新频率和质量能直接反映团队的执行力和项目的健康度。区块链世界的内在要求是开放透明，尤其是对于那些拿了钱的项目。开源是项目方的义务，他们必须开源。通过互联网可以查询大部分项目的Github更新。

5. 社群建立与管理

一个项目的成熟需要较为坚固的用户基础，需要更多用户参与进来；尤其是在去中心化的区块链社区，怎样在早期获得大量的用户关注，赢得用户认可，非常考量项目团队的能力。

区块链技术最巧妙的实践是通过创造好的Token，鼓励用户自发地维护社区环境，从而达成既定目标。对项目团队而言，如何打造流量入口，吸引到初始用户，培养用户忠诚度都是一个未知的领域，可借鉴的经验并不多。但不少互联网产品进场后能自带流量，通过区块链普及和激励机制，能较完整地将用户群进行移植，加速区块链社区的形成。

总的来说，社区管理主要有以下三个目的。

① 活跃社群用户。

② 为了保证公开度。我们需要在社区里公开项目的推动情况，因为区块链项目不像常规的互联网项目和实体项目。在上市前或上市后，需要不断地公

开,不断地保证公开度,让更多社区成员来监督项目的日常运行。

③增强代币在二级市场的流动性。

如果项目有较好的用户基础,社群较活跃,那么项目团队推出项目后一般成绩也不会太差,是值得投资的潜力股。

6. 项目团队

判断项目创始团队是否有区块链情怀,相信区块链能改变世界,具有利他精神;在项目私募的时候能否保证参与者的利益,代币的价格锚定是否清晰,公开披露项目的进度;项目团队成员的各自学历、背景和经济状况都会影响整个区块链项目。

7. 项目运营PR

好的项目并不代表一定有好的涨幅。目前的市值管理,更多的是靠PR(Public Relations,公共关系)。单纯的项目产品本身及其数据,还不足以支撑起它的投资价值。所以目前看谁玩的花招多,玩法酷炫,看谁会做可视化营销。在一定程度上,营销和PR对区块链项目会是一个非常大的考验,很多区块链技术非常强的团队在PR这一块也没什么优势,导致价值没有体现出来。

8. 项目众筹比重分析

项目募集资金的金额是否合理?真的需要这么多钱吗,还是为了圈钱跑路?同时要分析项目众筹的比重,项目团队如果占众筹比重较高,中心化程度比较严重,同时项目团队的众筹比重一般是要冻结一年以上才可使用的,这是坚持做项目的表现之一。

营销比重也是很好的参考,营销是一个很重要的环节,项目团队肯为产品营销推广花钱是比较让人放心的。

最重要的是众筹资金使用是否透明公开,所有的众筹资金动向是否有机制来监督,小蚁的众筹项目就通过多重签名技术来公开资金动向,以便监督小蚁众筹项目中所有资金支出,这是一个很好的做法。

9. 顾问团队

判断顾问和投资人的水平，也是目前一种很常规的判断项目方式。优秀的投资人和顾问对于项目的推进作用是非常大的，会给项目带来丰厚的资源和帮助。另外，有好的技术顾问和商业运作顾问也很重要。但现在很多项目的顾问团队虽然有一定名气，但并不具备相匹配的品格，他们只是为了获得顾问Token，并不会对项目有真正的调查研究。所以现在的顾问团队越来越没有价值。

10. 项目的过往投资

首先，投资机构投资前的专业调查筛选，会帮普通投资者规避部分风险。

投资机构在投资前会对项目进行比较深入的调查，这里面包括项目的价值、市场前景、技术实力、团队搭配等情况。这就相当于是传统的投资机构帮我们进行了筛选。

通过投资机构的筛选，基本上可以保障这个项目99%不是空气项目，从而降低了投资的风险。对于普通投资者来说，因为知识面、专业度、时间成本等原因，很难像投资机构那样对一个项目进行更为深入透彻的研究。因此，普通的投资者可以借力投资机构去识别一些比较靠谱的项目。

其次，投资机构对项目的资源支持，推动项目前行。

现在的投资机构对于项目的投资绝不是拿钱给创业者那么简单，还有投资以后的扶持，如投资机构会给创业者很多除了钱以外的资源，包括咨询、人脉等。

为什么投资机构要扶持创业者呢？

① 投资机构给创业者投了钱，在一定程度上他们的利益是一致的，都希望项目能做好，只有项目发展好了，投资者才能赚更多的钱。

② 每一个投资机构都希望自己能投出一些明星项目，这样不但能赚钱，更能让这个投资机构获得一种信用的保证。因此很多优秀创业者在选择投资方时，不是谁投的钱多他们就接受谁的投资，而是要综合考虑投资方的背景，投资方给出的资源及融资金额等。

总结起来就是，创业者和投资机构是利益共同体，投资机构会通过自己的资源去支持创业者，所以一个项目被知名投资机构投资以后，一般成功的概率相对来说会大很多，对于普通的投资者来说，风险也就小了很多。

当然所有的投资都是有风险的，其中肯定也包括专业VC的投资，但相对来说，获得了专业投资机构投资的项目，其可信度会高一些，至少不会是圈钱的项目，可以规避掉一部分风险，不过也不能保证100%成功。

区块链项目前景较好的领域

1. 金融交易

将区块链技术应用在金融行业中，可省去第三方中介环节，实现点对点对接，从而在大大降低成本的同时，快速完成交易支付。同时，由于各国之间天然缺乏信用中介，无法方便地中心化清算，区块链在跨境支付领域上则可以解决这一问题。

2. 物联网和物流

通过区块链可以降低物流成本，追溯物品的生产和运送过程，实现商品流与资金流同步，在提高供应链管理效率的同时，解决假货问题。

3. 公共服务

在公共管理、能源、交通等与民众生产生活相关的领域，均可以用区块链来改造。如资产拍卖、投票、公证服务、募捐等。流程中的相关信息均可存放在区块链上，并且可以有条件地进行透明公开公示，方便社会监督。

4. 数字资产

通过区块链技术，可以对股权、知识产权等进行鉴定，证明其真实性和唯一性。权益在区块链上被确权后，后续交易都会进行实时记录，从而实现数字资产全生命周期管理，同时为司法取证提供技术性保障。

以上是目前区块链项目一些比较主流的应用。当然，区块链项目在各个领域的应用远不止于此，在下一章中，我们会更具体地讲解。

结语：币圈有风险，入"币"需谨慎

区块链自诞生以来，因其去中心化的自由理想，不可篡改的公开透明性，以及强有力的数学支撑，吸引着无数的追随者和信仰者。然而，当人性的贪婪开始在区块链上浮动时，一些链条就开始发黄、流油、滋生泡沫，夹杂着非理性的冲动与无尽的欲望，泡沫越吹越大，2018年的ICO神话破灭仅是冰山一角。

区块链项目在利好的同时也夹杂着数不清的泡沫，相对于传统领域的融资规模，区块链领域的投资还处于早期阶段。即便在泡沫刺破后，依然会迅速形成新的泡沫。很多投资机构在加快入场，期望追逐区块链带来的红利，实际上也就是新一轮泡沫的催生者，因为其实大部分的机构离真正的区块链还很远。

尽管对于区块链本身发展来说，每一轮泡沫都是一次优胜劣汰，但作为投资者还是应该清晰地认识到：币圈有风险，入"币"需谨慎。

> **? 思考题**
>
> 区块链投资中，投资数字加密货币还是投资区块链技术项目，是两种不同的选择。如果让你选，你会怎么投资？为什么？

第15章 创业：区块链如何与你的行业相结合？

> 区块链不是万能的，只是在一定场景内重写游戏规则。

仿佛还在昨日，"互联网+"浪潮袭来，呐喊余音不绝。如今，区块链又出其不意地赶来，来势汹汹，各行各业纷纷上车，生怕错过这一趟时代变革的专列。

区块链如何与自己的行业或产业相结合？这是很多企业正在考虑的问题。区块链经济系统设计正成为一门显学。

现在谈"区块链+"显然有点为时过早，如何让一群互联网原住民在有经济价值的通证激励之下相互协作与交换，创建可持续发展的经济新生态，让生态中的每一个人都有利可图，才是当下最值得探讨的议题。

这里特别要强调的是，不是每一个项目都需要区块链参与其中。你花费很多心思设计出一个区块链的激励体系，做完之后很可能只是一个中心化的企业OA服务系统。

所以，你所在的行业是否能与区块链结合，要从区块链的特点谈起。

三大特点：核心能力

有一种观点认为，区块链技术是继蒸汽机、电力、信息和互联网之后，最有潜力触发第五轮颠覆性革命浪潮的核心技术，应用前景非常可观。而究竟是什么原因，使它如此具有颠覆性，给诸多行业带来了创新，并且应用如此广泛呢？原因就在于它的三大特点。

这三大特点构筑了区块链的核心能力，即这三大特点撑起了区块链的应用。

1. 去中心化

简单来说，去中心化是指在区块链网络中分布着众多节点，节点与节点之间可以自由连接进行数据、资产、信息等的交换，不需要通过第三方中心机构。如银行转账，通常我们转账需要通过银行这个中介机构，而在区块链技术下，可以直接实现点对点的转账。中心化系统有一个类似于中心服务器的存在，与去中心化进行对比，两者差异如图15-1所示。

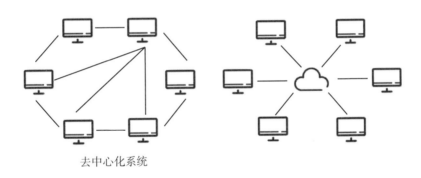

图 15-1　去中心化系统与中心化系统

2. 不可篡改

为何中本聪开创的比特币如此受欢迎？这与比特币同生的区块链技术和密码学分不开，通过哈希函数及非对称加密等密码学技术，区块链保证了各区块上的信息不可篡改。

3. 可追溯性

每一个区块上都有自身唯一的Hash值，记录了该区块的身份信息，而每一个区块又以链式结构连接在一起，下一个区块跟上一个区块的Hash值挂钩。

这样，区块链+就保存了从第一个区块开始的所有历史数据，区块链上任何一条记录都可以沿着链式结构来追溯。图15-2形象地说明了各区块中包含了哪些信息，而这些丰富的区块又一个接一个链接了起来。

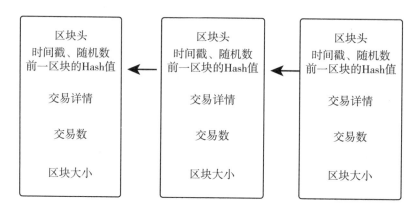

图15-2　链式结构示意图

区块链有广义和狭义之分，当我们结合具体的产品谈论区块链时，我们所谈论的是狭义的区块链，单指以区块连接而成的链式数据存储方式。

而我们谈区块链行业应用，更多的是谈广义的区块链———一种技术体系。广义的区块链技术体系，包括以区块结构存储数据、多重签名、使用密码学保证数据传输和访问、实现数据等技术，比特币、以太坊背后就是这样一种去中心化的记录技术。

区块链应用现状架构

除了区块链的核心功能，我们也要考虑项目可能属于哪一个层级。我们对区块链的主要应用进行划分，主要可分为以下三个层级，如表15-1所示。

表15-1　区块链应用现状架构分层

层级	应用项目
底层技术及基础设施层	基础协议　匿名技术　区块链硬件

续表

层级	应用项目	
通用应用及技术扩展层	智能合约 快速计算 挖矿服务 信息安全 数据服务 BaaS 解决方案 防伪溯源	
垂直行业应用层	金融	房地产金融 企业金融 证券服务 支付 票据金融 名人金融 保险 资产管理
	数字货币	钱包 投资 交易
	娱乐	直播 游戏 虚拟偶像 音乐
	供应链	物流 解决方案
	医疗	药品溯源 健康管理
	法律	版权保护 证据保全 智能合同
	能源	数字化管理 电网 能源交易
	公益	善款追溯 公益寻人
	社交	聊天工具 社区
	其他	物联网 农业

1. 基础协议底层

这是区块链最底层的技术,主要代表了提供区块链最底层的一些协议代码和基础硬件设施,基础协议是众多项目的主要技术攻克点,也是投资方主要投资方向。基础协议通常是一个完整的区块链产品,类似于计算机的操作系统,它维护着网络节点,仅提供API来调用。

2. 技术扩展层

这一层类似于计算机的驱动程序,主要是一些为了让区块链产品更加实用的应用,以及一些面向开发者提供服务以便构建基于区块链技术的应用。作为技术扩展层,这一层使用的技术基本没有限制,区块链的各类技术都在这使用,如分布式存储、大数据等。这一层也是直接对应着行业应用层,作为应用层的直接接口为其提供服务,智能合约是这一层的典型代表。

3. 垂直行业应用层

这一层是我们生活中会接触到的，也是接下来要详细介绍的。目前，已经有十几个行业应用了区块链技术，虽然这其中非必要性项目居多，优质项目少，但就是这些深入具体行业的区块链应用给我们的生活带来了具体的改变、进步和颠覆。

区块链的垂直行业应用

行业垂直应用层表现了区块链技术赋能到各个行业中去的情况。

现在应用最成熟和广泛的行业是数字货币与金融，然后才是超越货币、金融领域之外的应用，整个应用过程与区块链的起源有着密不可分的联系。接下来，我们从数字货币和金融讲起，具体来看区块链是如何和各个行业结合起来应用的。

1. 数字货币

区块链的首个应用是比特币，而它也是区块链数字货币中最成功的应用。

近年来，数字货币发展很快，自比特币诞生以后，已经陆续出现了数百种数字货币，围绕着数字货币生成、存储、交易，已经形成较为庞大的产业链生态。

由于具有去中心化信用和频繁交易的特点，数字货币具有较高的交易流通价值，并能够通过开发对冲性质的金融衍生品，作为准超主权货币，进而保持相对稳定的价格。

在数字货币这个行业领域衍生出的大量项目，如图15-3所示，以比特币为例，参与机构主要可分为基础设施、交易平台、ICO融资服务、区块链综合服务四类。

图15-3　数字货币应用

2. 金融行业

区块链应用于金融行业有着天生的绝对优势，这是区块链的基因决定的。

在国内，不仅是新兴区块链创业企业，如银联、招商、民生等银行和蚂蚁区块链、众安科技在内的科技巨头也已经开始布局并落地了相应的平台与项目。它们通过利用区块链本身去中心化、不可篡改等特性来实现对于金融行业各个环节更好的风险把控，从而降低了金融流程中的成本。区块链可应用于金融行业的诸多领域，如图15-4所示。

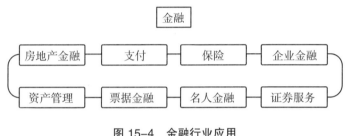

图15-4 金融行业应用

（1）跨境支付

该领域有到账周期长、费用高、交易透明度低等痛点。

金融以第三方支付公司为中心，完成支付流程中的记账、结算和清算，到账周期长，如跨境支付到账周期在三天以上，费用较高。而区块链去中介化、公开透明和不可篡改的特点下，该过程无须第三方支付机构加入，缩短了支付周期，降低了费用，增加了交易透明度。

（2）数字票据

在该领域存在三个风险：操作风险、市场风险、道德风险。

传统技术下，由于系统中心化，一旦中心服务器出问题，整个市场将瘫痪；而市场上也存在着"一票多卖"、虚假商业汇票等不道德事件。根据数据统计，在2016年，涉及金额达到数亿以上的风险事件就有7件，并且这样的风险事件还涉及多家银行。

而区块链本身的去中介化、系统稳定性、共识机制、不可篡改的特点能减少传统中心化系统中的操作风险、市场风险和道德风险，因为在其特点之下，作恶道德成本相当高，需要超过51%的算力成本，而这种高成本使作恶几乎无法实现。

（3）保险服务

保险领域存在着理赔手续复杂、周期长、投保门槛高、灵活性差等痛点。

区块链的共享透明特点解决了信息不对称的问题，并降低了逆向选择风险；其历史可追踪的特点则有利于减少道德风险，进而降低保险的管理难度和管理成本。区块链技术也许会成为保险业生态系统中的主流技术，而两者结合则可能会带来以下几种新的保险模式。

① 自动理赔：通过区块链的智能合约技术，保险公司无须等待投保人申请理赔，就能主动进行赔付。例如，发行一种基于区块链智能合约技术的航班延误险。

② 互助保险：用户完全可以通过点对点互助的形式，在没有资金池的情况下达到保险的目的。2016年5月，美团早期员工创立的"水滴互助"就获得了IDG[①]、腾讯、真格[②]等机构的5000万元风险投资，其背后就使用了区块链技术。

③ P2P保险：区块链在这个市场可以提供两个作用，一是对保单交易进行登记，二是利用智能合约，在满足赔付条件时，自动从承保人的账户划拨赔款给受益人，而无须银行的参与。在判断是否满足赔付条件时，保险公司可以作为提供损失鉴定报告的第三方。

（4）资产证券化

这一领域的痛点主要在业务和数据两块。

业务痛点在于底层资产真假无法保证，参与主体多，操作环节多，交易透明度低，信息不对称等；数据痛点在于各参与方之间流转效率不高，交易系统间资金清算和对账投入成本高、无法监控资产真实情况，各方机构对底层资产数据真实性和准确性的信任问题。

[①] IDG，International Data Group，即美国国际数据集团，全世界最大的信息技术出版、研究、发展与风险投资公司。

[②] 真格，即真格基金，是由新东方联合创始人徐小平、王强和红杉资本中国基金在2011年联合创立的天使投资基金，旨在鼓励青年人创业、创新、创富、创造。

同样，区块链去中介化、共识机制、不可篡改的特点能增加数据流转效率，减少成本，实时监控资产的真实情况，保证交易链条各方机构对底层资产的信任。

3. 供应链与物联网

曾有机构预言，供应链和物联网将是区块链下一片迅猛发展的沃土。

这得益于区块链带来的交易共享性和不可篡改性，这些特性提高了供应链在物流、资金流、信息流等方面的实体协作沟通效率，改善了多方协作时的争议。供应链与物联网方面的区块链应用如图15-5所示。

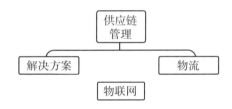

图 15-5　供应链与物联网应用

在"物联网"时代，人们日常生活中的大部分设备都将连接到云端网络。

传统的物联网模式，由一个中心化的数据中心负责收集各连接设备的信息，这种方式在生命周期成本和收入方面有着严重的缺陷。将物联网与区块链结合，则有利于延长物联网设备和应用的整个生命周期，是开展业务流程的助剂。

当前，将区块链技术应用到物联网的想法已经存在一段时间，各种成熟公司和初创公司一直在探索相关应用，如以下这些企业。

（1）IBM

IBM是最早宣布区块链开发计划的公司之一。2015年，IBM联合三星推出了一个物联网概念验证项目ADEPT——一个使用了P2P区块链技术的研究项目。

IBM和三星两家公司都希望通过使用ADEPT平台，带来一个能自动检测问题、自动更新、不需要人为操作的设备，并且这些设备能够与其他附近的设备通信，以便于为电池供电和节约能量。

（2）Filament

成立于2012年的Filament公司提出了一种基于区块链上的传感器设备。

它允许以秒为单位部署一个安全的、全范围的无线网络，能直接与10英里[1]内的TAP[2]设备通信，可以直接通过手机、平板或计算机来连接这个传感器设备。区块链技术可以使Filament设备独立处理付款，以及允许智能合约确保交易的可信。

（3）Tilepay

该公司开发了一个微支付平台——Tilepay。

它是一个去中心化的支付系统，且能被下载并安装到一台笔记本、平板或手机上。所有物联网设计都会有一个独一无二的令牌，整个系统通过区块链技术来接收支付。

4. 医疗服务

医疗行业被认为是区块链技术最有潜力的应用领域之一。

随着全球医疗保健进入数字化时代，医疗数据安全和患者隐私保障变得越来越重要。针对医疗的数据安全和患者隐私保护，区块链的匿名和去中心化的特性得到了很好的应用。这让医联体之间进行远程数据共享、分布式保障与存储管理的过程变得更加安全。

医疗行业的应用如图15-6所示。

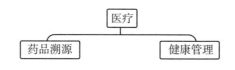

图15-6 医疗服务应用

而具体来说，结合区块链技术的应用场景如下。

（1）电子病历

完整电子健康记录的缺乏会影响到患者、医务人员和行政管理系统与服

---

[1] 英里：英制长度单位，1英里约等于1.6千米。
[2] TAP，TUN/TAP 虚拟网络设备为用户空间程序提供了网络数据包的发送和接收能力。它既可以当作点对点设备（TUN），也可以当作以太网设备（TAP）。

务。从患者角度而言，每次都要重新录入病例信息，甚至可能出现错误医疗信息及医疗纠纷。

基于区块链技术，所有的病例信息都有不同时间戳和加密密钥，数据存储在分布式账本中，无法被随意篡改，提高了数据的保密性，也减少了因维护信息而消耗的资源和成本。

（2）健康管理

跟随着区块链的步伐，新的医疗记录与健康管理共享模式正在诞生。

2007年，一家区块链安全公司与爱沙尼亚政府合作，为其提供身份验证。爱沙尼亚是为数不多的公民医疗记录100%在线的国家。可信任的区块链将使人口健康实现跨越式发展，通过区块链技术可以直接连接临床和财务信息，而不再需要连续访问患者医疗记录。

（3）基因检测数据

除了医疗记录，有些创业公司着眼于将区块链技术应用于基因检测数据的共享。

成立于2014年的DNA.bits公司，致力于解决针对医疗电子交换法案（HIPAA）的共享基因识别及相关临床数据的问题。由于其产品使用了比特币区块链平台，可聚集来自多个数据源的数据，而无须将这些数据收集到一个中央数据库。

（4）诊疗支付

除了医疗信息与基因检测数据，整个诊疗过程的支付也可以用区块链技术来提升效率。

当病患的医疗记录用区块链记录后，医生的处方、诊疗的账单可以被记录在区块链上。病历、处方、账单都上链后，医院、病患、保险公司这三方也就无须再通过繁复的申请、核验过程来完成医疗保险的赔付，大大简化了赔付流程，提升了透明度。

5. 法律

2016年8月16日，由Onchain、微软（中国）、法大大等多个机构参与建立和运营的证据记录和保存系统,全球首个电子存证区块链联盟"法链"在北京成立,这意味着区块链+法律项目正式落地。如图15-7所示,区块链也可具体应用于法律行业。

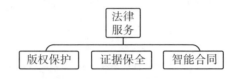

图 15-7 法律服务应用

在法律层面,区块链的分布式存证主要体现在版权保护、证据保全和电子智能合同三个方面。对于版权保护,区块链让版权交易标准化成为可能;而对于电子证据来说,区块链实现了保真和验真。法律合约仍然需要本人在原始文件上亲自签名,用大量时间来完成具有法律约束力的协议。区块链有望将这一过程转为数字化,即"智能合约"。

6. 娱乐社交

如图15-8所示,区块链在娱乐社交领域也有重要的应用,是该领域有力的工具之一。

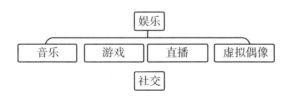

图 15-8 娱乐社交应用

互联网流行以来,数字音乐、数字图书、数字视频、数字游戏等越来越多地进入人们的视线。知识经济的兴起使得知识产权成为市场竞争的核心要素,但当下的互联网生态里,知识产权侵权现象严重,IP版权无法得到保护,抄袭严重已经成为了行业一大特点,也是一大痛点。

而利用区块链技术的去中介化、共识机制、不可篡改特性,能将文化娱乐价值链的各个环节进行有效整合、加速流通,缩短价值创造周期;同时,可实现数字内容的价值转移,并保证转移过程的可信、可审计和透明,有效预防盗版等行为。

如在音乐创作中,区块链可以帮助创作者规避抄袭的争议;基于区块链做的虚拟偶像、游戏、直播等项目,也可以让虚拟财产交易和保护更加透明。

7. 公益与农业

在公益事业和农业行业,应用最多的是区块链的溯源能力。追溯善款的去向,让捐赠者安心;还能追溯农产品的来源,让食用者放心。如图15-9所示。

图 15-9 公益农业应用

(1)公益与公民服务

在公共服务、公益等领域,档案管理、身份认证、公众信任等问题都是客观存在的,传统方式是依靠具备公信力的第三方作信用背书,但造假、缺失等问题依然存在。

区块链技术能够保证所有数据的完整性、永久性和不可更改性,因而可以有效解决这些行业在存证、追踪、关联、回溯等方面的难点和痛点。

以ShoCard为例,ShoCard是一个将实体身份证件的数据指纹保存在区块链上的服务。

一个叫Bitnation的项目则更为激进。用户可以在其官网上通过区块链登记成为Bitnation的"公民",并获得Bitnation"世界公民身份证"和Bitnation自我认可的各种公民服务。

(2)农业

2017年12月21日,首个区块链防伪溯源的农业品牌"步步鸡"和"顺丰优选"宣布,双方将在物流、商流和精准扶贫等方面达成全面合作,这也意味着首个"区块链鸡"要正式开售了。

不管是什么农产品，从播种到生长再到收割，直到上市销售，甚至物流配送，都可以利用区块链公开透明、可溯源、数据不可篡改的特性，来为食品安全保驾护航，区块链+农业，将给农业带来一次前所未有的发展机遇。

8. 能源

如图15-10所示，在能源行业最为广泛应用的是智能电网。

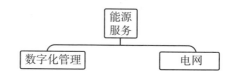

图 15-10　能源服务应用

针对每一度电，用区块链可以从来源到使用建立完备的数字档案，为电站提供数据支持和资产评估依据。区块链还可以释放分布式资源的多余电力，如回购民用屋顶太阳能产生的冗余资源。

2018年2月28日，由招商局慈善基金会携手TUV Nord[①]、新能源交易所、熊猫绿色能源集团及华为共同发起的能源区块链项目签约仪式在深圳蛇口举行，该项目也是全球首个应用区块链技术的社区公益项目。

结语：多元行业的全面来袭

从数字货币到金融、从物流到医疗、从法律到娱乐……

区块链涉及的远不只文中的八种行业。在区块链行业应用中，大部分项目尚是概念型，经济力量尚未大规模进入，还有一片更广阔的领域等待着探索与开发。

对于区块链应用而言，Token显得特别又重要，离开Token，区块链的魅力

---

① TUV Nord，全球最大的技术咨询服务机构之一，总部位于德国北部城市汉诺威。

会大打折扣。

在中心化系统下，各行业企业参与经济活动需要对参与的多级供应商一一认证，验证与运行成本较高，多数缺乏经济动力的企业并不愿提供这个中心节点服务。

而在区块链去中心化系统下，各行业企业发行自己的Token，并允许Token在自己的多级供应商体系里面流通，这使得各供应商节点与节点之间可以自由连接，进行数据、资产、信息等的交换。Token作为一种通证，在某种意义上，突破了各行业经济体系的诸多限制。

得益于技术的持续创新及中国庞大的互联网消费群体，区块链应用在中国呈现出多元广泛、积极活跃的特点。区块链的到来，与每个人都密切相关，它与不同垂直行业结合，也正在给我们的生活带来冲击、改变、进步，甚至颠覆。

> **思考题**
>
> 有人说，区块链是"忽如一夜春风来，千树万树梨花开"，各行各业都掀起了一番"区块链+"热潮。你觉得区块链还能与什么行业结合？你又想怎么"创业"？

在未来，
每个成功的区块链代币（Token）应用都是一家生态型"未来公司"。

第16章 如何设计一个良性代币（Token）系统？

作为价值互联网的底层传输协议，区块链技术孕育着一个新的产业生态系统。从数字货币到各个行业领域，各类区块链应用项目喷涌而出。

作为区块链社会最底层的经济单元，代币（Token）可以分为价值型、权利型、收益型、标识型四大类。其中价值型代币是区块链与生产关系真正相互作用的产物，是区块链社会前行最强大的驱动力，在更深层次的生产资料和生产要素重组之后，价值型代币作为数字化的权益通证，对实体经济产生着巨大作用。

通过实体或虚拟资产的Token化，区块链可以将资产上链，实现资产的液化，链上资产可以进行点对点自由交易。一个有价值的Token，对于构建一个良好的区块链生态系统来说，其重要性不言而喻，而如何设计一个有价值的价值型Token，更是一个区块链项目成败的重要一环。

"4W1H"：价值型 Token 的设计逻辑

区块链项目的通证系统是整个产业生态的根本制度。可以说，理解Token

是理解区块链经济的钥匙,因此,Token设计必须着眼于长远且科学的制度建构。

我们来看看如何设计一个价值型Token。Token项目的设计,虽然针对不同领域、不同问题,有不同的着眼点,但在逻辑和思路上,却有相对可行的经验和模式可以参照和遵循,暂且将其归纳为"4W1H",即:

① 什么是Token,为什么创造Token(What&Why);

② 谁来参与创造价值(Who);

③ Token在哪儿流通(Where);

④ 如何确保持续的价值创造和流通(How)。

抽丝剥茧,先逐个来看在Token设计中该遵循的"4W1H"逻辑究竟指什么。

1. 什么是Token,为什么创造Token(What&Why)

Token的产生,必须要求能够解决旧生态系统的痛点,沿着"存在的问题——关键痛点——解决方案——呈现结果"的思路进行设计。如果新生态不能解决任何问题,不能为用户和产业带来新的价值,那么此类Token即便开发出来,也不具备成长价值。这里尤其需要注意的是,对原有问题的分析,将会影响瞄准点的精确性。

因而,此时应该寻根问底,多问几个"Why"和"What"。

① 原来的生态中,哪些问题成了阻碍生态发展的力量?需要进行什么样的变革?

② 所谓的痛点是真正的痛点吗?用区块链的方式解决,效率是否高于常规手段?

③ Token在此系统中代表了什么权益?是否提升了效率、降低了成本、产生了新的价值?

④ Token化之后,生态系统的规模和发展是否可以得到持续?

现代中国社会与经济发展过程中有两大难题凸显出来,一是去产能和供给侧改革,转变经济结构;二是如何满足人民日益增长的美好生活需要。其中许多领域都表现出通过区块链进行创新、升级、解决问题的迫切需求,此时,就必须思考清楚其必要性，否则就容易流于伪命题。

2. 谁来参与价值创造（Who）

谁来参与，这是一个关键性问题，区块链Token经济与传统经济有很大的不同，传统经济模式下的客户也就是消费者，是通过付费的方式享受产品与服务的。

而Token经济设计的核心理念，是把原本耗散的交易成本集约起来，用技术手段把收益分散到体系内每一个参与者，然后用经济激励的手段，让整个生态圈的每一个人、每一个角色尽可能参与进来。因此，弄清楚谁来参与这个问题显得尤为重要。

如果参与者贡献各自的力量，系统整体摩擦成本不断下降，Token的内在价值也就会不断上升。但如果Token机制设置不合理，很难调动参与者的积极性，参与者的积极性不高，生态也就不可能成长起来。为此，在设计Token时要回答下面这些问题。

① Token的用户分成哪几类角色？他们的利益诉求各是什么？

② 哪些行为对生态建设有益，哪些行为无益？哪些行为应该受到鼓励，哪些行为应该受到限制？

③ 怎样激励每一个用户做好事，怎样说服每一个用户不作恶？

比如，比特币体系作为一个大账本，中本聪设计了一个挖矿奖励的机制。只要正义的节点在网络中占大多数，那么做真账的节点就可以得到新挖出的比特币作为奖赏。而如果一个节点做假账，那么整个网络稍后会发现，并且抹掉假账，使恶意行为徒劳无功。正是因为这样爱憎分明的设计，使得比特币中几乎全部的矿工节点都在积极贡献正面的价值。

3. Token在哪儿流通（Where）

一种有价值的Token，除了在生态体系内能流通之外，至少要和另一种Token进行交换才能体现价值。因此，设计Token，需对它的流通边界有清晰的规划。换句话说，设计之初就应知道它将在哪里进行确权和流通。

Token的价值来源于Token映射的资产或权益，当它在一定生态体系内进行流通时，它就具备了一定的价值。如某机构的会员积分，如果该积分的权益在不断增加，而设计者又规定该积分总量控制，且可以无限期存续，那么将会有人为了获得该体系的服务而接受另一会员的积分交易；随着积分升值预期的越发强烈，它就有可能突破会员的边界，而在非会员中进行流通。此时，如果设计者当初对此场景估计不足，那么就有可能让积分价值失控。

有些设计者不想让自己的Token进行跨界流通，但是如果作为区块链的Token不能穿透自身的社群和应用场景，不能进行价值传递，而只当作一种证明文件的转移，那么它仍然没有进入市场、参与到社会，就跟单位内部的工单差不多。如"链克"，在关闭所有交易通道之后，它的玩客币就是当前的各种"消费积分"的翻版，如此也就没有采用区块链技术的必要。

4. 如何确保持续的价值创造和流通（How）

本质上来讲，正是最初的制度设计决定了一个区块链系统的中长期价值走向，确保了持续的价值创造和价值流通。因此，如何确保持续的价值创造和流通，做好根本的制度设计，同样需要回答以下一系列的细节问题。

① Token产品设计如何？用户体验如何？

② Token是否总量控制？发行的速率和节奏是怎样的？

③ Token总量如果不控制，通货膨胀率设定在多少？为何如此设定？

④ Token是否预挖？预挖占比多少？预挖Token如何分配？

⑤ Token的应用场景如何？有什么使用价值？

⑥ Token有没有价值机制，是否设价值锚定？上涨和下跌如何受限？

⑦ Token按照什么原则进行流通和分配？如何进行奖惩？

⑧ 整个系统的总体发展方向由谁决策，按照怎样的方式决策？

如此，在"4W1H"的逻辑原则下，当一系列问题都得到了回答与解决，一个价值型Token的设计方案也就大致清晰明确地出来了。除此，还有一项需要注意的是，一个良好的成型设计离不开良好的执行团队，当Token体系的建设方案完成之后，还需要找到匹配的团队。

而团队的匹配性问题主要从以下几方面进行分析：

① 生态设计师、技术开发人员、运营团队是否具备相应的能力和经验；

② 团队是否有对区块链和产业有深入、透彻的认知与了解；

③ 团队成员之间是否构建成一个真正的利益和精神共同体；

④ 团队是否全身心投入，是否具备创业者的勇气和改变生态的精神力量。

去中心化的Token，必须在一个区块链生态圈里才能维持其固有的特性。一个逻辑完备的方案，才更能孕育出一个更具价值的Token，才有利于打造良好生态。而在Token的设计过程中，除了"4W1H"逻辑原则应被遵循外，还有6个陷阱同样需要多加注意。

价值型Token设计的6个陷阱

设计价值型Token经济系统近乎于创造一个小世界，这个过程不仅关注产品本身的设计，还涉及政治学、经济学、社会学等诸多问题。而且，在区块链价值型Token经济系统的设计中，还存在着大量无解问题和伪解问题。所谓无解问题是指区块链解决不了这个生态困境，而伪解问题则是说现在的产业根本与区块链技术无关。

这里列举价值型Token设计的6个陷阱，也可以说是6个问题。

① 中本聪困局，又称比特币通货紧缩困局，是指比特币在实物支付上没有突破，大部分人屯有比特币，但并不用比特币进行消费，而最后比特币可能会成为一个货币锚定，却不会成为真正的互联网货币。

② 中心化伪解，是指原以为利用区块链技术可以做成更好的商业生态，但最后发现，系统做成中心化架构反而要更成熟、更高效。

③ "击鼓传花"陷阱，是指系统必须能创造真实价值，而不是一种庞氏骗局。倘若用后来者的钱给前面的人付息，这样的系统一定会坍塌。

④ 通胀困局，是指Token产生的速度远大于生态建设的速度，Token快速贬值，这是Token经济系统设计时最大的危险。

⑤ 央行陷阱，是指代币发行者不能从技术上改进生产率，只是幻想自己

靠发币上位当央行,其实最终发行的是空气币。

⑥ 乌托邦乱局,这种陷阱是说把所有可能产生争议的事情交给社区,没有中心化的机制去调解可能出现的问题,完全的乌托邦治理即没有治理,结果就是陷入乱局。

不是所有的Token都具有货币属性,而具有货币属性的Token也并非就此一种属性。设计一个良性的、有价值的区块链Token系统是复杂而困难的,要遵循一定的逻辑,也要避免掉入陷阱之中。目前市场上令人眼花缭乱的Token项目虽良莠不齐,但其中也不乏一些典型的应用案例,接下来我们就细数几个典型的Token应用。

商业应用领域:EOS——分布式区块链操作系统

1. EOS 的目标

Enterprise Operation System(EOS),是为商用分布式应用设计的一款区块链操作系统,它旨在为现有的区块链世界解决以下几个痛点:性能低难以扩展(如Bitcoin扩容之争)、代价昂贵(以太坊智能合约执行的每一步都需要支付费用,随着交易量的增加,交易费相应增加)、缺乏互操作性(在区块链上开发DAPP不是很容易,需要写很多模块)等。

EOS是EOS.IO软件引入的一种新的区块链架构,是基于EOS.IO软件项目之上发布的代币,旨在实现分布式应用的性能扩展。

2. 通过技术革新来解决底层技术的痛点

Token的产生,必须要求能够解决旧生态系统的痛点。EOS从以下5个方面的技术革新解决其底层技术中的痛点。

(1)底层技术

EOS的底层技术是石墨烯技术,它具有处理高频数据的能力。基于石墨烯底层的BTS[①]和STEEM[②]可以达到1.5秒的平均确认速度和有限条件下实测3300TPS[③]的数据吞吐量，EOS通过并行链的方式，最高可以达到数百万TPS，并且并行本地链甚至可以达到毫秒级的确认速度。

EOS是区块链基础架构，开发者可以在这个架构上构建自己的公链。两公链之间并不会影响相互之间的资源使用，也不会出现堵塞。

除此之外，EOS采用了DPOSS的算法，这种算法速度快，无硬分叉。这就表明了在EOS上面商家的地基十分牢固，无须担心自己构建的商业帝国存在分裂。

（2）价值来源

在EOS上进行智能合约和转账交易并不需要消耗EOS代币。

EOS的价值来源有三个：带宽和日记存储（磁盘），计算和计算积压（CPU），以及状态存储器（RAM）。资源根据账户手头所持有的EOS数量来分配，这样就能够吸引更大数量级别的用户，从而满足多商业场景。

（3）自我修复能力

区块链中底层的代码遭遇bug时难以修复，会失去用户的信任，这直接导致了以太坊等许多体系未能满足商用需求。而EOS的"宪法"约束性合约则定义了源代码协议的人类可读性意图，即可以判断bug及其修复是否正确。

同时，EOS上的DAPP是相互独立的个体，对于整个网络的攻击是免疫的，其原因是，EOS代币的持有者给用户相应比例的网络带宽，有着天然的屏障，攻击者消耗的只是其网络资源，而非核心的网络体系。

---

① BTS，Bitshares，比特股，是一种支持包括虚拟货币、法币及贵金属等有价值实物的开源分布式交易系统。该系统主要能够提供一个去中心化交易所的解决方案，让每个人都成为交易所。

② STEEM，是基于区块链的奖励的社交平台。Steemit平台由区块链技术驱动，使用一种新的加密货币来奖励用户，核心开发者叫DAN LARIMER（人称BM），是Bitshares的开发者，也是EOS的联合开发者。

③ TPS，一个表达系统处理能力的性能指标，每秒处理的消息数（Transaction Per Second），每秒钟系统能够处理的交易或事务的数量，是衡量系统处理能力的重要指标。

（4）兼容性强

EOS有一个跨链交互和虚拟机独立架构机制，能够支持现有的以太坊合约。EOS同时支持多种编程语言，既稳定又安全。

（5）沟通成本为零

EOS公链内外、分布式应用程序和跨链之间沟通无阻。彼此之间不仅能交流，而且能给彼此提供服务，具有之前平台无法比拟的优越性。

3. 作为 Token 的 EOS 的价值及其高增长性

在以太坊状态上，系统使用者越多，系统堵塞度越高，矿工打包燃料费越高，手头的以太币消耗得越多。但在EOS上，系统会根据持有的EOS数量对DAPP进行资源隔离，从而防止资源竞争和恶意DOS攻击。无论其他DAPP如何拥堵，持有者的带宽并不受影响；持有越多，带宽就越大，这是一个正向循环。

垂直社区领域：社交平台——基于区块链的社区

2140、K站、STEEM和币乎都是垂直社区平台，以Token为激励，使用户的付出可以获得相应的回报，从而完成信息集散地的生态圈功能。

1. 解决痛点

① 以微信群、QQ群为形式的社区，粉丝的分散、割裂、交流信息不够统一，获取信息的效率非常低下，甚至还有极个别诈骗和虚假ICO的事件。

② 用户花了时间和心血为社区创造内容和价值，最终只是为平台提供了商业上的盈利模式。从某种意义上讲，用户成了产品的一部分，真正创造价值者没有获得相应的回报。

2. 产品设计

社交产品的设计一般都会参考Reddit[①]、微博和包含移动端的APP和PC端

---

① Reddit，一个社交新闻站点，用户（也叫redditors）能够浏览并且可以提交因特网上内容的链接或发布自己的原创或有关用户提交文本的帖子。

网页版。然后引入了基于区块链的Token，用于对"创造内容"的用户（User-Generated Content，UGC）的激励，鼓励更多的贡献行为，促使平台快速发展。Token被用来激励以下行为。

（1）奖励优秀内容的发布者

促使"内容贡献"与"收益获得"相匹配，实现激励相容，"激励池"按既定规则逐渐释放，且限定每日释放的数量，奖励池的释放逐年递减。

（2）奖励优秀内容的发现者

优秀帖子的评选由用户点赞投票确定，且点赞的用户也获得Token奖励。如果用户对帖子随意投票导致损害平台的发展，将导致Token的市场价格下跌，最终用户自身利益也会受损。

（3）奖励优秀主题版块和管理组

主题版块是管理组经营的一家"店铺"，版块的人气越旺，则版块顶部的广告价值越高，因此管理组能够获得的收益相应越多。广告的推广以Token的方式支付，广告主支付的Token被分配为四部分：① 广告浏览用户；② 管理组；③ 平台；④ 永久销毁。Token起始分配比例为：浏览用户获得75%，管理组获得20%，平台暂不参与分配，5%永久销毁。平台通过合理的制度设计，让贡献者获得应有的回报，以此培养良好的社区生态。

（4）奖励广告浏览者

广告收入的很大部分将分配给广告的浏览用户，因为用户付出了时间和注意力，广告支付给浏览者的Token将被平均分配给每一个浏览用户。

（5）奖励Token持有者

Token的总量固定，持有Token本身就是一种对社交平台的贡献行为，Token的价格越高，那么系统每天用来奖励优质内容的总价值也越高，从而提高用户对内容创作的积极性。

既然持有Token是一种贡献，在制度设计时纳入代币销毁机制就使Token的供应总量越来越少，不断倾斜Token的供需关系，强化Token在二级市场的价值支撑因素，以奖励Token持有者。

此外，这些社交平台还制定了付费私享群、付费问答、付费私信、获得特权、打赏、Token 的周围生态使用权、用户即利益相关方（users-as-stakeholders）的奖励政策，以形成包容开放的生态圈。

3. 总结

作为加密货币的垂直社区，优秀内容通过 Token 点赞投票竞选出来，并以合理的方式呈现给用户，最大程度方便用户快速获取信息。

社交平台制度设计的核心思想是"激励相容"：用户对平台的各类贡献都将以不同形式获得回报，以鼓励更多正向行为，形成良性循环，促使平台加速发展。

物联网领域：全球去中心化的价值物联网商业生态链

物流领域区块链项目是将区块链技术引入物联网来解决物联网发展过程中所面临的中心化问题，它基于密码学原理，凭借分布式点对点网络，实现有序交易记录的永久性存储，它不可删除、不可篡改，公开并且可溯源，能完美解决互联网虚拟世界的信任和权益问题。

1. 物流区块链项目的架构和目标

物流区块链生态系统一般采用"母链+子链"的总体架构。母链是一条底层的商业生态公有链，商家可以在此链上根据自己的需求建立各式各样的子链。对所有商品的生产、物流、仓储、零售的流转全过程进行监控。顾客在此链上可以追溯商品的真实来源及所有的流转过程。通过此商业生态系统，个人和商家等都可以非常方便地实现商品的赠予、出售、出租、抵押等物权交换过程。这条商业生态链的主要特征是，所有的数据（含物权归属数据、商品流转数据等）真实可信，不可篡改，带有时间戳，如此就能够建立一个诚信、真实、可靠的商业生态圈。

2. 如何实现目标

物流区块链项目可以通过芯片来实现目标，芯片包括两颗，一颗为读卡器芯片，另一颗为标签芯片。标签芯片带有数据存储单元，每一次数据交互的时候记录当前交互的哈希值，从哈希值中可以读出上一次读卡器芯片的ID值及信息交互的时间戳。

读卡器在和标签芯片进行信息交互时，能够快速地读出标签芯片内部的信息，也即上一次交互的读卡器ID值及时间戳，并把本次读卡器的ID值和时间戳写入标签芯片，同时将交互信息写入区块链。用这种方式，标签芯片在流转过程中的所有数据都能够被一一记录的区块链上，且信息上链自动完成，没有人为的干扰，最大程度降低了数据篡改的可能性。这样就有办法实现对每一个商品流转状态的溯源及监控。

3. 物流区块链项目的商业应用前景

物流区块链项目是一个决定透明、诚信、可溯源、可监控商品流转全过程的商业生态链，造假和违约的成本非常高，具有广泛的应用场景。下面具体举两个例子的应用。

（1）食品防伪溯源

食品出厂时经过读卡器扫描（此读卡器芯片显示其ID所有者信息，ID唯一且包含具体的地址等，别的厂家无法复制），将出厂信息记录上链，经过层层的流转环节到达客户手中，客户查询区块链数据，可以发现手中的食品的确是由原厂出品，从而放心食用。

（2）最后一公里派送

顾客在购买商品以后，立刻进入转移流通环节。快递从每一个快递集散中心进库和出库的数据全部自动记录在区块链上，包含时间戳。因此客户可以实时监控快递的真实流转情况。到最后一公里快递派件的时候，快递员拿着便携读卡器匹配所有者的身份ID，匹配成功才能进行派件。若购买者没有时间亲自取件，可以在区块链上将物品所有权短时间授予他的亲朋好友甚至是陌生人，由被授权人代替他取件。所有授权数据及取件数据都保存在区块链上，责任归属一目了然，从而彻底解决快递最后一公里丢件、漏件等难题。

4. Token——物流区块链项目的升值逻辑

其用于流转和支付的Token总量控制，其价值逻辑在于以下三点。

第一，物流区块链项目生态系统是全透明、诚信的去中心化的商业生态系统。商家和个人都愿意遵守规则，随着社会的进步，会有越来越多的商家和个人愿意加入该生态系统，以证明其诚信、透明、真实。在生态系统中，商家可以根据自己的需求发行各式各样的子链，而任何子链创建都需要消耗Token，其需求量不断提升。

第二，任何跨子链的数据交互都需要消耗一定的Token。

比如，一个薯片生产厂家要分析超市全年的销售情况，以制订下一季度的生产计划时，就需要超市销售子链的薯片销售数据。类似的，仓储、物流和零售商家，也经常需要跨子链分析各种数据。对普通顾客而言，跨链数据交互更多体现在积分交互上。如普通顾客买衣服以后商家赠予的消费积分，当他去看电影时，可以将服装的积分一键转换为电影院的积分进行消费，这个过程只需要支付少量的Token作为转换的手续费。未来，跨子链的数据分析及跨子链的Token交换极为频繁，因此Token的需求也将越来越大。

第三，物流区块链项目发行的重要子链，如高频流转环节使用的交易子链或销售子链（支付子链用于普通的顾客，销售子链用于所有的商家），消耗的Token的大部分分配给子链，小部分将兑换Token分配给母链。此分红机制也会支撑Token的长期升值。

版权IP领域：文化资产交易平台

版权链（IprChain）是以"原创基地"团队为核心打造的、面向大文化产业的自主区块链底层和文化资产交易平台，以及由此构建的分布式经济生态。

1. 产业痛点

文化产业IP大时代的序幕早已拉开，IP成为当代文化行业的一个重点及热点，知识经济更加成为核心竞争力，而在这其中，也同样存在着不少痛点，如表16-1所示。

表 16-1 IP 领域产业痛点

产业痛点	问题表现	解决之道
权属不清晰	优秀 IP 和内容无法进行有效孵化	① 利用区块链可追溯、不可篡改等优势，清晰记录每一笔权属登记、交易、流通，奠定权属资产化交易与可信任的文化大数据的基础。 ② 版权链（IprChain）"IP 资产交易所"推出 Token 作为整个生态价值流通的媒介，文化 IP 和普通公众均可参与，可持有 Token 或交易，实现它的低门槛变现和多元价值体现。 ③ 激励诞生更多音乐、短视频、非虚构写作、网文等各领域的"Steemit"，帮助不同类型的内容创作者享受因此而来的收益。 ④ 平台合作与拓展，将版权链和 Token 的价值与更多 IP 资源结合，帮助整个产业和生态实现一个弱中心化的内容生产与消费新模式，打造智能、自治、繁荣的文创生态圈。
数据真实性不足	利益分配不公，挫伤了许多优质内容创作者的热情	
变现门槛高	创作者的内容变现渠道太漫长	
内容管理机制中心化	资源向成熟内容创作者倾斜，新晋创作者缺乏关怀与重视，优质内容和 IP 被埋没	
行业生态和基础设施不健全	许多优质文创资源仅能进行一次或初步的转化，潜力并未被充分挖掘	

2. 技术规范与标准

版权链（IprChain）是一套自主研发的高性能区块链解决方案，其底层技术框架遵循超级账本 Fabric 项目的规范与标准，并针对版权链应用场景进行了一系列改造和专用可插拔模块开发。

3. 技术概要

版权链（IprChain）的搭建需要多个功能组件的有效协作，这些组件包括网络通信、区块链数据结构、账本状态存储、交易模块、智能合约执行环境、共识机制等。

版权链（IprChain）在设计上遵循可扩展的架构设计和可插拔的模块化实现。这就表示，每个单独的组件既可以选用 Fabric 的默认实现，也可以自行开发或引入第三方实现。版权链结合自身承载应用的特性和未来生态建设的考量，对多个组件进行了自主开发和扩展，包括账户和代币模块的开发、账本数据结构的改进、状态存储模块的扩展等。

4. 底层架构

从版权到大文化产业，区块链的特性与版权行业存在的问题天然匹配。版权链（IprChain）是文化IP在整个生态的延伸，从版权的确权工具到媒体链这样的行业解决方案，只有从底层技术+商业应用入手，才能搭建一个面向行业的整体生态，其底层架构如图16-1所示。

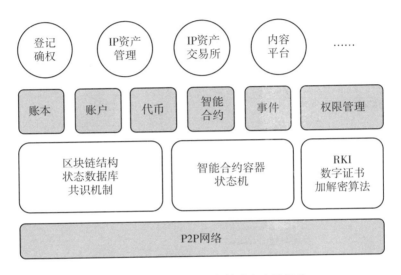

图16-1　版权链（原创基地）底层架构

结语：Token 经济的到来

在区块链1.0时代，即以比特币为代表的时代，链上没有其他资产，比特币本身并不是交易平台，但它通过挖矿来发行Token并维持安全运转。

在区块链2.0时代，即以以太坊为代表的时代，市场通过构建公有链来完成区块链的全球基础设施的建设，并通过挖矿来发行Token并实现公有链的正常运转。

在区块链3.0时代，即现在的智能合约时代，或者说DAPP时代，市场形成了各种交易平台的模型，各种Token对应着各种链上交易的资产。

区块链技术的进步，让每一个自然人都可以发行基于自我信用背书的

Token，而在这五花八门的市场，熠熠生辉的Token经济无法被掩盖，一个有价值的Token更是会脱颖而出。

Token经济体系有赖于社会共识的形成，只有当所有利益相关方的认知都被考虑，并达成整个社会的共识时，它才能推行。另外，Token是一个可流通、可增值的数字化权益证明，当穿透边界的需求越来越强时，其通过区块链来实现的作用也会越来越大。作为整个区块链产业生态的根本制度，项目Token系统的有价值与否，是生态良好与否的直接影响因素。而伴随着技术与生产关系之间的碰撞与变革，整个社会也将迎来Token经济的新生态局面。

> **思考题**
>
> 　　一个好的价值型Token能通过完善的激励体系自动流转起来，并形成一个价值链，而有价值链流动的社区才是真正的社区。如果让你根据自己的项目设计一个价值型Token，你会怎么设计？

第17章 白皮书：区块链项目的战略蓝图

> 在区块链世界里，对项目价值的投资决策从一纸白皮书开始。

世界的改变，总是由一纸宣言发起。

1776年7月4日，托马斯·杰斐逊起草《独立宣言》，这是被压迫者对殖民者的反抗。

2008年11月1日，中本聪撰写《比特币：一种点对点的电子现金系统》，这是人类对货币自由的向往。

……

这纸宣言，或成演说稿，或成白皮书。或庄严肃穆，或激荡人心，或理性思辨。

但都是人类为争取自由平等的不懈努力，他们都将这改变世界的理想写入纸中，呼吁这个世界的裁判。托马斯·杰斐逊为人权而奋斗，中本聪则为自由而隐姓埋名。

尽管随着比特币白皮书的逐步落地，货币自由迁徙的理想似乎越来越遥远。但不得不承认的是，这纸白皮书还是在10年之后，给我们带来了巨大的影响。

什么是区块链项目白皮书？

1. 定义

白皮书作为一种官方文书，天然就极具权威性。

白皮书是政府或议会正式发表的以白色封面装帧的重要文件或报告书的别称。作为一种官方文书，代表政府立场，讲究事实清楚、立场明确、行文规范、文字简练，没有文学色彩。目前，白皮书已经成为国际上公认的正式官方文书。

由此可见，白皮书更多的是作为政府官方文件，讲究的是实事求是。而中本聪当初采用白皮书的格式撰文，可以说也是为了赋予比特币区块链白皮书以严肃性和权威性。

但区块链项目白皮书本身又有别于政府官方文件，其更像是一个企业的商业融资计划书。一份企业的商业融资计划书里，具体要有项目介绍、团队介绍、技术介绍、商业模式、融资金额及出让股份等。同样，在区块链项目白皮书里也需要项目介绍、团队介绍、技术介绍、代币分配等。

2. 第一份白皮书的诞生

区块链第一份白皮书的问世可以追溯到2008年11月1日中本聪的《比特币：一种点对点的电子现金系统》的发布，其同时也标志着比特币的底层技术区块链的诞生。

文中，中本聪以严谨、理智的语言描述了一种全新的数字货币系统——比特币，并清晰明确地说明这样一个去中心化的数字货币项目，是为了解决在没有中心机构的情况下总量恒定的货币的发行和流通问题。具体计划是用"一种采用工作量证明机制的点对点网络来记录交易的公开信息，只要诚实的节点能够控制绝大多数的CPU计算能力，就能使攻击者事实上难以改变交易记录"。由此实现了交易记录的不可篡改和可追溯性。

3. 意义

一份区块链项目白皮书，其实就是项目官方向市场展示商业模式、技术实力、团队能力、发展前景的公告，是人们判断这个区块链项目好坏优劣的重要依据，也是这个区块链项目团队实力的展现。

优秀的区块链项目白皮书能帮助人们完整地理解这个项目为什么存在，目前存在的问题是什么，是如何计划解决问题的。所有内容在白皮书里都会有详细的描述，包括清晰的路线图、团队成员的专业知识，还有关于项目进度的更多细节。

对投资人和普通读者而言，区块链项目白皮书能提供投资项目的绝大部分信息，从而有助于人们做成有价值的投资决定。而于项目团队而言，撰写出一份好的区块链项目白皮书，能为自身众筹资金打下良好的基础。

区块链项目白皮书怎么写？

随着区块链技术在各个行业的发展，学会撰写一份合格的区块链项目白皮书也成为了各个企业、团队投身于"区块链+"领域的一个必要技能。具体来说，一份区块链项目白皮书主要包括以下几部分。

1. 摘要

摘要在白皮书中非常重要，是整个白皮书的概要总结，它告诉读者，这个项目要做什么，现在存在着什么问题，而它可以解决什么问题，可以通过什么办法来解决这些问题，主要措施和所采用的技术是什么。所以有的白皮书在摘要部分连问题都没有抛出，就直接开始介绍自己的东西，是极不恰当的。下面我们来看看比特币白皮书里的摘要：

摘要：本文提出了一种完全通过点对点技术实现的电子现金系统，它使在线支付能够直接由一方发起并支付给另一方，中间不需要通过任何的金融机构。虽然数字签名部分解决了这个问题，但是如果仍然需要第三方的支持才能防止双重支付问题的话，那么这种系统也就失去了存在的价值。我们在此提出一种解决方案，它能够使现金系统在点对点的环境下运行，并防止双重支付问题。该网络通过随机散列对全部交易加上时间戳，将它们合并入一条不断延伸的基于随机散列的工作量证明的链条来作为交易记录,除非重新完成全部的工作量证明,不然形成的交易记录将不可更改。最长的链条不仅将作为被观察到的事件序列的证明,而且被看作是来自CPU计算能力最大的池。只要大多数的CPU计算能力都没有打算合作起来对全网进行攻击,那么诚实的节点将会生成最长的、超过攻击者的链条。这个系统本身需要的基础设施非常少,信息尽最大努力在全网传播即可,节点可以随时离开和重新加入网络,并且系统将最长的工作量证明链条作为在该节点离线期间发生的交易的证明。

摘要中,中本聪认为,一个需要第三方支持的点对点电子现金支付系统是没有价值的,比特币系统要解决的两个主要问题,一个是去中心化的P2P系统,另一个是支付要解决的双花问题,所以整个白皮书提到的技术方案都围绕这两个问题展开。

因此,在编写白皮书摘要时,应该标明自己发现了什么问题,通过何种办法解决这些问题,同时还要清楚阐明解决办法时所采用的技术原理及其优点,然后再介绍自己的产品。

2. 设计原则与理念

（1）行业背景

在区块链项目白皮书的编写过程中,绕不开对行业背景的详细分析,优秀的项目白皮书会使读者对该区块链项目所涉及的行业产生比较清楚的认知,并且会对该区块链项目有初步的了解。毕竟,我们只有将行业背景分析透彻后才会清楚地了解一个区块链项目是否可行,以下是EOS白皮书中的背景描述：

Blockchain技术源于2008年推出的比特币,自那时以来,企业家和开发人员一直在努力推广该技术,以便在单个块链平台上支持更广泛的应用。

虽然一些通用区块链平台还在努力实现第一个能正常运行的区块链应用,针对特定场景的区块链应用,诸如BitShares去中心化交易所（2014）和Steem社交媒体平台（2016）,已经成为日活跃用户上万人的成功应用。这两个应用成功地把性能提高到每秒数千个交易,延迟降低到1.5秒,降低了交易费用,并实现了与中央服务器方案相似的用户体验。

但由于现有的块链平台使用费用高昂，性能有限，区块链应用的广泛传播受到了阻碍。

我们可以看到，在EOS白皮书的背景板块，简单地介绍了2008年比特币诞生后区块链技术的推广情况，BitShares（2014）和Steem（2016）等对应特定应用程序的区块链已被数以千计的日常活跃用户大量使用，但现有的区块链平台却存在着巨额费用和有限的计算能力等问题，阻碍了区块链的广泛应用。

（2）设计原因

对设计原因进行阐述，主要是为了能清晰解答开发区块链项目是为了解决什么问题，即在区块链行业大背景下，开发者利用区块链技术想要解决现实中的哪些问题。在EOS白皮书中就明确地表明是为了更广泛的区块链应用，并提出了成为一个成功的区块链应用平台，应该满足以下要求：

① 支持百万级别用户。

如eBay、Uber[①]、Airbnb[②]和Facebook[③]这样的应用，需要能够处理数千万日活跃用户的区块链技术。在某些情况下，如果达到了大量用户，应用程序可能无法正常工作，因此可以处理大量用户数量的平台至关重要。

② 免费使用。

有时候应用开发人员需要灵活地为用户提供免费服务，即用户不必为了使用平台而付出费用。可以免费使用的块链平台自然可能会得到更多的关注，有了足够的用户规模，开发者和企业则可以创建对应的盈利模式。

③ 轻松升级和bug恢复。

基于块链的应用程序在进行功能迭代的时候自然需要能支持软件升级。所有软件都有可能受到bug的影响。一个区块链底层平台在遭遇bug的时候，需要能够从bug中修复错误。

---

① Uber，中文名为"优步"，一家美国硅谷科技公司，主营出租车服务。
② Airbnb，中文名为"家在四方"，主营旅行房屋租赁。
③ Facebook，中文名为"脸书"，美国的一个社交网络服务网站。

④ 低延迟。

及时的反馈是良好用户体验的基础。延迟时间如果超过了几秒，会大大影响用户体验，严重降低程序的竞争力。

⑤ 串行性能。

由于有些应用程序命令执行是顺序化的，因此无法用并行算法进行功能实现。诸如交易所之类的应用经常需要处理大量的串行操作，因此一个成功的区块链架构需要具有强大的串行性能。

⑥ 并行性能。

大规模应用程序需要在多个CPU和计算机之间划分工作负载。

在我们自己编写区块链项目白皮书的过程中，同样应该仔细阐述设计原因，具体可以从问题发现、商业环境、问题解决前景等方面来阐述。

（3）设计原则

在白皮书中，应明确该区块链项目的设计原则，遵循区块链去中心化（decentralized）、去信任（trustless）、开放透明、加密安全性（不可篡改）、集体维护（collectively maintain）、可靠数据库（reliable database）、隐私保护（anonymity）等特点。

在比特币白皮书中就展现了系统的设计原则：点对点的对等网络（权力对等、物理点对点连接）；可验证的数据结构（可验证的PKC体系，不可篡改数据库）；分布式的共识机制（解决拜占庭将军问题，解决双重支付）；纳什均衡的博弈设计（合作是演化稳定的策略）。

（4）产品模型与整体架构

编写区块链项目白皮书时应该对项目的整体架构有清晰的描述，项目的基本结构到底是什么，都需要通过白皮书告诉读者。

在EOS的白皮书中，EOS的整体架构就分为了共识算法搭建、账户相关处理、应用程序相关规定、Token模型与使用、脚本与虚拟机的使用等部分，整体架构相对清晰，如图17-1所示。

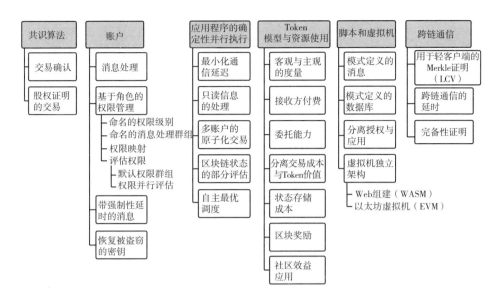

图 17-1　EOS 的架构图

（5）技术创新

一个项目是否具有创新性，其中最重要的一个标准就是看其给人们带来了什么新的改变，是否真正解决了当前某个行业所存在的问题。行业问题越严重，越难解决，此项目存在的价值也就越大。去中心化、安全、不可篡改、可追溯性是区块链最重要的特点，一个真正的好项目不是对"区块链"的生搬硬套，而是利用"区块链"的精髓，相应地解决行业痛点。所以，在撰写区块链项目白皮书时，一定要说明项目的技术创新之处，这些技术创新完成解决了什么重大难题，技术创新是否必要，有什么优点。

例如，在EOS白皮书中，它的项目采用了Light Client Validation (LCV)这一技术创新，通过减少用户之间的相互验证信息的处理来提高区块链处理效率，解决了现有区块链存在的一些算力有限、处理速度慢等问题。

（6）安全策略

安全性一直是区块链项目的重点问题，对于区块链项目而言，采取什么样的安全策略极为关键。目前区块链的安全主要由以下几点来实现。

①Hash唯一性。在Blockchain中，每一个区块和Hash都是一一对应的，每个Hash都由区块头通过SHA-256计算得到。区块头中包含了当前区块体的

Hash和上一个区块的Hash，如果当前区块内容改变或上一个区块Hash改变，就一定会引起当前区块的Hash改变。如果有人修改了一个区块，该区块的Hash相应也就变了。而为了保持区块的链式属性，该人必须同时修改后面所有的区块，否则被修改了的区块也就脱离了区块链。由于区块计算的算力需求强度很大，因而同时修改多个区块几乎是不可能的。

在这样的联动机制下，块链就保证了自身的可靠性，数据一旦写入，就无法被篡改。就像历史一样，发生了就是发生了，从此再无法改变，这确保了数据的唯一性。

② 密码学安全性。以比特币为例，数字货币采用了非对称加密，所有的数据存储和记录都有数字签名作为凭据，非对称加密保证了支付的可靠性。

③ 身份验证。在数字货币交易过程中，由一个地址到另一个地址的数据转移都会对其进行验证：

- 上一笔交易的Hash（验证货币的由来）；
- 本次交易的双方地址；
- 支付方的公钥；
- 支付方式的私钥生成的数字签名。

而验证交易是否成功属实，会经过如下几步：

- 找到上一笔交易确认货币来源；
- 计算对方公钥指纹并与其地址比对，保证公钥的真实性；
- 使用公钥解开数字签名，保证私钥真实性。

④ 去中心化的分布式设计。对区块链而言，账本数据全部公开或部分公开，强调的是账本数据须多副本存在，不能存在数据丢失的风险。对此，区块链采用了全分布式存储的解决方案：网络中有许多个全节点，同步所有账本数据（有些同步部分，当然每个数据存储的副本足够多），这样网络中的副本足够多，就可以满足高效易用的要求，丢失数据的风险就会低很多。因此在部署区块链网络时，建议全节点尽量分散，分散在不同地理位置、不同基础服务提供商、不同利益体等。

⑤ 传输安全性。在传输过程中，数据还未持久化，这部分空中数据会采用HTTP+SSL[①]（也有采用WebSocket[②]+WebSocketS）进行处理，从而保证数据在网络传输中防篡改且加密处理。

3. 项目具体实施方案

（1）共识机制

在区块链项目中，除了要具备一个完整的产品模型，选择一个合适的共识机制也非常重要，因为选择的共识机制很大程度上决定了项目的前景空间。

在EOS项目白皮书中，就明确选择了DPoS作为其核心共识机制，具体表述如下：

EOS.IO软件架构中采用目前为止唯一能够符合上述性能要求的区块链共识算法（DPoS）。根据这种算法，全网持有Token的人可以通过投票系统来选择区块生产者，一旦当选，任何人都可以参与区块的生产。

在DPoS共识机制下，EOS.IO块在允许的21轮块生产者中产生，并且能够精确地每3秒产生一个块，而且只有一个生产者有权在任何给定的时间点产生一个块，由此区块交易确认机制也被建立起来。

因此，在编写区块链项目白皮书时，除了要注明所采用的共识机制外，还需要对选择的共识机制下区块链的运用，如区块的产生、区块的分叉问题处理、区块中的算力攻击应对、对下一块区块的认同等有较明确的说明。

（2）账户模型

区块链项目中一定会涉及与用户账户有关的相关问题，在撰写区块链项目白皮书时，还需要对项目中账户的消息处理、账户权限管理、延迟验证、被盗回复等信息进行具体描述。

[①] SSL，Secure Sockets Layer的缩写，中文名为"安全套接层协议层"，它是网景（Netscape）公司提出的基于Web应用的安全协议。

[②] WebSocket，WebSocket协议是基于TCP的一种新的网络协议。它实现了浏览器与服务器全双工(full-duplex)通信——允许服务器主动发送信息给客户端。

（3）项目落地

监督项目落地需要重点关注白皮书中的项目工作进度和发展路线图。

靠谱项目的白皮书都有较清晰的工作进度制定及项目发展路线图。投资人可以从各种渠道了解项目落地的产品或进度是否与白皮书及官网上公布的一致，观测白皮书中未来的发展路线图是否符合其现实发展的实际情况。目前市场上很多项目并没有任何落地进度，但却挂出了非常激进的时间表，显示在短时间内就可以完成"不可能完成的任务"。对这种项目，投资者应该保持高度警惕。

（4）资源对接

如果是一个区块链公链项目，作为基础设施，投资者应该主要关注其项目的技术实现程度。但如果是一个区块链私链项目，或者说是行业应用类项目，则要深入了解创始团队的资源背景，这些项目不是依靠技术就能解决的，需要资深的行业背景及资源对接。

（5）生态激励机制

生态激励机制的建立是区块链项目有别于其他项目独特而不可或缺的一环。只有一个良好的生态激励机制的建立，才能使区块链项目完整地运行。一个区块链项目应当详细介绍该项目的生态激励机制，并介绍清楚整个生态激励机制的运转过程。

在比特币白皮书中，比特币系统的激励机制是对每个区块的第一笔交易进行特殊化处理，这笔交易会产生一枚由该区块创造者拥有的新的电子货币，即挖矿奖励。另一个激励的来源则是交易费（transaction fees）。如果某笔交易的输出值小于输入值，那么差额就是交易费，该交易费将被增加到该区块的激励中。具体表述如下：

我们约定如此：每个区块的第一笔交易进行特殊化处理，该交易产生一枚由该区块创造者拥有的新的电子货币。这样就增加了节点支持该网络的激励，并在没有中央集权机构发行货币的情况下，提供了一种将电子货币分配到流通领域的一种方法。这种将一定数量新货币持续增添到货币系统中的方法，非常类似于耗费资源去挖掘金矿并将黄金注入流通领域。此时，CPU的时间和电力消耗就是消耗的资源。另一个激励的来源则是交易费。如果某笔交易的输出值小于输入值，那么差额就是交易费，该交易费将被增加到该区块的激励中。只要既定数量的电子货币已经进入流通，那么激励机制就可以逐渐转换为完全依靠交易费来运行，那么本货币系统就能够免于通货膨胀。激励系统也有助于鼓励节点保持诚实。如果有一个贪婪的攻击者能够调集比所有诚实节点加起来还要多的 CPU 计算力，那么他就面临一个选择：要么将其用于诚实工作产生新的电子货币，要么将其用于进行二次支付攻击。那么他就会发现，按照规则行事、诚实工作是更有利可图的。因为该等规则使得他能够拥有更多的电子货币，而不是破坏这个系统使得其自身财富的有效性受损。

通过对挖矿的奖励和交易费的激励，比特币完整的激励体制被建立起来，这也是比特币能够良好运行至今的一个重要原因。

（6）Token 与众筹

有些区块链项目中如果出现 Token，那么在白皮书中，也需要相应地对 Token 进行描述。在白皮书里，项目方会对 Token 发行总量、流通量、私募比例及解禁周期、众筹比例、团队持有比例及市场推广比例等做详细描述。其中，各个环节的 Token 占比和解禁时间表是需要特别关注的地方。如表 17-1 所示，在 BosCoin 白皮书中的 Token 表格中，我们可以明确看到 Token 的比重。

表 17-1　BosCoin 白皮书中的 Token 占比

	项目团队预留资金	区块确认奖励	预存奖励	公共预算
数量	500 000 000	1 800 000 000	900 000 000	1 800 000 000
占比	10%	36%	18%	36%
流通损耗率		每生产 6 311 520 区块后预计会损失前 Token 总量 7.36%	每 6 311 520 区块损失当前已出现区块的 Token 量的 11.26%	
解禁周期	创世区块	2117 年	2067 年	2023 年

例如，在EOS白皮书中，用户在EOS的Token占比就直接关系着用户可享有的带宽、计算状态的可用容量，简单来说，就是通过限制用户的使用带宽来提升效率。由此，用户对Token的需求也会有一个较为明确的展现。

如果Token没有了流通性，其价值便会大打折扣，而交易平台恰恰能够加强Token的流通性。当然，交易平台也有大小好坏之分，大型的数字货币交易平台的审核机制相对严格，不会让空气币、垃圾币项目破坏平台的声誉与信用。

4. 项目前景展望

最后，区块链项目白皮书还应该对项目上线或者成功后的场景进行描述，对钱包、交易所、自定义协议、智能合约、智能属性、The DAO、社交网络、交易市场等方面展开成果展望，并对整个项目的发展进程作简单的设想。

结语：改变世界的先声

如果说《独立宣言》是战争时代殖民地人民对霸权主义者的挣脱，那么第一份区块链白皮书则是人类解放自我的宣言，它是中本聪代表人类向人类文明的一种致敬，宣告"一种完全通过点对点技术实现的电子现金系统，它使在线支付能够直接由发起并支付给另外一方，中间不需要通过任何的金融机构"。由此，比特币依托着区块链，试图给货币插上一对腾飞的翅膀。

如果说PR是传统VC投资中企业项目的重要牵线桥，那么每一份区块链项目白皮书则是众筹过程中敲定价值投资时的关键凭证。当区块链技术颠覆传统金融投资运作模式时，每一份区块链项目白皮书就是众筹融资的信誉砝码，它在帮你为世人勾画出战略蓝图的同时，也在为世人判断出最有价值的投资决定。

思考题

"群主,白皮书发来看下。"这是币圈人士在社区群中最常使用也最常见的一句话。当下,区块链项目鱼龙混杂,阅读白皮书成为了解项目相对快捷和有效的方法。如果现在要你撰写一份区块链项目白皮书,你想做什么项目?这个项目主要能解决什么问题?

第18章 如何从技术上发行一个加密货币？

> 钱是人们所发明的最伟大的自由工具之一。在现存社会中,只有钱才向穷人开放一个惊人的选择范围——这个范围比在以前向富人开放的范围还要大。
> ——哈耶克

《国富论》问世200年之际,1976年哈耶克出版了《货币的非国家化》一书,在当时看来,哈耶克的理论需要经过漫长岁月之后,才能得到检验和论证,才能终结最后的堡垒——国家铸币权。

哈耶克在书中还讨论了银行自由发行货币的一些技术性问题,但基本上处于一种喃喃自语的状态,没有人相信这种理念会很快实现。但仅仅过了20年,人们就开始在互联网上展开他所说的多元货币竞争的实验。现在,人类的极客们创造了比特币及各种各样的虚拟货币,哈耶克的理论就不再是空中楼阁。

以区块链技术为底层的加密货币发行已经衍生出了一种奇特的"挖矿经济学"。这是哈耶克口中典型的自由经济,在挖矿这种纯工作量认证机制下,规则确定而且公平,你有多少算力,在一定时间内就能挖出多少货币。货币私有化已经不再只是梦想。

知名加密数字货币的技术体系

随着比特币依托区块链技术为货币插上腾飞的翅膀,区块链也迅速地迎来了以数字货币为典型应用的1.0时代。各种加密货币在喷涌而出的同时，也从区块链技术层面为每个人发行自己的数字货币提供了可能。以下是目前几种知名的加密数字货币的技术体系。

1. 比特币

最初的区块链技术就是比特币技术，比特币的符号为BTC，其采用的共识算法为工作量证明，即可以通过挖矿来获得比特币奖励，使用SHA-256加密算法，发行方式为挖矿。比特币总量恒定2100万个，大约10分钟1个区块产生，开发语言为C++。

2. 以太币

以太币所采用的是继比特币技术后另一主流技术——以太坊技术，以太币符号为ETC/ETH。其中ETC被称为经典以太坊，The DAO事件后硬分叉，共形成两条链，一条为原链（ETC），另一条为新的分叉链（ETH），各自代表不同的社区共识及价值观。以太币所采用的共识算法和比特币一样都是工作量证明，使用的工作量证明算法叫Ethash（Dagger-Hashimoto算法的改良版本）。以太币发行方式为挖矿，每年以不变的数量发行，但总量不恒定。同时每年发行的数量是预售以太币总量的0.3倍，通胀率每年递减，最新以太币的区块时间为16秒，开发语言为GO。和比特币不同的是，以太币接受孤块（叔块），会给予矿工孤块引用奖励。

3. 比特股

比特股技术符号为BTS，核心账本采用石墨稀技术，比特股采用的共识算法为股份授权证明机制（DPoS），货币总量为37亿。以预挖矿方式发布（初始的比特股BTS由两部分组成，一部分由PTS持有者转股而来，另一部分由挖掘产生，并且整套系统还在不断地为持有比特股的投资者分红），比特股通过定期出售分发初始货币，Counterparty[①]（合约币）利用烧毁证明（POB）发行货币，比特股除了作为交易费用和激励机制外，也是资产交易的重要抵押物。区块时间为3秒，开发语言为C++。结合比特币、以太币，三者对比如表18-1所示。

---

① Counterparty，是建立在比特币协议上的传输层，用来建立和使用去中心化的财务工具协议。

表 18-1　比特币、以太币、比特股对比表

	功能性	去中心化	产生方式	产量固定	共识算法	开发语言
比特币	单一	是	工作量证明	是	PoW	C++
以太币	多样	是	工作量证明	否	PoW	GO
比特股	多样	是	账户余额锻造	是	DPoS	C++

加密数字货币其实还有很多种，如火币、莱特币、门罗币等，这里就不一一叙述。

加密数字货币的基础架构

虽然比特币、以太币及比特股在技术体系的采用上存在着或多或少的不同点，但我们可以看到所有的加密数字货币也因货币的自身属性和区块链技术的采用而有着相同的基础架构，具体表现在以下几点。

1. 信任基础

法定货币之所以能被人民所接受，是因为法币有国家信用背书。货币如果价值稳定，那么人们就会广泛使用。倘若货币价值波动较大，将会失去人们的信任，如津巴布韦的法币，津巴布韦政府无限量发行津巴布韦法币，致使该国法币形如废纸，最后该国金融体系崩毁。

货币的核心基础是信任，从古至今货币发展过程中有基于实物的信任，如贝壳、黄金，也有基于国家背书的信任，即法币。如果货币的价值稳定和价值存储能力能够得到保证，那么货币就能得到人们的信任。

2. 安全性

比特币以前的任何货币都不存在网络安全这一问题，但是数字货币却要面临网络安全问题。一方面，加密数字货币去中心化的特性，会使得数字货币在运转过程中出现问题不容易纠正，由于比特币的共识机制设定必须51%以上的用户同意后方可更改，因此出问题后若想进行修改，难度太大。另一方面，

"财帛动人心",黑客攻击与破解从未中断,这同样对加密数字货币的安全性提出了更高的要求。

The DAO事件中黑客基于以太坊众筹合约的递归调用漏洞,源源不断地从DAO合约中转出以太币,事件发生后先通过软分叉的方式解决,结果软分叉方案中又有Gas[①]漏洞,无奈之下只好采用硬分叉的方式将所有人的资金退回,由此也造成了重大损失,并分裂形成了ETC和ETH两条链。安全性问题是制约加密数字货币发展的重要因素。

3. 整体构想

为了建立一个去中心化的自运行经济系统,加密数字货币应具备可流通性、可存储性、可离线交易性、可控匿名性、不可伪造性、不可重复交易性、不可篡改性7个特性。

(1)分布式账本

分布式账本的所有账本全部公开透明,能够实现不可篡改性、不可伪造性、不可重复交易性等目标,分布式账本去中心化的特点也可以实现可流通性。分布式账本是加密数字货币的区块链技术基础,这能基本解决数字货币流通中的技术问题。

(2)共识机制的选择

加密数字货币的基础技术体系中,共识机制支撑着整个加密数字货币系统的运转。其中共识机制有很多种,如PoW、PoS、DPoS等,它们各有利弊。PoW有高耗能和51%攻击的风险,而PoS的预挖矿的方式会导致大量的币保留在创始人和少数人之中,信用基础不够牢固,流动性不确定,因此往往会采取综合的机制。目前就有很多研究认为,采用"工作量证明机制PoW+权益证明机制PoS/DPoS"的币,才是最为完美的。

而采用哪种共识机制策略,将在很大程度上决定一个数字货币发展的前景空间。

---

① 在以太坊运行环境中,每个参与到网络的节点都会运行以太坊虚拟机EVM作为区块验证协议的一部分,对于每个被执行的命令都会有一个特定的消耗,用单位Gas计数。

搭建加密数字货币的技术平台

通过对目前主流数字货币的大致分析和基础架构的一个了解，我们可以看到用区块链技术去发行自己的数字货币，对于普通开发者来说还是有一定门槛的，但也仍然还是有机会，主要可以通过两种方式来发行自己的货币：第一种是自己通过搭建区块链平台去构建自己原生的数字货币；第二种是在现有的区块链公网上去创建数字资产和数字货币。

1. 构建自己原生的数字货币

选用第一个方案就意味着开发者需要自己搭建加密数字货币体系，可以在现有的数字货币区块链技术基础上进行改进。

就主流区块链开源技术体系来看，比较推荐的是比特币或其分支、Ripple、未来币、比特股、以太坊5种技术架构。如果你单纯只想做货币业务，不考虑以后其他衍生产品和业务扩展，更推荐比特币、未来币和Ripple。每套技术体系的代码可以根据GitHub[①]上公开的源码进行修改，从而制作出属于自己的加密数字货币。

例如，我们可以基于比特币开源码来制作自己的数字货币，制作流程如下。

（1）安装编译环境QT、MinGW和MSYS

① MSYS是一个在Windows平台模拟shell的程序。开发者可以在Windows上安装以下内容：From MinGW installation manager → All packages → MSYS。

选中以下安装包：msys-base-bin，msys-autoconf-bin，msys-automake-bin，msys-libtool-bin。

选择apply changes开始安装。

需要注意的是，确保不要安装msys-gcc和msys-w32api，因为这两个包会和我们的编译系统发生冲突。

② 安装MinGW-builds。

下载并解压缩i686-4.8.2-release-posix-dwarf-rt_v3-rev3.7z到C盘根目录

---

① GitHub，是一个面向开源及私有软件项目的托管平台，因为只支持 Git 作为唯一的版本库格式进行托管，故名 GitHub。

第 18 章 如何从技术上发行一个加密货币？

下 C：。注意目录结构。

③ 设置 PATH 环境变量，将 C:mingw32in; 添加到第一个。

④ 在命令行模式下输入 gcc-v 会得到以下内容。

```
c:\gcc -v
Using built-in specs.
COLLECT_GCC=c:\mingw32\bin\gcc.exe
COLLECT_LTO_WRAPPER=c:/mingw32/bin/../libexec/gcc/i686-
w64-mingw32/4.8.2/lto-wrapper.exe
Target: i686-w64-mingw32
Configured with: ../../../src/gcc-4.8.2/configure
--host=i686-w64-mingw32 --build=i686-w64-mingw32
--target=i686-w64-mingw32 --prefix=/mingw32 --with-
sysroot=/c/mingw482/i686-482-posix-dwarf-rt_v3-rev3/
mingw32 --with-gxx-include-dir=/mingw32/i686-w64-mingw32/
include/c++ --enable-shared --enable-static --disable-
multilib --enable-languages=ada,c,c++,fortran,objc,obj-
c++,lto --enable-libstdcxx-time=yes --enable-threads=posix
--enable-libgomp --enable-libatomic --enable-lto --enable-
graphite --enable-checking=release --enable-fully-dynamic-
string --enable-version-specific-runtime-libs --disable-
sjlj-exceptions --with-dwarf2 --disable-isl-version-check
--disable-cloog-version-check --disable-libstdcxx-pch
--disable-libstdcxx-debug --enable-bootstrap --disable-
rpath --disable-win32-registry --disable-nls --disable-
werror --disable-symvers --with-gnu-as --with-gnu-ld
--with-arch=i686 --with-tune=generic --with-libiconv
--with-system-zlib --with-gmp=/c/mingw482/prerequisites/
i686-w64-mingw32-static --with-mpfr=/c/mingw482/
prerequisites/i686-w64-mingw32-static --with-mpc=/c/
mingw482/prerequisites/i686-w64-mingw32-static --with-
isl=/c/mingw482/prerequisites/i686-w64-mingw32-static
--with-cloog=/c/mingw482/prerequisites/i686-w64-mingw32-
static --enable-cloog-backend=isl --with-pkgversion='i686-
posix-dwarf-rev3, Built by MinGW-W64 project' --with-
bugurl=http://sourceforge.net/projects/mingw-w64
CFLAGS='-O2 -pipe -I/c/mingw482/i686-482-posix-dwarf-rt_
v3-rev3/mingw32/opt/include -I/c/mingw482/prerequisites/
i686-zlib-static/include -I/c/mingw482/prerequisites/i686-
w64-mingw32-static/include' CXXFLAGS='-O2 -pipe -I/c/
mingw482/i686-482-posix-dwarf-rt_v3-rev3/mingw32/opt/
include -I/c/mingw482/prerequisites/i686-zlib-static/
include -I/c/mingw482/prerequisites/i686-w64-mingw32-
```

```
static/include' CPPFLAGS= LDFLAGS='-pipe -L/c/mingw482/
i686-482-posix-dwarf-rt_v3-rev3/mingw32/opt/lib -L/c/
mingw482/prerequisites/i686-zlib-static/lib -L/c/mingw482/
prerequisites/i686-w64-mingw32-static/lib -Wl,--large-
address-aware'
Thread model: posix
gcc version 4.8.2 (i686-posix-dwarf-rev3, Built by
MinGW-W64 project)
```

至此,你的开发环境已经搭建好了。

(2)下载bitcoin引用的外部库,把它们全部放在C:deps目录下

① 安装OpenSSL,进入启动MinGw shell,如目录:(C:MinGWmsys.0msys.bat),运行这个msys.bat,就会启动一个shell环境,提示符是$。

输入以下命令。

等待几分钟后,就把openssl编译好了。

```
cd /c/deps/
tar xvfz openssl-1.0.1g.tar.gz
cd openssl-1.0.1g
Configure no-shared no-dsomingw
make
```

② 下载Berkeley DB,访问:http://download.oracle.com/berkeley-db/db-4.8.30.NC.tar.gz。推荐使用4.8版本。

同样在msys shell环境下输入以下命令:

```
cd /c/deps/
tar xvfz db-4.8.30.NC.tar.gz
cd db-4.8.30.NC/build_unix
../dist/configure --enable-mingw --enable-cxx --disable-
shared --disable-replication
make
```

等待编译。

③ 安装Boost,下载地址:http://sourceforge.net/projects/boost/files /boost/1.55.0/。

msys命令:

```
cd C:\deps\boost_1_55_0\bootstrap.bat mingw
b2 --build-type=complete --with-chrono --with-filesystem
--with-program_options --with-system --with-thread
toolset=gcc variant=release link=static threading=multi
runtime-link=static stage
mingw32-make -f Makefile.mingwinitupnpc-static
```

④ 安装 miniupnpc 到 cd C:depsminiupnpc：

```
mingw32-make -f Makefile.mingwinitupnpc-static
```

⑤ 下载 protoc 和 libprotobuf：

```
Download and unpack http://protobuf.googlecode.com/files/
protobuf-2.5.0.zip
msys shell命令cd /c/deps/protobuf-2.5.0
configure --disable-shared
Make
```

⑥ qrencode：

```
cd /c/deps/libpng-1.6.10
configure --disable-shared
make
LIBS="../libpng-1.6.10/.libs/libpng16.a../../mingw32/i686-
w64-mingw32/lib/libz.a" \
png_CFLAGS="-I../libpng-1.6.10" \
png_LIBS="-L../libpng-1.6.10/.libs" \
configure --enable-static --disable-shared --without-tools
make
```

⑦ 安装好 Qt 5 库。

在 Windows 命令行输入：

```
set INCLUDE=C:\deps\libpng-1.6.10;C:\deps\openssl-1.0.1g\
include
set LIB=C:\deps\libpng-1.6.10\.libs;C:\deps\openssl-1.0.1g
cd C:\Qt\5.2.1
configure.bat -release -opensource -confirm-license
-static -make libs -no-sql-sqlite -no-opengl -system-zlib
-qt-pcre -no-icu -no-gif -system-libpng -no-libjpeg -no-
freetype -no-angle -no-vcproj -openssl-linked -no-dbus
-no-audio-backend -no-wmf-backend -no-qml-debug
```

```
mingw32-make
set PATH=%PATH%;C:\Qt\5.2.1\bin
cd C:\Qt\qttools-opensource-src-5.2.1
qmake qttools.pro
mingw32-make
```

（3）下载Bitcoin 0.9.1，在msys shell下输入以下命令行

```
cp /c/deps/libpng-1.6.10/.libs/libpng16.a /c/deps/
libpng-1.6.10/.libs/libpng.a
cd /c/bitcoin-0.9.1
./autogen.sh
CPPFLAGS="-I/c/deps/boost_1_55_0 \
-I/c/deps/db-4.8.30.NC/build_unix \
-I/c/deps/openssl-1.0.1g/include \
-I/c/deps \
-I/c/deps/protobuf-2.5.0/src \
-I/c/deps/libpng-1.6.10 \
-I/c/deps/qrencode-3.4.3" \
LDFLAGS="-L/c/deps/boost_1_55_0/stage/lib \
-L/c/deps/db-4.8.30.NC/build_unix \
-L/c/deps/openssl-1.0.1g \
-L/c/deps/miniupnpc \
-L/c/deps/protobuf-2.5.0/src/.libs \
-L/c/deps/libpng-1.6.10/.libs \
-L/c/deps/qrencode-3.4.3/.libs" \
./configure \
--disable-upnp-default \
--disable-tests \
--with-qt-incdir=/c/Qt/5.2.1/include \
--with-qt-libdir=/c/Qt/5.2.1/lib \
--with-qt-bindir=/c/Qt/5.2.1/bin \
--with-qt-plugindir=/c/Qt/5.2.1/plugins \
--with-boost-system=mgw48-mt-s-1_55 \
--with-boost-filesystem=mgw48-mt-s-1_55 \
--with-boost-program-options=mgw48-mt-s-1_55 \
--with-boost-thread=mgw48-mt-s-1_55 \
--with-boost-chrono=mgw48-mt-s-1_55 \
--with-protoc-bindir=/c/deps/protobuf-2.5.0/src
Make

strip src/bitcoin-cli.exe
strip src/bitcoind.exe
strip src/qt/bitcoin-qt.exe
```

这样，你就可以得到变异好的bitcoin-cli.exe，bitcoind.exe和bitcoin-qt.exe，拥有属于自己的数字货币。

早期很多山寨币和竞争币，就是基于比特币的开源代码，简单修改了名称、发行数量等参数就说自己的加密货币已经出来了。但其实很多人并不理解整个区块链体系和原理，甚至没有阅读主要的代码知识，就照搬照抄的拿来用。

后来随着区块链的不断发展，开发者会在开发新的币种时考虑一些微创新，在共识算法和加密算法中作一些调整和优化，创新为自己的新算法。当然，现在这些简单套路都走不通了，现在要发行新的数字货币，除非你的算法真有独有优势和特点，或是能够基于数字货币下的垂直业务和游戏规则，有很好的模式（或运用场景），否则大家很难去关注和拥护你的新币。

上文所举的案例，也只是比特币代码的简单尝试，想要真正维护好你的数字货币，还得好好去阅读代码，了解整个架构和原理，根据你的业务和新币特性去不断优化和调整。加密数字货币属于一个比较复杂的技术体系，即使你是基于别人的成熟代码进行修改，也需要不断地进行迭代更新和维护。纵然只是简单的版本跟随，也要投入技术力量去跟进。

2. 在现有的区块链公网上去创建数字资产和数字货币

自己搭建公网对于一些用户来说可能过于麻烦，因为你得整体全部构建出来，而依托于区块链公网的数字货币就更简单一些，就主流区块链开源技术体系来看，除了Factom[①]外，基本上其他的技术体系都可以用来创建数字资产，也就是支持加密数字货币的创建。

例如，我们可以基于以太坊智能合约来创建属于自己的数字货币或代币。也许你经常看到ERC20和代币一同出现，ERC20是以太坊定义的一个代币标准，给出我们在创建代币的时候必须要遵守的协议，如指定代币名称、总量、实现代币交易函数等，开发者只有遵循了这些协议才能被以太坊钱包支持。

---

① Factom，公证通，是一个建立在比特币区块链上的通用的数据层。用户可以通过这个数据层，方便地为自己的数据创建一个独立的虚拟区块链。Factom利用比特币的区块链技术来革新商业社会和政府部门的数据管理和数据记录方式。

其接口如下。

```
contract ERC20Interface { string public constant name =
"Token Name"; string public constant symbol = "SYM"; uint8
public constant decimals = 18; // 18 is the most common
number of decimal places function totalSupply() public
constant returns (uint); function balanceOf(address
tokenOwner) public constant returns (uint balance);
function allowance(address tokenOwner, address spender)
public constant returns (uint remaining); function
transfer(address to, uint tokens) public returns (bool
success); function approve(address spender, uint tokens)
public returns (bool success); function
transferFrom(address from, address to, uint tokens) public
returns (bool success); event Transfer(address indexed
from, address indexed to, uint tokens); event
Approval(address indexed tokenOwner, address indexed
spender, uint tokens); }
```

简单解释一下其中一些词汇。

name：代币名称。

symbol：代币符号。

decimals：代币小数点位数，代币的最小单位，18表示我们可以拥有0.000000000000000001单位个代币。

totalSupply()：发行代币总量。

balanceOf()：查看对应账号的代币余额。

transfer()：实现代币交易，用于给用户发送代币（从我们的账户里）。

transferFrom()：实现代币用户之间的交易。

allowance()：控制代币的交易，如可交易账号及资产。

approve()：允许用户可花费的代币数。

编写代币合约代码，代码如下。

```
pragma solidity ^0.4.16; interface tokenRecipient {
function receiveApproval(address _from, uint256 _value,
address _token, bytes _extraData) public; } contract
TokenERC20 { string public name; string public symbol;
uint8 public decimals = 18; // 18 是建议的默认值 uint256
```

```
public totalSupply; mapping (address => uint256) public
balanceOf; // mapping (address => mapping (address =>
uint256)) public allowance; event Transfer(address indexed
from, address indexed to, uint256 value); event
Burn(address indexed from, uint256 value); function
TokenERC20(uint256 initialSupply, string tokenName, string
tokenSymbol) public { totalSupply = initialSupply * 10 **
uint256(decimals); balanceOf[msg.sender] = totalSupply;
name = tokenName; symbol = tokenSymbol; } function _
transfer(address _from, address _to, uint _value) internal
{ require(_to != 0x0); require(balanceOf[_from] >= _
value); require(balanceOf[_to] + _value >balanceOf[_to]);
uintpreviousBalances = balanceOf[_from] + balanceOf[_to];
balanceOf[_from] -= _value; balanceOf[_to] += _value;
Transfer(_from, _to, _value); assert(balanceOf[_from] +
balanceOf[_to] == previousBalances); } function
transfer(address _to, uint256 _value) public { _
transfer(msg.sender, _to, _value); } function
transferFrom(address _from, address _to, uint256 _value)
public returns (bool success) { require(_value <=
allowance[_from][msg.sender]); // Check allowance
allowance[_from][msg.sender] -= _value; _transfer(_from,
_to, _value); return true; } function approve(address _
spender, uint256 _value) public returns (bool success) {
allowance[msg.sender][_spender] = _value; return true; }
function approveAndCall(address _spender, uint256 _value,
bytes _extraData) public returns (bool success) {
tokenRecipient spender = tokenRecipient(_spender); if
(approve(_spender, _value)) { spender.receiveApproval(msg.
sender, _value, this, _extraData); return true; } }
function burn(uint256 _value) public returns (bool
success) { require(balanceOf[msg.sender] >= _value);
balanceOf[msg.sender] -= _value; totalSupply -= _value;
Burn(msg.sender, _value); return true; } function
burnFrom(address _from, uint256 _value) public returns
(bool success) { require(balanceOf[_from] >= _value);
require(_value <= allowance[_from][msg.sender]);
balanceOf[_from] -= _value; allowance[_from][msg.sender]
-= _value; totalSupply -= _value; Burn(_from, _value);
return true; } }
```

在这里我们选择了以太坊的测试网络Ropsten，合约创建需要费用，如果你没有余额购买以太币，可以在以太坊的Mist测试网络中获得一些测试以太币，全部配置完成后，将源码复制后粘贴在Mist浏览器Remix Solidity

IDE,在右侧选项参考选择进行相关设置,使【Environment】和【Account】及【MetaMask】保持一致后,选择合约【Token ERC20】,填入你想要的发行量、名称及代号等具体参数,就可以创建合约了。

这时MetaMask会弹出一个交易确认框,单击【SUBMIT】按钮。待合约部署交易确认之后,复制合约地址。打开Metamask界面,切换到【TOKENS】选项组,单击【添加合约】按钮,出现对话框后填入刚刚复制的地址,单击【ADD】按钮,这时你就成功创建属于自己的数字货币了。

3. 两种加密货币发行方案的比较

无论是自己搭建区块链再创建数字货币,还是在公有链基础上创建数字货币,两种方案都可以成功创建属于自己的区块链货币。其中在公有链上创建数字货币方案的优点是比较灵活,开发者基本可以任意编写自己的数字货币及其衍生的业务体系,缺点是其中的币种运行和流通交易,需要消耗原生数字货币(Gas费用)。比特股部分,数字资产的发行和管理功能很齐全,但也会一定程度局限在比特股平台中,且也需要交易费用(Gas费用)。布萌平台的优点是简单易用和免费使用(无Gas费用),缺点是提供接口的功能不够丰富。

相比较而言,自己搭建区块链平台来构建原生货币更为独立,币种运行和流通交易更为流畅,数字货币不会被限制在其他公有链体系中,区块链性能一定程度上不会受到其他公网的性能制约,缺点是一定要考虑组建自己的节点群,需要考虑本身区块链的日常维护等。

结语:人性是加密货币世界中最脆弱的一环

从货币发行和控制的角度来看,比特币有它的美好之处:作为记账单位,最终流通的比特币将总是略少于2100万个,并可划分为更小的单位;作为记账系统,比特币实现了不由中央发行机构发行新钱、维护交易的目标,在每笔交易前,钱币的有效性都必须经过检验确认,由数字加密算法保证交易安全,交易记录由全体网络计算机收录维护。

可以说，比特币与任何一个国家发行的纸质货币并无区别，只不过使用比特币的这个国家的领土是互联网，它的国民是相信比特币的信用价值并愿意使用它的人们。至于它是否能像哈耶克设想的那样成为优良货币，这只有上帝知道，但它至少给我们提供了一种可能，而我们也多了一种选择。

那比特币真的就能成为未来货币？昂贵的手续费，转账时间的局限，社区不可调和的矛盾，算力的中心化，因为升值而流动性受限，等等，都是比特币成为互联网未来货币的强大阻力。

而且，如果私人真能发行货币，谁来控制贪婪的人性？而人性，正是比特币世界里最危险的一环。就算技术上可行，伦理学、社会学、哲学这些能过得了关吗？

> **思考题**
>
> 区块链数字货币的应用在一定程度上符合哈耶克的货币自由竞争理论，那么，你支持哈耶克的货币非国家化这一观点吗？为什么？

第19章 一个区块链项目是怎样落地的？

> 在区块链时代，我们要重新思考项目的推进过程。

2017年以来，区块链项目层出不穷，但若抛开其表面噱头，会发现市场充斥着很多三无项目，无应用场景，无技术团队，无业务逻辑。大部分项目只是纸上谈兵。

人人都在谈区块链项目，却不知道它们落地到了哪里。

编写一份白皮书不难，设计一个区块链项目也不难，真正难的是，怎样从广义区块链思想而非狭义区块链技术出发去认知；怎样脱离于一个仅停留在表面的去中心化的"乌托邦"世界，从而让一个区块链项目真正落地。

具体说来，一个区块链项目的落地过程主要包括产品idea（创意），组建团队，撰写白皮书，组建基金会，规避法律风险，社群组建，募集资金，项目开发等众多环节。

环节一：产品idea

一个区块链项目的切入点首先应落在一个能切实解决用户需求的产品idea，以及思考它是否有好的应用场景。

一个完整的区块链应用,包括共享账本、智能合约、隐私保护、共识机制四个组成部分。在一个应用里,这四个点如果能同时满足或满足大部分,这个区块链应用将会是非常好的一个应用。

区块链应用的场景应该是共享、共建、共监督,既要对区块链技术有研究,又要对应用领域的痛点了如指掌。现在很多人拿着技术去试场景,其实是不对的。区块链的应用应该是基于一个行业的痛点,有基础、结合需求地去选取,而非人工地去造一个应用场景。

区块链不是万能的,很多场景其实不需要区块链技术也能解决。像跨境支付领域,区块链能很好地发挥是因为很多点对点的跨境机构有大量的支付清算需求,而又不希望中间机构参与,区块链当然是很好的选择。但是在一些集团内部、大型公司内部,区块链解决方案远不如传统的企业资源解决方案有效。

所以,在发现行业痛点时,还应考虑这个场景用区块链技术去解决是不是最好的办法,是不是最合适的选择。一般来说,需求痛点在满足以下条件的时候,可以考虑使用区块链:

① 存在一个不相互信任的P2P网络环境;
② 节点之间是对等的,不存在一个绝对仲裁者;
③ 节点之间是博弈行为。

在考虑清楚这些因素,确定使用区块链技术后,可以初步构建一个大概的产品形态,并相应地做一定的产品分析,从而确定区块链类型是公证型区块链还是价值型区块链。

公证型区块链:指仅拥有一些关键数据自证、披露、防篡改等功能的区块链,这些功能通常是在价值型区块链中附带的。公证型区块链也可以单独扩展,用于公示公开等。

价值型区块链:指可以进行资产所有权转移的一种记账账本。

如果确定是价值型区块链,还需要确定目标区块链的总体定位:到底是一个普适的价值传输区块链,还是特定场景下的区块链。如果是特定场景下的区块链,通常推荐超级账本作为技术原型;如果是比较通用的价值区块链,比较推荐以太坊的思路。

环节二：组建团队

一个构成合理、分工明确、经验丰富的区块链开发团队是项目成功的先决条件。

因为，不管是区块链项目的构思、研发、应用落地，还是与交易所的对接，都是由项目团队完成的。好的团队往往是区块链项目价值增长的重要保证。其中，领队的商业洞察力决定项目市场前景是否广阔；技术的执行力决定项目开发是否准时；团队影响力决定交易所对接是否顺畅；而以上综合起来，决定项目的升值空间。

具体来说，一个区块链项目团队的组建，主要包括以下四个阶段。

1. 准备工作

组建团队的首要任务是决定团队成员是否为完成任务所必需，这要根据任务的性质来判别。应当明白，有些任务由个体独自完成效率可能更高。此外，本阶段还要明确团队的目标与团队各成员的职责。

2. 创造条件

区块链项目团队管理者应保证为团队提供完成任务所需要的各种资源，如物质资源、人力资源、财务资源、技术资源等。如果没有足够的相关资源，团队不可能成功。所以在区块链项目团队组建过程中，要满足每位成员的基本需求，以便成员更好地完成目标。

3. 形成团队

本阶段的任务是让团队开始运作。此时须做三件事：管理者确立谁是团队成员、谁不是团队成员；让成员接受团队的使命与目标；管理者公开宣布团队的职责与权利。在这里区块链团队逐步形成，同时根据相关职责，将团队分为技术团队、运营团队、顾问团队、法务团队等部分，各团队之间相互配合，共同实现既定目标。

4. 提供持续支持

项目团队开始运行后，尽管可以自我管理、自我指导，但也离不开领导者的谋划，以帮助团队克服困难、战胜危机、消除障碍。在区块链团队中，顾问与法务团队是一个方向性团队，他们在项目遇到问题时，会为项目技术团队指明方向，对法务及运营的相关事务也会根据阅历给出自己的建议，以便项目更好更快地完成。

环节三：撰写白皮书

一份区块链项目白皮书是项目团队向市场展示商业模式、技术实力、团队能力、发展前景的公告，也是项目上交易所时能否通过的重要评判标准之一。

因此，撰写白皮书非常重要。一份合格的区块链项目白皮书主要包括摘要、项目设计原则与理念、项目具体的实施方案和对项目前景的展望几个方面。具体如何编写一份区块链项目白皮书，可翻阅前面章节。

环节四：组建基金会和法律风险规避

现在网络社区有自己的组织治理机制，区块链社区也不例外，并且区块链社区的治理方式更加与众不同，它有两种治理方式：链上治理与链下治理。

链上治理依靠共识机制来运转，而链下治理一般由基金会处理，进行战略决策和协调社区各方面的资源。基金会向社区负责，以推广和发展生态为首要工作目标。

一个生态社区发展到后期最好的状态就是，区块链项目本身的运营完全取决并依赖于社区自治，基金会只是作为社区内一名普通成员对项目的治理提出建议和方案，但不享有高出其他成员的权利或权威的一个组织。

同时，组建基金会还能规避某些法律风险。现有的区块链项目大多是采用私募的方式：在国外成立一个基金会，然后国内的咨询公司操盘具体的业务运营，同时在合规上尽可能在公司主体结构上与法务相匹配。

在区块链世界里，需要健全的区块链法律进行约束和治理。

环节五：社群组建

社群的创建会对项目的落地实施产生很大的影响，项目团队可以通过激励与奖励机制加速形成项目社区。在项目社区中，项目运营团队可以通过互动来活跃社群用户；同时在社区里，上市前或上市后项目的推动情况需要不断公开，不断保证透明度，让更多社区成员来监督项目的日常运行。

以成功运行的比特币系统为例。

比特币系统通过健康的激励机制奖励遵守协议的诚实节点，从而促进了区块链的安全性，进而建立起去中心化的信任体制，同时大众的信任又反作用于其激励系统，促进了比特币的自我发展。项目要实现自我发展，也需建立完善的激励机制和信用机制，才能更好地解决市场运营中存在的社会问题，提供更好的综合服务。

在项目众筹后，项目团队必须保证项目代码库在社区的不断更新。代码及产品的更迭直接反映了项目团队的健康度和做事认真程度，这些都会反作用于用户，达到活跃用户和增强用户基础的目标。

环节六：募集资金

1. 募资形式

目前区块链项目的募资主要有传统股权的 VC 和发行代币众筹两种形式。

如图 19-1 所示，整个 2016 年，区块链项目的融资还主要以 VC 为主，到了 2017 年下半年，代币众筹形式开始大量涌现。从 2017 第三季度起，代币众筹获得的资金量已经超过 VC 的投入。

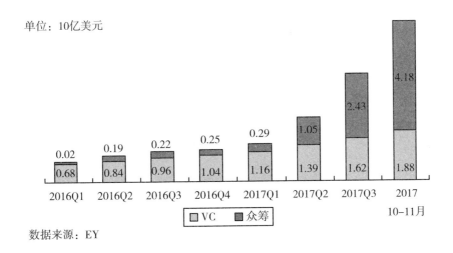

图 19-1　区块链项目 VC/ 众筹募资情况

随着发行代币众筹形式给传统 VC 带来的冲击,传统 VC 机构对于区块链公司来说,价值更多地体现在资方背书和战略资源上。好的 VC 投资能帮助创业团队对接到产业资源,进行产品的开发及团队扩张,从而实现项目的落地应用。

而一个区块链项目创业团队在募集资金时,可以依旧只选择传统股权的 VC 形式,通过基石投资和私募的形式募集资金,也可以选择发行代币众筹,或者两者兼而有之。

目前,传统区块链应用项目正在逐步吸纳代币机制,代币项目也在逐步与实体经济融合。

通过发行 Token(代币)进行众筹,属于区块链技术出现后一种新的募集资金的方式,现也主要出现在区块链项目中。

2. 发行 Token 众筹

发行 Token,本质上是一种产品众筹,是项目构建一个基于区块链产品的服务承诺。在一个区块链项目完成之前,创始团队一般会通过公开售卖部分平台的 Token 来募集资金,然后将募集到的资金用于创始团队的开发工作。

Token 是一个区块链生态里的权益证明,在经济体系下常被作为区块链生态内的流通货币,如比特币、以太币等。通常情况下,Token 一经发行,便严格按照区块链代码执行,不受个人或机构控制。

对于一个区块链项目创业团队来说，采用众筹形式募集资金主要有以下好处。

（1）打破地域限制

项目的募资无地域限制，全球各地的投资者均可投资。

（2）项目资金不受限

项目发展初期的资金不再受限于第三方金融机构，创业团队可以更多地把精力放在项目运营商，并无须与此类金融机构分享收益。

（3）融资精力得到释放

创业团队可以把精力更多地放在项目运营商，而非放在融资的谈判上面。

具体来说，目前，一个区块链项目众筹募集资金的流程如图19-2所示。

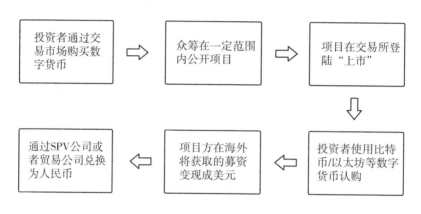

图19-2　募集资金流程图

① 投资者通过交易市场购买数字货币。

② 众筹在一定范围内公开项目。

③ 项目在交易所登陆"上市"。

交易所在数字货币市场上极为重要，是进行数字货币交易时所需要的一个固定平台。当前，数字货币市场上的交易所已经超过上百家。

于区块链项目方而言，如果发行的代币可以登录更多的交易所，就意味着其具有更好的流通性和更大的交易量实现代币的价值，从而募集到更多资金。同时，投资者也能通过交易所了解数字货币的行情，进行交易投资。

但由于现在大多数交易所处于监管的真空状态，相关政策法律缺失，也存在着一些不良现象。

④ 投资者使用比特币/以太坊等数字货币认购。

⑤ 项目方在海外将获取的募资变现成美元。

⑥ 通过SPV①公司或贸易公司兑换成人民币。

环节七：项目开发

1. 区块链技术原型选取

开始着手项目开发时，首先要对区块链技术原型进行选取。

如果是特定场景的区块链解决方案，建议选择Hyperledger fabric（超级账本架构），当然搭建以太坊私有链也可以。但以太坊是每秒千级别的处理量，而HyperLedger可以达到十万级别。

一般情况下，平台技术实现思路上的不同会出现不一样的应用空间。以太坊是靠自己实现，如自己提供合约语言Solidity，自己实现EVM。如果考虑自行开发，可以根据比特币技术修改，实现加密算法，更改共识算法，网络传送协议以及附加合约脚本。

其实智能合约在一些场景中并不是必选项，对用户来说，可靠、方便、实时是第一需求。如果针对特定的应用场景，将"合约"固化在区块链里面，也是一种可行的思路。

2. 交互接口设计

在交互接口设计上，比较推荐使用目前业界通用的Json-RPC接口，扩展性和友好性兼备。

接口一般分为两类：开放接口和账户接口。开放接口是指区块链本身的描

---

① SPV，即Special Purpose Vehicle，简称SPV。在证券行业，SPV指特殊目的的载体，也称为特殊目的机构/公司，其职能是在离岸资产证券化过程中，购买、包装证券化资产和以此为基础发行资产化证券，向国外投资者融资，是指接受发起人的资产组合，并发行以此为支持的证券的特殊实体。

述信息，它不需要认证，而账户接口需要账户认证。

3. 基础账本设计

基础账本设计包含以下两个问题。

① 原型区块链是否已经满足需求？如果是以太坊，基本上不需要改动基础账本，只需构建智能合约即可。如果以比特币体系为基础，则可能需要较大的改动。

② 不满足需求时如何改动基础账本？这要视账户模型而定，如果使用UTXO模式，改动重点在如何嵌入模板交易体；如果使用Balance模式，则没有此问题。

4. 业务扩展层设计

业务扩展设计方面的内容比较复杂，这里只抛砖引玉提出个问题：扩展层是外接区块链还是内置到区块链？

环节八：主链上线

对于区块链项目而言，如果像比特币、以太坊等搭建属于自己的区块主链，那么就需要在技术团队完成产品后将项目主链接入网络，这是区块链项目主链上线的一种方式。而基于以太坊等平台出现的DAPP应用则不需要这样，如以太坊上的区块链项目是依托以太坊这一智能合约平台存在的，其主链上线只需要将其产品接入以太坊公有链中即可。

环节九：市值管理

"市值管理"是区块链世界里一个全新的名词，在一个真正市场化的区块链世界，每一个区块链项目的市值与项目本身有关。但实际上，现在上交易所的许多币种，为了吸引更多的投资者，以非市场化的手段干预市场价格，并请专业的操盘者对币值进行调控，以达到从币价而不是从币值来对区块链项目进行评估。一个好的项目应该由市场来进行决策，但在市场非常不成熟的阶段，很多区块链项目从一开始就在进行"市值管理"。

环节十：产品运营

项目上线后，要让更多人知道这个产品，就要采取运营手段对外进行推广，更需要发动项目社群本身的力量，让所有人一起参与传播，而这里面可能要用到更多互联网的传统手段。大部分互联网公司在市场运营、用户运营、内容运营、社区运营等方面都有丰富的经验，能够通过各种运营手段吸引、确保用户被拉到项目的产品之上，并促进用户活跃。

因此，如何借鉴互联网的运营经验结合区块链社区的用户生态系统，更好地促成区块链项目本身的产品推广，这可能是区块链从业者往后需要重点思考的。

环节十一：产品迭代

用户入驻区块链项目之后，依据社区用户反馈，应迅速进行产品迭代。所谓产品迭代，就是在一定时间内，对该产品一定量的新需求加以评估、筛选、开发、测试以及上线的一系列行为的总称。当一个区块链项目的产品基础框架开发完成，进入成熟期后，产品的更新迭代就变得非常重要。

在一个固定周期中，简单的产品迭代流程包括需求初定、需求评估、需求落地（设计与开发）、需求测试、产品上线几个环节。而在现实情况中，产品迭代实际上是循环往复不间断的，在连续更替的迭代周期当中做好每一个阶段的工作并不是一件容易的事。因此，在区块链项目落地中，需要注意科学设置迭代周期长度，将信息传达落实到位，跟进项目进度，建立应急机制等。

结语：道阻且长，行则将至

风口之下总有泡沫。

底层技术有待进步，公链平台缺乏，各类Token生态兼容不足，政府监管不明、各种投机圈钱……诸多问题，不仅使目前前景大好的区块链领域泡沫横生、浮躁喧嚣，还严重限制了区块链项目落地的步伐。一个区块链项目能否最终落地，取决于诸多复杂因素。

不管是现在吹噱头、为圈钱而生的各类空气项目，抑或是缺乏真正具有区块链思想、懂得区块链架构的复合型人才，在区块链前景大好、众人追赶的形势之下，都会被实践所检验。随着技术与社会的进步，那些优质的项目终会落地，而那些劣质圈钱的项目也终会被淘汰。历史，总会在野蛮生长中再造就出像比特币、以太坊这样的典范。

> **思考题**
>
> 你认为在落实一个区块链项目过程中，哪一个环节最重要？是有一个好的产品创意，组建一个分工明确开发团队，形成一个良好的社群生态，还是发行Token众筹到资金最重要？

第4篇 区块链未来

- 第20章 法律：这个世界需要重构
- 第21章 风险与挑战
- 第22章 区块链重塑人类社群生态
- 第23章 未来：人即货币

第20章 法律：这个世界需要重构

在一个代码即法律的世界，
现实中的法律
将如何影响区块链世界？
这是一个
值得思考的问题。

作为一种配置社会资源的机制，法律取决于社会经济发展的客观要求，并直接影响着经济运行的全部过程。无论是源于契约约束，还是基于暴力威慑，法律都从未离开过理性。

而以理性、数据化为显著特征的区块链，实际上也是一种技术与法律的协同。法律能够简化社会关系，规范有序交易；区块链基于法律框架、依靠技术来约束引导人们的行为，使得交易信息更加透明，呈现出法律规则和技术规则相互补充的协同作用。

法律与经济融为一体，经济决定法律，法律服务经济。

无论是比特币还是区块链，都已经不再是加密极客们在论坛里的独享之物，Token新经济生态下，两者的法律问题已经进入了社会大众和国家政府的视线之中。

法律是上层建筑的一部分，由统治阶级而定。面对区块链和比特币，各国政府在静待观望时，态度也褒贬不一，纷纷出台各种政策以示立场。而现今，各国政府对比特币、区块链发布的相关法律也已经成为了与技术、风险管理、项目投资并列的几大热点之一。

加密货币会成为现实世界的"黑天鹅"吗?

2018年1月,全球监管形势变化,比特币价格全线暴跌,在2月初跌破6000美元大关后,比特币似乎又迎来反弹,一度升至近11 000美元。或许对于各类虚拟货币而言,涨跌不定早已是家常便饭,而它们这种惊人的不可预测性,引起了经济市场的深思。

有人提出观点:区块链和基于其技术之上的以比特币为代表的加密货币,也许会成为经济市场的下一个"黑天鹅",给社会经济带来不可预测的重大影响。面对这样一个不可预知的世界,法律该如何提前去进行规范和约束?

1."黑天鹅"风险与监管有关

作为一种去中心化的加密货币,无论是比特币自身,还是与它共生的区块链,它们带来的影响都已经延伸到了其他诸多领域,引发了社会与经济的新一轮变革。

而这种变革性究竟会有多强,会不会成为"黑天鹅",会不会给社会经济带来正面或负面的极大影响,以及它们最终的命运如何,都和政府的监管态度息息相关。

纽约大学风险工程学的一位教授Nassim Taleb曾说,比特币要想成功,就要经历被少数政府禁止或被决策者批判的挫折。从出世至今,加密货币市场起伏不定、价格大涨大跌,这其中除去市场这只无形之手的操控,也离不开政府这只有形之手的有意引导和规范。

某种意义上,去中心化的加密货币是一种追求自由的产物。这种新事物是无人掌控的,除去其给经济带来的正面影响,匿名与完全自由化下,其亦有可能带来"暗黑"影响,存在着不定风险,无监管的情况之下,这种风险将被放大,为经济埋下隐患。

2. 各国比特币监管情况

在2018年1月比特币价格堪称"史上暴跌"之时,根据HowMuch.net当时的大数据统计资源,截至目前,西欧和北美两个区域对比特币是最为开放的,而亚洲以俄罗斯和中国两大国土辽阔的国家为典型代表，对比特币的监管更为严格。

全球246个国家中（只限当时统计的），当时有99个国家对比特币不施加限制，7个国家严格限制比特币，还有10个国家把比特币认定为非法，另外有130个国家对比特币的态度不明确，政府没有给出明确表示。

由此可见，大约超半数的国家对比特币的合法性还持观望态度。

或许，当剩下的130个国家对以比特币为代表的加密货币明确做出限制或不限制措施时，全球格局又将耳目一新。这种全球新格局的变化，或许又将给全球加密货币和区块链市场带来新的走势，也将带来新的声势浩大的影响。

"黑天鹅"风险其实是存在的，全球以比特币为首的加密货币形势的改变会给历史带来不可估量的影响，至于风险影响究竟有多大，这取决于加密货币自身内在的发展动力，以及各国政府对它的外在态度。加密货币和区块链在各国具体有着怎样的待遇和态度呢？

加密货币的法律构建

区块链源起于比特币，而比特币也是区块链最早、最成功的应用。

以比特币为代表的加密货币一直以来都广受争议，是各国央行的关注焦点。面对这样一种炙手可热的去中心化的加密货币，各国态度各有差异，有的合法，有的非法，有的则模糊。

1. 欧洲

（1）欧盟：以德国为例

德国对加密货币较为开放，是全球首个承认比特币合法地位的国家。

2013年8月，德国政府表示，比特币可以当作私人货币和货币单位，个人使用比特币，会有一年的免税优惠，进行商业用途时要征收一定比例的税收。

德国没有将比特币界定为外币或电子货币，而是将其认定为可以被用于多方结算的"私人货币"。

2016年10月，德国一家提供比特币借贷业务的公司宣布获得了德国联邦金融监管局（BaFin）颁发的牌照。到目前为止，德国是世界上少数针对比特币交易制定了较为清晰的监管和法规政策的国家之一，而这在一定程度上也反映出欧盟的态度。

2018年以来，面对加密货币的百态丛生，监管加密货币一度成为欧盟的主题呼声。

2018年2月27日，欧盟召开加密货币圆桌会议，会议指出：加密货币不是传统意义上的货币，价值不受保证，造成了乱象；加密资产增加了洗钱和资助非法活动的风险。

2018年3月5日，欧盟委员会表示，将评估欧盟现有规则对加密货币、ICO的适用性，并且将针对众筹平台监管递交一份法律草案。

欧洲央行无数次明确表示，管理加密货币不是他们的职责，而且来自各个国家的央行官员对此事也一直保持沉默，或许欧盟将面临数字加密货币监管的长期缺失。

（2）英国

英国对加密货币的态度应该是几个国家里比较友好的，官方鲜有"强硬"态度。

2014年9月，英格兰银行发布报告，承认比特币是"真正的技术创新"，认为目前比特币以及加密货币对整个金融体系尚未构成威胁。

同时，英格兰银行还基于"货币"三大定义，研究是否应该将比特币当作真正意义上的货币，其结论是，"加密货币对于任何互联网人来说可以作为货币使用"。

2014年11月，英国财政部官员申明"加密货币及加密货币交易所现在在英国是不受监管的"，这是英国政府官员首次完整表达对比特币的态度。

显然，英国官方对加密货币采取了积极应对的态度，英格兰银行也曾发布专题季报，在坚持原有立场的同时，系统表达了英国央行对加密货币未来前景的预期。

（3）俄罗斯

面对加密货币等虚拟货币，俄罗斯的态度可谓经历了一个巨大转变。

2014年2月,俄罗斯总检察长办公室宣布:"在俄罗斯境内,任何公民和法人实体使用比特币是非法的。"但是后来,其他监管部门发表了不同意见。

财政部副部长表示,俄罗斯有可能会在2018年将加密货币视为合法货币;不久之后,央行金融科技中心又提出反对意见,认为目前在俄罗斯谈论加密货币合法化为时尚早。

2017年6月,俄罗斯央行行长又表示,比特币是一种数字资产,而非虚拟货币。直到目前,俄罗斯已经有了官方批准的交易平台和"挖矿"公司。

2018年3月7日,总统普京要求在7月1日前通过相关立法,合法化加密货币市场。

2018年3月11日,俄罗斯完成《数字金融资产》(*On Digital Financial Assets*)联邦法律初稿,旨在对加密货币和ICO进行监管,其中规定了数字金融资产的创建、发行、存储及流通过程中产生的关系,明确定义了加密货币和"挖矿",并合法化了"挖矿"行为。

2018年3月12日,总统普京下令发行一种国家加密货币避免国际金融制裁。

从明文规定视为非法行为,到政策鼓励支持"挖矿",再到合法化相关市场和行为,这个曾经在20世纪与美国争霸世界的国家,在面对加密货币时的态度反转,无不引起各国的深思。

2. 大洋洲:以澳大利亚为例

澳大利亚也曾经被认为是对加密货币相当"友好"的国家。

2013年12月,澳大利亚储备银行(RBA)指出"人们可以用加密货币进行支付,没有法律禁止这种行为"。

2014年8月,澳大利亚税务局(ATO)发布了比特币税收准则。这个曾经被认为是对比特币最"友好"的国家,没有承认比特币的货币地位。但无论如何,这份税收准则的出炉,意味着澳大利亚税务部门将电子加密货币正式列入了现有的立法构架。

2017年7月1日,澳大利亚官方称,比特币"与货币同等",且之后将不受双重征税。此前，使用比特币的澳大利亚消费者需要缴纳两次服务税（GST）：一次是在购买比特币时，另一次是在使用比特币兑换其他商品和服务时。

可以说，加密货币在澳大利亚进入了一个新的历史发展阶段。

3. 亚洲：以中、韩、日为例

（1）日本

日本是对加密货币十分积极的国家。

2016年，日本批准了对加密货币的监管法案，在2017年4月1日，日本《支付服务修正法案》正式生效，比特币等数字资产在日本的支付手段合法性得到官方承认。

2017年7月，日本正式停止收取比特币交易8%的消费税。9月29日，日本金融厅颁发了第一批比特币交易所牌照。10月起，日本金融厅开始对日本比特币交易所进行全方位的监管，他们会采取查看内部系统、授权监管部门"实时"检查等方式。

（2）韩国

作为虚拟货币交易规模增长速度最快的国家之一，韩国的监管也一直引发各界关注。

根据韩国法律，ICO目前是非法的，但韩国并未实施具体规则，也没有强制公司进行ICO清退。国内投资者仍然能够参与国外ICO，同样能在加密货币交易所进行交易。

2018年3月7日，韩国发布禁令，公职人员不得持有和交易加密货币。与此同时，韩国财长表示不会禁止普通公民交易加密货币。

2018年3月11日，韩国财长回应"禁止加密货币交易"传闻称，政府没有禁止或打压加密货币市场的意图，并且马上要正规化加密货币交易。

2018年3月13日，据《韩国时报》报道，韩国政府或许很快取消对ICO的禁令，允许一定条件下的代币销售。有消息人士表示，韩国金融当局与税务机构、司法部等相关部门就有关允许一定条件下的ICO的计划进行了讨论；如果政府能够获得个人投资者及零售交易商资本流入的数据，政府将愿意放开对 ICO 的禁令，同时允许投资者参与代币销售。

（3）中国

对于比特币等虚拟加密货币来说，我国是典型的严格监管国家之一。

2013年，央行五部委发布了一份名为《关于防范比特币风险的通知》，将比特币定性为"虚拟商品"，要求各金融机构不得参与到比特币的相关业务中，同时要求交易平台做好备案和履行反洗钱的义务。

2014年3月中旬，央行发布《关于进一步加强比特币风险防范工作的通知》，禁止国内银行和第三方支付机构替比特币交易平台提供开户、充值、支付、提现等服务。

2017年9月，央行等七部委联合发布《关于防范代币发行融资风险的公告》，要求各类加密货币发行融资活动立即停止，相关加密货币交易平台停止运营。

自2017年以来，我国对比特币的监管越来越紧，从禁止比特币网络交易，逐渐延伸到了"挖矿"领域。在我国政府指出ICO属于非法集资行为之后，计划禁止比特币及其他虚拟货币的人民币交易，这对全球1500亿美元的虚拟货币市场造成了震动。

区块链的法律构建

对于比特币这一去中心化的加密货币而言，或许真正超越它的不是货币本身，而是它的底层技术——区块链。作为一种与比特币共生的新兴技术，目前大众对区块链的了解仅是冰山一角，但相较于加密货币的模糊甚至不定，各国对区块链的态度则是更为积极、肯定的。

1. 欧洲

（1）欧盟

2016年3月，欧洲央行（ECB）在《欧元体系的愿景——欧洲金融市场基础设施的未来》咨询报告中公开宣布，正在探索如何使区块链技术为己所用。

2016年4月，欧洲加密货币与区块链技术论坛举办集中讨论区块链的"博览会"：央行计划对区块链和分类账海技术与支付、训券托管及抵押等银行业务的相关性进行评估。

2018年2月27日，欧盟圆桌会议针对区块链技术明确得出结论：区块链技术是金融市场的希望，欧洲必须接纳并保持竞争力。

2018年3月5日，欧盟委员会表示，将加大建立通用区块链技术标准的努力，以促进欧盟金融科技市场发展；并且将设立"金融实验室"，以帮助监管者应对金融科技问题。

2018年3月9日，欧盟发布2018金融科技计划，增强对区块链等新兴科技的监管监督。很明确，对区块链这一新兴技术，欧盟视其为金融科技，是鼓励并且支持的。

（2）英国

英国鼓励对区块链技术深入研究。

2016年1月19日，英国政府率先发布了长达88页的《分布式账本技术：超越区块链》白皮书，同时积极评估区块链技术的潜力，考虑将它用于减少金融欺诈、降低成本的领域。

2016年6月，英国进行区块链试点，并跟踪福利基金的分配及使用情况。

（3）俄罗斯

俄罗斯最初的态度是禁止公民持有、交易比特币的，但是对区块链却十分欢迎。

2016年初，俄罗斯央行考虑比特币合法化和交易监管，尤其是P2P交易及个人业务托管。

2017年1月，俄罗斯央行关于"合法化"区块链技术的发展路线图提交总统批准。

2017年6月，总统普京接见了以太坊创始人Vitalik Buterin（维塔利克·巴特林）；8月，俄罗斯国家开发银行与以太坊基金会达成战略合作。

2018年3月4日，俄罗斯政府向世界各地的"矿工们"抛出橄榄枝，欢迎他们来俄"挖矿"，尤其是对来自中国的"矿工们"，不仅在电费、硬件设备上给予支持，还开辟了大量交通便利且提供7×24小时技术支持服务的产业园区供其使用。

2. 大洋洲：以澳大利亚为例

澳大利亚比较注重区块链技术的应用和标准的制定。

早在2016年4月，澳大利亚标准局就呼吁制定全球ISO区块链标准。

2017年3月，澳大利亚国家标准局根据国际标准组织ISO分配的任务，发布了国际区块链标准开发路线图。

2017年8月，澳大利亚政府宣布，将加密货币交易所纳入澳大利亚交易报告分析中心监管。同时，澳大利亚证券交易所、悉尼证券交易所等均在用区块链技术进行交易测试。

3. 亚洲：以中、韩、日为例

（1）日本

日本对区块链的态度更加积极。

日本的央行也在尝试一些区块链项目。在立法监管上，主要是对比特币等数字资产的应用推动上。

2016年5月，日本首次批准加密货币监管法案，并将比特币定义为财产，成立首个区块链行业组织——区块链合作联盟（BCCC）。

（2）韩国

由拒绝承认比特币货币地位到自上而下地进行区块链创新，韩国对区块链持鼓励的态度，但是对比特币、以太币等数字资产在加强监管。

2015年年底，新韩银行参与区块链企业融资。

2016年2月，央行在报告中提出鼓励探索区块链技术；同月，训券交易所（KRX）宣布正在开发基于区块链技术的交易平台。

2017年9月，韩国金融服务委员会（FSC）宣布将如何对加密货币，如对比特币和以太币进行监管；加大监督力度，对洗钱、非法融资和其他加密货币非法交易进行调查。

（3）中国

中国虽然对以比特币为代表的加密货币监管严格，但对区块链却持开放态度。

2015年12月，区块链研究联盟、区块链应用研究中心成立。

2016年1月，中国区块链研究联盟成立；2月，中关村区块链产业联盟成立；4月，中国分布式总账基础协议联盟（ChinaLedger）宣布成立。

2016年10月，工信部发布区块链第一个官方指导文件《中国区块链技术和应用发展白皮书》，给予行业发展政策指引，首次提出区块链标准化路线图与标准框架体系。

2016年12月，《"十三五"国家信息化规划》首次提到支持区块链技术发展，两次提及"区块链"关键词，区块链被写入国家"十三五"规划中。

2017年5月16日，国内首个区块链标准《区块链参考架构》正式发布，区块链基础性标准确立，并对行业的参与者和核心功能组件做了详细规定。

具有代表意义的两国：新加坡和美国

从深层次上看，各国政府对加密货币的态度差异来源于对比特币等虚拟货币内在价值的肯定与否，各国法律条文、政策制度也因其态度而变。

这其中，美国和新加坡两国更不容忽略，两者对加密货币和区块链的态度有着举足轻重的影响，而其所制定的法律法规和本身的监管作为也都值得其他各国借鉴。

1. 新加坡：友好而开放

新加坡被广泛认为是世界上对加密货币"最友好"、区块链"氛围最友好"的国家。

（1）比特币：不干预

新加坡税务局机关早在2013年就宣布：

"处于征税的考虑，将比特币等同于商品处理。当比特币被出售或者对商品进行支付的时候收取一定赋税。但是，如果当比特币被视作一项长期的投资计划来进行买卖的时候，从中产生的利润将被看作投资收益，不对其进行征税。"

2013年9月22日,新加坡金融管理局(MAS)也曾对比特币的使用风险发出警告:"如果比特币停止运行,没有任何机构能保证资金返还。"

2013年12月,新加坡金融管理局公告"金管局将不会涉入交易所比特币交易"。

2014年1月,新加坡国税局发布了一系列征税指南,比特币如果被作为支付方式,则按易货兑换征税。处理比特币外汇交易的企业将根据比特币销售量征税。

2016年,新加坡金融管理局表示,不对在商业活动中接受比特币的行为进行监管,当权者不应该干涉是否在经济活动中使用比特币的商业决定。

2017年8月1日,新加坡金融管理局(MAS)表明:"如果数字代币构成证券与期货法案(SFA)中监管的产品,其发售或发行将受金融管理局的监管。"

2018年以来,新加坡对于以比特币为代表的加密货币依旧保持着开放的态度,对比特币产业链也持支持态度。

2018年2月6日,新加坡副总理Tharman在对加密货币及其交易进行深入研究之后强调,没有理由禁止加密货币交易。Tharman同时表示,当前加密货币有两个主要用途——首先是作为支付手段,更重要的是,加密货币本身就是资产,人们为了获利而进行交易。

2018年3月1日,据新加坡央行副行长Ong Chong Tee表示,新加坡正在考虑对加密货币交易进行监管,以保护投资者。

目前,新加坡金融管理局已强制要求加密货币中介机构,如交易所和汇款运营商,遵守反洗钱规定、打击恐怖主义资助行为,力求搭建一个更稳健安全的监管框架来保护用户。

(2)区块链:国家首要发展任务

为了成为全球金融技术领导者,新加坡更是将区块链技术的发展列为国家的首要任务,主张全力支持区块链技术的发展。

2014年11月,李显龙总理正式推出新加坡"智慧国家"计划。这是一个雄心勃勃的项目,旨在通过利用区块链技术,在企业和政府的共同努力下打造更好的生活社区。

2016年6月，新加坡金融管理局推出"沙盒（Sandbox）"机制："只要任何在法规规定的受保护的空间中注册的金融科技公司，在事先报备的情况下，允许从事和目前法律法规有所冲突的业务；并且即使以后被官方终止相关业务，也不会追究相关法律责任。"

新加坡金融管理局（MAS）局长表示，一个智能的国家需要一个智能的金融中心。为此，MAS一直积极支持金融科技行业的发展，并承诺为初创公司提供有利的监管环境。

相较于亚洲其他国家，新加坡对区块链技术的开放程度远超他国。

2017年11月16日，由Talenta公司主办的亚洲区块链峰会在新加坡开幕。可以说，从国家政府到商界，新加坡已经走在了区块链新纪元的前沿。

2. 美国：没有比特币就没有区块链

当地时间2018年2月6日，美国众议院举行了一场名为"加密货币：美国证监会和商品期货交易委员会的监督作用"的听证会；2月14日，又举行了一场主题为"超越比特币：区块链技术新兴应用"的听证会。一连两场听证会，美国诠释着自己对两者的重视。

（1）比特币：牌照化管理

美国各州对待比特币的态度有所不同。

2014年8月，纽约金融服务部门发布了全球首个加密货币许可证（BitLicense）；2015年6月，纽约州发布最终版BitLicense监管框架。

在BitLicense中，对许可证部分进行了明文规定。

① 许可证要求。任何人在没有从本文中列出的负责处获得执照，不得有从事虚拟货币业务的行为。受许可人不得行使纽约银行法第100条中的受托责任。

② 禁止未获得许可证的代理。任何许可证获得者禁止将虚拟货币经营业务委托给没有许可证的代理。

③ 许可证要求的豁免。下列主体可以免除本文提到的许可证要求：

A. 根据纽约银行法设立且已经被主管人批准进行虚拟货币业务的单位；

B. 仅仅利用虚拟货币来买卖商品或服务，或者用于投资的商户或消费者。

BitLicense是美国首个对比特币和其他虚拟货币实行监管的法规，纽约州也成为了美国第一个正式推出定制比特币等加密货币的监管的州。

除纽约州外，美国其他州也在积极对比特币交易平台实施牌照化管理。

美国不同州对比特币有不同政策，整体是积极明确的，总体而言则实行牌照化管理，美国也是世界上少有的对加密货币进行系统化法律监管的国家之一。

2018年3月11日，美国证券交易委员会（SEC）宣布加密货币交易所必须进行注册。

2018年3月12日，美国证券交易委员会（SEC）最新发布《关于可能违法的数字资产交易平台的声明》，声明指出：

① 依照联邦法律的标准，数字资产属于证券范畴，因此交易平台必须在SEC注册或获得注册豁免；

② 作为证券交易所，除应经SEC注册外，还应有防止欺诈和操纵行为的规则，并能够规范其成员及成员的相关人员，保证其遵循联邦证券法律。

同时声明还表示，许多平台自称"交易所"，实际上并未经SEC明确审查，平台所谓的标准也不等同于国家证券交易所的标准，此外，SEC还列出了已经注册的合法证券交易平台供投资者参考，其中并未出现Bittrex、GDAX等平台。

（2）区块链：立法鼓励，政策支持

美国十分鼓励区块链发展，并通过立法来支持，投资鼓励。

2016年6月，国土安全部对6家致力于政府区块链应用开发的公司发放补贴，推动政府数据分析、连接设备和区块链的研究发展。

2017年2月，美国亚利桑那州通过区块链签名和智能合约合法性法案。同月，美国国会宣布成立国会区块链决策委员会。

2017年，美国医疗保健部门ONC将区块链技术应用到医疗保健领域中。特朗普政府的代表、国会和行政部门承认了区块链的潜力，呼吁发展该技术在公共部门中的运用。

2017年3月，亚利桑那州批准了与区块链技术相关的法案，承认以区块链技术保护的签名和合同为电子形式，并且电子签名及合同形式合法有效，该项法案当时以全票通过。

2017年4月初，美国内华达州通过"区块链技术免税"法案，明文禁止以下行为：

① 对区块链技术项目征收税费；
② 要求提供证书或许可证才可使用区块链技术；
③ 对区块链技术项目施加任何要求标准。

该"区块链技术免税"法案顺利成为法律，内华达州成为了第一个防止地方司法管辖区对使用区块链技术征税或施加限制的州，这也体现了美国对区块链技术的法律认可。

结语：法律重构下区块链的未来

区块链作为一种分布式系统，一种算法技术的创新应用，只要不涉及伦理问题和道德风险，本不存在国家监管与法律规制问题，正所谓"技术无罪"。

但基于区块链技术应用发展起来的以比特币为代表的加密货币，在其发展过程中对各国的法定货币和现有法律规则发起了多重挑战，也引发了诸多社会问题和财产风险纠纷。为此，各国不得不慎重评估区块链技术应用可能存在的法律风险与问题，并思考应对之策。

尽管各国对区块链技术基本呈热情拥抱的态势，但仍然要注意区块链技术在应用过程中存在的法律风险，自身规则也会与社会、法律规则发生一定的冲突与矛盾。

但也正是因为两者的冲突和矛盾，才更能激发社会、国家和个人的动力与想象力，正如辩证法所言，矛盾是事物发展的源泉与动力，如此，它才促使这个世界向前。

法律取决于一定的经济基础，也反映和服务于一定的经济基础。如今区块链新经济正熠熠生辉，而法律必然会进行更新与重构，进而影响到区块链技术的进一步发展。

> **思考题**
>
> 2017年9月4日，我国发布《关于防范代币发行融资风险的公告》，指出：代币发行融资本质上是一种未经批准非法公开融资的行为，任何组织和个人不得非法从事代币发行融资活动。本意监管打击市场，然而，2017年比特币价格却仍然蹿得极高，对这看似"适得其反，不受控制"的市场，你怎么看？你觉得应该如何监管？

> 任何重要的变革
> 来临之时，
> 总是时机与风险共存，
> 机遇与挑战并行。

第21章 风险与挑战

区块链概念如日中天，各种区块链概念股的股价如过山车般惊心动魄，无数区块链创业公司不断涌现，区块链项目也迎来爆发式增长，越来越多的机构开始重视并参与区块链技术研发。作为一种去中心化的分布式账本数据库，区块链已经站在了时代风口之上。

这项新兴技术的诞生将大幅降低价值传输成本，并进一步极大地解放生产力。

然而，任何科技都是一把"双刃剑"，区块链也一样，有光明的一面，也有黑暗的一面；有机遇，也有挑战。实际上，区块链本身的发展并非一帆风顺，其在内外部因素上都面临着诸多风险与挑战，在技术成熟度、稳定性和标准化方面也还有很长的一段路要走。

区块链存在的风险

区块链作为新兴技术尚不成熟，目前，基于其构建的系统应用面临着多种多样的风险，除去技术使用本身所导致的风险外，还需对法律和安全等风险加以分析和警惕。

1. 技术风险

区块链的技术风险是指伴随着区块链技术发展过程中而发生的风险。在区块链中，主要表现在以下几个方面。

（1）共识机制

共识机制是在区块链上确保记账能够真实有效、完整记录数据的共识数学算法。

共识数学算法一直处于不断完善之中，目前尚未出现一个完美的共识机制。最通用的是PoW、PoS、DPoS等，它们虽有着各自的特点，却也有着各自的缺陷。

以比特币为例，比特币的共识机制为PoW，在PoW共识机制下，作恶成本要比获得的收益高，它通过消耗大量计算成本来确保所有人不作恶。比特币的共识机制PoW讲究"算力为王"，过分追求了公平和透明，而效率与公平总是难以平衡，这就造成了高效率的损失。

（2）加密算法

区块链属于算法高度密集工程，运用了多种加密算法，如哈希单向加密算法、非对称加密算法（RSA算法）、椭圆曲线加密算法、数字签名等。

密码学有两个基本的假定，一个是算法使用的随机数是安全的，另一个是密钥是安全未泄露的。两个之中任何一个出现问题，密码算法的功能都将崩塌，相当于无任何保护作用。比特币上的账户地址是全网公开的，任何人根据账户地址就能查到该账户的所有交易信息。

当今设计的密码算法主要是可证明安全和计算上安全的算法，却并非绝对安全的算法。随着密码分析技术的进步及人类计算能力的逐步提升，很多密码算法将会暴露出弱点。哈希算法理论上碰撞是确定存在的，不可避免的，只不过发现碰撞的难度较大。2004年，我国密码学家王小云发现MD5哈希算法的弱点，这说明哈希函数的碰撞破解只是时间问题。而数字签名下的因子分解和离散对数问题，也会在量子计算模型下变得更易求解。

因此，我们并不能断言算法是完美的、没有缺点的。区块链所采用的加密算法是否有漏洞、是否会在哪一天被破解而直接影响区块链的正常运转，都是未知的。

（3）智能合约

在某种意义上，智能合约的存在就像是一个美丽而充满诱惑的潘多拉魔盒。

智能合约应用中比较典型的是以太坊，它的智能合约是图灵完备的，也就是理论上计算能力完全等价于计算机。以太坊的图灵完备会带来非常大的好处，如开发者（或用户）可以通过简单编码实现各类数字合约的产生，也可以通过编码对以太坊上流通的数字资产进行精确控制。这是区块链质的飞跃，但在带来好处的同时，也存在着一些问题。

首先，如同计算机存在计算机病毒威胁一样，由代码编写而成的智能合约理论上一样可能受到相应的智能合约病毒威胁，即智能合约理论上一样存在智能合约病毒。这种病毒可能会通过感染修改其他合约的方式，实现合约发起者意图之外的功用。

另外，就技术层面而言，人与智能合约的交互运用尚不够完美，即现在的智能合约仍处于浅层次的运用，很难完美展现出人的真实意图，理论上也不存在这样的"完美智能合约"。

由于区块链技术的不可篡改性，现阶段的智能合约在修订后想要更新（升级）也会非常困难。一旦合约发起者想修改合约的细节或者发现合约漏洞，将很难通过升级的方式来解决问题。而现实生活中的合约基本上都会注明一条"未尽事宜协商解决"，这是为了在发现合约漏洞时修订或者合约需要变更而设定的，而"协商解决"究竟如何定义、如何同步是当前尚存的疑问，就目前看来，智能合约在这方面还有很多值得研究和探讨的问题。

2. 法律风险

正所谓"技术无罪"，就区块链技术本身而言，只要不涉及伦理，本不应成为法律的规制对象。然而创新技术发挥什么样的作用往往取决于掌握在什么人手里。计算机从诞生之初，就伴随着黑客攻击和病毒的依附式成长，归根到底，这是由人性所决定的。

作为一种配置社会资源的机制，法律能够简化社会关系的复杂程度、节约交易成本，帮助社会成员安全、规范、有序地进行交易。当去中心化的区块链技术成为社会风口，以其技术为基础的数字货币交易日渐增多时，我们不得不重新思考这一技术所面临的法律风险。

（1）监管不明确

国家对货币有主权要求，而具有去中心化等区块链特征的数字货币到底是否应该纳入国家监管体系，以及如何纳入国家监管体系，是个进退两难的问题。

目前全球对于数字货币的监管态度并未统一明确，而正因为各国对虚拟货币的合法性问题以及监管态度的不同，整个市场都处在摸索期，所以监管政策的每一个细微变化都会引起巨大波动。

2017年9月14日，中国禁止比特币交易平台，比特币中国官方微博发布公告，称该数字资产交易平台即日起停止新用户注册，并称，2017年9月30日数字资产交易平台将停止所有交易业务。比特币一度大跌32%，莱特币大跌57.3%，比特币金暴跌72.32%。

2018年1月30日，韩国开始执行加密货币交易实名制，只有当交易者账户和加密货币兑换账户的户名相同时，才允许存取款。加密货币普遍下跌，比特币价格跌破1.1万美元。

虚拟数字货币的去中心化，是通过人与人之间的认同后进行流通与价值交换，以认可其价值的人作为信用背书，从而实现其货币功能的。一旦失去信用背书，它的存在性和公信力都会大打折扣。数字货币近些年来的发展是以使用者的彼此共识为支撑的，政府无监督、不明确状态下的自由交易，为市场埋下了法律隐患，长此以往，问题一定会暴露出来。

（2）智能合约的司法认可

区块链技术的广泛应用离不开智能合约。

区块链技术基于法律框架，通过预设自动执行的智能合约，在约束并引导人们的行为的同时引入了技术，依靠技术使信息更加透明、数据更加可追踪、交易更加安全成为现实，大大降低了法律的执行成本，法律的约束与执行逐渐走向智能化。

但是这种强制执行的权力是否能被现实世界的法律所认可呢？

区块链技术中，智能合约的效力问题目前还没有得到法律和司法的正式确认。智能合约作为数字编码的形式体现出来的合同文本尚无法确知，是否可以构成生效合同的要件，是否符合司法采信证据的真实性、合法性和有效性……这些问题也将影响智能合约的广泛应用。

3. 安全风险

区块链技术存在的安全隐患与数字货币的资金安全密切相关，如何有效确保资金安全，抵御各种安全风险，已成为区块链行业发展的重要一环。

（1）密钥安全

区块链技术的一大特点就是不可逆、不可篡改，但这一特点是建立在安全密钥的基础上的，安全是区块链世界的基石。以比特币为例，其密钥与以往任何体系不同。私钥是每个用户自我生成且自己负责保管的，理论上不会有第三方的参与，因此，私钥一旦丢失，任何人都无法对账户的资产进行任何操作，不存在找回密钥和补发密钥的可能。

多重签名技术在某种程度上能解决部分密钥丢失的问题，但因为目前区块链技术未标准化，所以多重签名技术实际实施起来非常复杂，而且要根据各自的链设计与其配套的复杂密钥管理及使用体系。

使用一种验证方法的认证方式叫单因素认证，使用两种的叫作双因素认证。双因素认证或称为多因素、两阶段验证，基本上包含下列前两种的验证方法。

① 知识因素（knowledge factor）：某一个使用者所明确知道的，它可以是一个密码、默认的问题，或是在手机上滑一下的动作（手机滑动解锁）。

② 持有因素（possessionfactor）：某一个使用者拥有的，这可以是一个小型的硬设备，如智能卡、USB、电子狗或是智能型手机Token。它们能产生独特的一次性密码，通常由用户手机上的应用程序所产生或被传送过来。

③ 与生拥有因素（inherence factor）：某一个使用者本身的东西，即本体特征，这通常需要一个生物特征辨识器用来侦测某一个人拥有的身体特征，如指纹、瞳孔周围的虹膜或声音。

目前单因素认证早已经被业界认为是不安全的，由此市场上出现了许多主要的双重验证的方法，包括第二密码、智能卡、手机硬件Token，或是应用渐广的各种生物辨识技术，每种都有利有弊。所以国内和支付相关的应用除了密码以外，至少也得发一个验证码给手机，这就是对手机的资产因素验证。但用户进行大部分的资产因素验证并不具有理论上要求的可信环境，即不具备终端安全，这就使私钥暴露的风险大大增加。

以手机作为资产因素验证在保护低价资产的时候还可以忍受，但往往区块链相关业务都是有重要价值的，其价值远超手机本身，手机本身价值不足以保护区块链相关数字资产。且采用知识因素的第二密码或通关密语虽然方便，但简单的密文不安全、复杂的密文又容易遗忘，而且容易被破解，或是遭键盘记录程序窃取。

那么使用本征[①]因素怎么样呢？是不是三因素认证就会解决这个问题？安全业界对使用本征因素存在非常多的争议，主要的反对理由就是，本征类别的特征大部分是生物本体特征，一旦泄露将会对个人造成很大影响。

因此私钥认证所需要的可信计算环境在很大程度上是缺失的，且私钥的补发管理与区块链的去中心化和分布式思想相冲突。

（2）代码漏洞

国家互联网应急中心在2016年10月曾选取了25款具有代表性的区块链软件进行检测，在代码层面发现高危安全漏洞和安全隐患共746个。因此，区块链的代码安全性非常令人担忧，每个区块链项目开发团队都应该对关键代码进行严格、完整的测试。

基于零知识证明的匿名数字货币Zcoin（中文名零币）就曾发生过此类安全事故，它于2017年2月宣布，有攻击者利用了协议实现代码中的一个打字错

---

① 本征，即物质本身的特征。

误生成了 37 万枚零币，相当于整个零币市场价值的四分之一，约合不到 50 万美元。换句话说，目前流通的零币有四分之一是伪造的。

开发者称，攻击者利用的是实现代码的 bug 而不是协议或加密方法的漏洞，该漏洞让攻击者能够"双花"——也就是重复使用有效的零币。开发者表示不会屏蔽任何零币，在矿池和交易平台更新代码后交易将会恢复。Zcoin 和 ZCash 是目前使用零知识证明的数字货币，两者的区别是 Zcoin 的交易是公开的，而 ZCash 的交易是非公开的，不会在区块链中留下痕迹。

（3）其他安全隐患

除了上述提到的私钥安全及代码漏洞，还存在着诸多安全隐患威胁着区块链行业的资金安全保障，如时常发生的交易所事故、黑客劫持、木马病毒盗窃、热钱包失窃、处理器安全漏洞等。

2018 年 1 月 4 日，英特尔、AMD 和 ARM 这三家制造的 CPU 就被揭示存在安全漏洞，处理器内核内存的数据可能遭黑客窃取，令用户的密码等敏感数据外泄。据悉，目前 90% 的电子设备都会受该安全漏洞影响。受此影响，Bittrex 交易所在服务器修补期间迫使钱包下线。

区块链遭遇的挑战

针对区块链潜在的各种风险，我们需要预留处置措施，实现风险管控，降低风险影响的同时，也应未雨绸缪，针对区块链技术本身遭遇的挑战做好应对措施。

1. 中心化还是去中心化的选择

在交易中，信息不对称、搜寻成本、匹配效率、交易费用、规模经济、风险控制等因素，使得用户在去中心化与中心化之间一直徘徊。一方面，在创新与变革过程中，有大量的"伪去中心化"机构，不管是互联网企业，还是许多 P2P 网贷和股权众筹平台，看似去中心化，实际是以新中介形式出现的，本质上还是中心化机构。另一方面，在现有经济社会组织模式下，去中心化的区块链因为效率等问题而无法被广泛应用。这两方面的原因使用户在选择区块链时，一直在去中心化与中心化之间犹豫，而如何选择才能达到效率与安全的双兼顾，是一个难题。

2. 性能瓶颈

区块链的性能瓶颈会极大地制约区块链的应用场景。

（1）区块链体积过大

随着区块链的发展，节点存储的区块链数据体积会越来越大，存储和计算负担将越来越重。以比特币区块链为例，2017年4月，每月块大小之和为4251.21MB，2018年1月区块大小之和达到历史最大值，为5330.97MB，如图21-1所示。这还只是一个月的区块数据体积，想象一下：比特币运行了快10年的所有区块数据总体积会有多大？用户如果使用比特币核心客户端进行数据同步的话，可能三天三夜都无法完成，并且区块链的数据量还在不断地增加，这给比特币核心客户端的运行带来了很大负担。

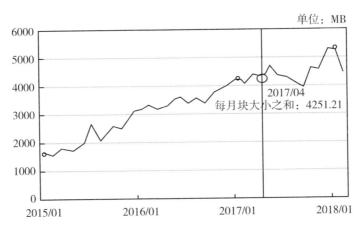

图 21-1　每月块大小之和

（2）交易时间确认

目前的区块链系统尤其是金融区块链系统中，存在数据确认时间较长的问题。以比特币区块链为例，当前比特币交易的一次确认时间大约需要10分钟，一笔比特币交易需要6次确认，这需要等待约1小时，当然对于信用卡动辄2~3天的确认时间来说，比特币已经有了很大的进步，但距离理想的秒级甚至更低的确认频率仍有较大距离。

（3）处理交易频率问题

区块链系统面临交易频率过低的问题。还是以比特币区块链为例，每条交易的平均大小约为250个字节（bytes），如果区块大小限制在1MB，那么可以容纳的交易数量为4000条。按照每10分钟产生一个区块的速度计算，每天可以产生约144个区块，也就是能容纳576 000条交易，再除以每天的秒数86 400，比特币区块链实际最高每秒处理6.67笔交易。2017年12月每月交易数量达到最大，为11 190 438笔交易，如图21-2所示。比特币区块链上每天的实际交易量已经接近系统瓶颈，如果扩容问题没有得到解决，大量交易下可能造成堵塞延迟。

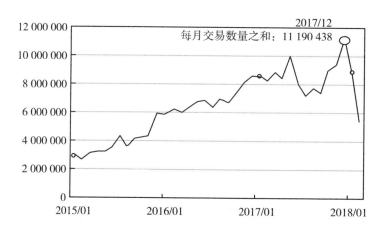

图 21-2　每月交易数量之和

中本聪在白皮书中指出，比特币可以实现低成本快速转账，但从比特币的实际应用来看，形成了悖论：实际运用中，"矿工"会选择手续费高的交易进行打包，用户为了使自己的交易被更快地确认，就增加手续费以吸引"矿工"，大家都希望自己的交易优先被确认而付出大量的手续费，这就使得交易手续费被节节抬高；实际的手续费与理论上的低成本快速转账相悖。区块链性能是困扰其发展的最大瓶颈，目前比特币交易只能达到每秒6.67笔交易，相对于VISA公布的每秒44万笔交易，实在相差太多。虽然也有些新的区块链技术号称能够做到每秒几万笔交易，但基本上都是基于实验室环境下，并未进行大规模应用。

而传统交易所的处理速度却相当快捷，纽约证券交易所核心系统对速度要求是每秒百万级别，上海股票证券交易所与深圳股票证券交易所要求达到每秒几十万笔交易，物联网则要求达到每秒几千上万笔交易。

对比区块链的交易处理速度，传统中心化机构的处理速度无疑效率更高，这也就是为什么现在国外的区块链创新都围绕在一些速度处理要求不高的鉴定、存证等场景的原因。在比特币的交易网络中，交易处理缓慢，当遇到大量交易时需要等待5~6小时才能被确认。而对于提升交易性能的方法，如半中心化处理节点或扩容等也存在很大的争议。

交易处理过慢的根本原因是，在分布式、一致性保证的前提下，性能被牺牲掉了。"多快好"的方案是不存在的，选择了"多"（分布式）和"好"（一致性），就必须放弃"快"（性能）。由于性能瓶颈，导致比特币转账费用持续攀升，这与中本聪的初始设计相违背。

3. 效率与安全的二元平衡

区块链能否真正获得生命力，在传统规则里"突围"且融合，取决于其能否找到"二元平衡"的平衡点，以下是在寻找平衡点时常遵循的两点原则。

① 运行的效率有时并非"越快越好"，过于追求效率可能会带来严重的安全问题，如资本市场高频交易会导致"双花"。

② 新技术和规则还需要基于安全的压力测试，包括产品安全、技术安全、系统安全、信息安全、资金安全、国家安全等。追求高安全性会失去高效率，比特币系统为了数据传输的安全性，故意延迟了消息的效率，为数据传输加上了发送成本，这实际上是为了高安全牺牲效率的做法。

区块链的内在理念实际已探索多年，现在更需找到理论扎根的"土壤"，探索与主流行业体系的结合点，实现共享、融合的新生态。

4. 量子计算机的威胁

区块链的自我激励机制保证其能够在去中心化的条件下自我运行。区块链加密技术大部分使用的是非对称加密，用相应的公钥验证私钥后来签署交易，以确保比特币等区块链资产只能被合法所有人使用。但量子计算机却可以破解不对称加密，量子计算机可以在几分钟内从公钥推算出私钥，在知道所有的私钥后，拥有量子计算机的人们就可以随意支配比特币等数字货币。

当然，量子计算机什么时候问世本身也是一个问题，数字货币协议也在不断地加入新的加密标准，但量子计算机带来的潜在威胁，对于区块链发展也是一个挑战。

5. 技术标准化

目前，由于公有链、私有链和联盟链被分为不同的技术体系，各自使用的技术代码不同，缺少一套在区块链上写入交易的技术标准。事实上，各大开源联盟组织都有其各自的标准与代码，但这种发展，由于区块链的广泛使用又变得复杂，因此也就需要采用最合适的形式标准来解决这些用例。区块链技术逐步演变下，规范这种发展环境，有助于推动标准的采用，以及将这些联盟聚集到一起，从而形成区块链技术标准化。

以 R3 联盟[①]为代表，越来越多的组织希望实现区块链技术标准化。但客观来看，区块链距离标准化发展的成熟阶段尚远，因为区块链技术还存在许多不足，也未经历市场和行业的充分检验。此外，区块链标准需面对不同层面的矛盾，如市场化原则和国家利益安全的矛盾，这可能带来不同的标准制定思路；对于软件标准和硬件标准的配合，在金融应用中同样不容忽视；对于商业化原则还是公共性原则，针对区块链技术底层还是应用层，都有不同的标准。

区块链标准探索虽然重要，但也不能脱离实际急于求成，R3联盟遭遇的危机就体现出这一点。同样，区块链标准的竞争时代，又是否会造成市场混乱和泡沫，也值得充分思考。

---

① R3 联盟，是由 R3CEV 区块链创业公司发起的区块链联盟，至今已吸引 40 多家巨头银行的参与。

结语：挑战之下的新机遇

区块链发展如此迅速，背后有其深刻的必然性。

它的迅速发展不是偶然，它具有着独特优势，如数据的确权使用、价值的高效传输等，将在未来改变很多行业的面貌，如金融服务、慈善公益、物联网等。因而，区块链绝非无足轻重的领域，而是兵家必争之地，必须给予足够的重视与思考。

区块链技术诞生以来，虽技术创新与突破层出不穷，但社会级别的大规模应用实践仍然不足，底层技术不成熟，基础设施不完善的状况并没有得到根本改观。众多区块链实践，事实上搭建了更多的价值孤岛，这与区块链"价值互联网"的美好愿景南辕北辙。

在区块链底层技术获得实质性突破之前的这个阶段，虽然问题重重，风险与挑战并存，却也恰恰是一个新的战略机遇期。当前，区块链的发展虽不完善，却有着不容小觑的前景。对于每一个区块链行业的从业人士而言，面对这般局势，更应从长远角度出发，深耕技术，在坚实牢固的地基上搭建城堡，以期通过技术优势在未来市场中占据竞争优势。

> **思考题**
>
> 如果某加密货币的算法出现了漏洞，那么该加密货币社区该如何处理这个问题？

第22章 区块链重塑人类社群生态

> 区块链技术的发展和应用,将通过重塑社群,使超越主权障碍成为一种可能。

纵观人类历史,族群化、社区化、社群化是社会演化的自然结果。

大到家族与村社、宗教与政党,小到兴趣小组与各类俱乐部,都是社群组织形式的呈现。虽千百年来有所异同,但社群的链接形式始终变化不大,其以"空间疆界"为第一性原理,依托于血缘、地缘、信仰、经济、法律甚至枪炮建构起人与人之间小范围交往的稳定结构。

直到互联网的出现,这种小而窄的传统社交疆界才被打破。人们可以通过互联网轻松自如地产生链接,跨越种族国度,突破时空界限,自由沟通交流。但这种链接只是拆除了传统社群的隔墙,缩短了人与人之间交往的距离和成本,并没有真正地建立起一种具有黏度、自信任的社群生态,是一种弱链接。

而区块链技术的出现,会将这一弱链接转化为强链接。其去中心化的特性能打破传统互联网的信息传播和价值传递的边界,并在互联网的基础上,通过Token激励为社群参与者创造经济利益,通过共识建立起一同认可的社群信仰。

从社交、社区到社群的进化

虽然社群组织形式诞生已久,但社群概念的兴起却是在互联网诞生之后。对于互联网上最早出现的群体聚集现象,人们将其称为"虚拟社区"。著名社会学家 Howard Rheingold 在他的《虚拟社区》(*The Virtual Community*)一书中就提出过"虚拟社区"的概念:人们通过互联网互相链接,突破地域限制,彼此沟通交流,分享信息和知识,形成相近的兴趣爱好和情感共鸣,这种特殊关系网络就是"虚拟社区"。

如今,二十多年过去,互联网世界仍然一直在变。从 Web 1.0 到 Web 2.0,再到移动互联;从最初的 BBS、博客、微博,到现在的微信及各类社交应用;从基于信息、内容交互的网络形态,演变到基于价值、精神交互为主要特征的网络形态。人与人的链接内核也经历了从社交、社区到社群的进化。

1. 早期互联网:社区里的站长与博主

互联网最初由一群称为"极客"的技术狂人所创造,他们因对技术的痴迷而自发聚在一起创造了互联网世界。如今看来,这一举动本身也颇具社群链接的本质特征——基于一定的需求与爱好将大家聚合在一起。而互联网的爆发也是从社区网站开始的,那时,个人站长盛行,动辄组建社区。天涯、猫扑和西祠胡同也曾经是那个时代的"独角兽"。

后来,随着技术的发展及第一次互联网泡沫的幻灭,2004年,身为互联网先驱的奥莱利[①]副总裁 Dale Dougherty 首次提 Web 2.0 概念,一个人人都是创建者的去中心化时代到来。相对于个人站长时代,Web 2.0 则更注重用户的交互作用,用户既是网站内容的浏览者,也是网站内容的制造者。在模式上由单纯的"读"向"写"及"共同建设"发展;由被动地接收互联网信息向主动创造互联网信息发展,从而更加人性化。

在这个时代,"一对多"和"多对多"的传播模式并存,RSS、博客、播客、维基、P2P下载、社会书签、SNS、社区、分享服务等成为 Web 2.0 里十分重要

---

① 奥莱利,即 O'Reilly Media, Inc.,是世界上在 UNIX、X、Internet 和其他开放系统图书领域具有领导地位的出版公司,同时是联机出版的先锋。

的元素,因为它打破了站长或编辑人员的信息垄断,个人价值获得前所未有的尊重。

然而,在这个时代,互联网的魔盒也仅仅只是打开了一个小小的空间。PC时代,LBS无处施展,西祠胡同、19楼、博客天下及那些以××地名打头的QQ群,也只能满足那些充满着荷尔蒙气息的70后、80后最初探索世界的梦想。互联网世界发展到像加拿大思想家麦克卢汉所说的那样——成为身体器官延伸的一部分,其实是在智能手机普及之后。

2. 移动互联网:社群崛起

2008年7月11号,iPhone 3G 正式发售,预装 iPhone OS 2.0 和 App Store;2011年1月21日,微信发布了首个版本1.0。通过手机,移动互联网以前所未有的渗透力,直接越过蛮荒的田野,迅速占领广袤的大地。许多农村家庭连电脑都没摸过,就直接通过手机微信与地球另一侧的人互通音信。

此时,移动智能终端成为人们一个延长的"器官",信息沟通、支付、娱乐、社交都在上面一揽子解决,慢慢形成了以社群为依托的市场,如各类微信群、公众号。也有人将社群做成了"小范围的集市",做起了广告,卖起了产品。

如今,云计算、大数据、人工智能飞速发展。与此同时,尽管许多人不愿意承认,但发端于2008年中本聪一篇论文的区块链技术,也正在悄然改变着世界,成为今天最为火热的话题。

3. 社群 vs. 社交 vs. 社区

社交是人类与生俱来的需求,有人的地方就会有社交。互联网社区是在社交基础上,通过一定的形式和链接形成的,以内容、话题、兴趣为中心的群体组织。随着技术的演进和时代的发展,如表22-1所示,社群靠制度化管理,输出面向定向群体,人与人之间的互动是交叉连接的关系等特点,都使社群取代社区不可避免。

表 22-1 社群、社交、社区对比分析表

维度	社群	社交	社区
本质	价值观	关系	内容
概念	一群人做不同的事	两个人一起做同一件事	一群人做同一件事
内容	集中	定向	不定向
群体特征	共性人群，人群层次差异不大，共同追求一样事物	人群高度集中，互联网化程度高，愿意尝试新事物	人群收入稳定，消费力强，对新事物接受能力强
输出	定向群体	一对一	无特定群体
构建类型	需要制度规则要构建	自由构建	选择性构建
情感	归属感	存在感	参与感
互动	交叉连接	即时交流	关注认可
产品/服务	主题发散但聚焦	自发性	固定主题
管理	制度化管理	自由化	集权化
运营	自治	个人	管理员负责
维护	价值	人品	兴趣爱好
关系	中关系	强关系	弱关系
特点	核心人物	没有	去中心
模型	面	线	点
传播速度	传播速度快，用户精准	传播速度慢，用户关注度低	传播速度快，用户较分散

相比于社群，社区重度依赖管理者（版主）组织，采用集权化管理，输出无特定群体，个体进入社区主要目的是获取内容，并无社区归属感，人与人之间是通过兴趣爱好建立起来的散点状弱关系……这些都为社区的衰落埋下各种隐患，主要表现为以下三点。

① 社区疆界与体系封闭，为其衰落埋下了隐患。基于社区的链接，疆界过于明显，社区之间各大中心结点无法自由互通。

② 社区未能形成稳定的共识和统一的信仰，使社区极易被新兴物种所取代。互联网的本质就是去中心化的集群社区，稳固的社区需要人格化的信仰中心。

③ 社区未能形成稳定的利益链接，这是其衰落的根本原因。任何事物的长盛不衰，除了精神层面的情怀绑定，还须有经济层面的利益机制。否则，"何必曰利"的一群人在精神激励下轰轰烈烈一阵之后，随着年龄和激情的消减，逐渐退出历史舞台，社区后继乏人，衰落不可逆转。

区块链与社群经济的价值重塑

1. 社群的本质：自由与民主

人对自由的向往，催生了更高维度的社群。在社区基础之上，社群基于某种利益、价值、情感、信仰而实现自组织、自运行，个体进入社群可以获得人脉、建立信用，满足归属感和安全感等需要。

社群本身是和社区相互依存的。只不过，随着社交工具的日趋多元，社群必然从一个独立的社区内走向整个互联网，从"社区下的社群"演变成"社群化的社区"，QQ群、微信群、SNS、论坛、微博、公众号等都可以成为社群的生存平台。这样一来，社群成员并不依存在同一个固定的社区平台之上，他们可以是散布在各个平台之内的独立个体，被同一个信仰统一体链接集中在一起，然后在各个社群工具之间来回交叉互动，形成一个松散型的社区。

场景即产品，产品即社群。社群一旦形成，其商业价值就不可小觑，社群成员为产品而埋单，这比社区单纯依靠第三方付费（广告）的动力更为坚实。如图22-1所示，社区是一群人的松散聚集，社群是人、事、物在场景中的链结。

第 22 章 区块链重塑人类社群生态

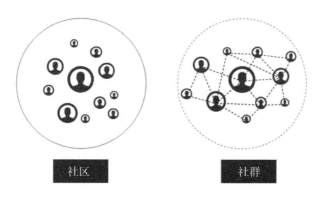

图 22-1 社区与社群对比示意图

2. 社群的痛点

尽管社群的出现，具备社会网络、人际关系、心理上的深层基础和文化动因，然而在传统的以信息传播为主的互联网时代，其痛点仍然坚不可摧。

通观以往的社群，大多都由少数人充当优质内容提供者，极少数人充当社群管理者和投资者，多数人仅仅作为内容获取者。社群参与者的大部分只能在其中寻找存在感与归属感，而社群建设、利益分配、价值发展不可能惠及每个人。进一步说，社群的价值是在少数人与极少数人之间产生的，然后通过绝大多数参与者进行分享和传播，但最后的收益则是在少数人和极少数人之间分配。这样，价值流与收益流就封闭在一个小范围内。

亦即说，社群是基于社区的升维，然而受限于传统的技术，并未摆脱中心化的架构设计和内容安排，无法在人人参与和人人获益的场景化体验中，获得源源不断的价值再造，无法完美解决社区在实现自由和民主之路上的三大痛点：

① 边界和机制；
② 利益和价值；
③ 共识和信仰。

3. 区块链下的社群构建

区块链技术的出现，则让人眼前一亮，仿佛使人抓住了一把打开社群经济新殿堂的钥匙。

区块链网络乘以网络、信任构建信任、价值无限传导等特点，与社群的网络链接形态本质上是相通的。因此，区块链技术可以在铲除社区痛点、为社群建设和持续发展方面带来一些革命性的变化。

（1）打破边界

区块链的链接机制，有助于打破信息传播和价值传递的边界。去中心化的区块链技术实施全网络节点的共同记账方式，网络越复杂，节点越多，区块链网络就越安全，价值就越大。这种链接在社会经济特征不同的个体或群体之间发生交互，它跨越了不同的信息源，并打破边界，使参与者的贡献成为价值，其参与者越广，价值也就越高。社群所有人的共识、所有人的信任、所有人的参与，是其价值产生的基础。

（2）Token激励

区块链技术带来的资产Token化，让权益具备更高的流通性，照顾了参与者的利益诉求，也满足了资本世界的发展逻辑。参与者手中Token的价值取决于整体的网络价值，人人参与，人人互信，才有分布式点对点的投入，投入越多价值越高。相反，越不被信任的区块链网络，越是一文不值。这种基于网络叠加几何数发展的形态，满足了信任的需求，也促进了社会资本的进一步凝结，因而让每一位参与者都有机会获得经济上的利益。

（3）建立信仰

区块链价值传输的协议网络是基于共识算法开发的，它在每一个节点之间建立了一种普适的信仰。这更像是自由经济模式下的物物交换，是共识主动性文化体系下的产物，这与基于HTTP超文本传输协议的信息互联网以信息换取信任是不可同日而语的。因此，作为社群成员之间的链接，具有从价值共识到精神信仰的一贯性，他们对于社群生态的态度，也从最初级的认同、服从，上升到主动维护和誓死捍卫。

4. 区块链重塑社群经济

在传统的社群经济中，价值是由极少数人创造的，普通用户没有持续动力参与价值创造。而区块链技术的应用，使Token融入传统的社群当中，个人角色发生了颠覆性的剧变。

（1）从"打酱油"到利益持有者

无论你是创作优秀内容，还是推荐优秀内容，抑或是做社区管理者，甚至你就是"打酱油"，系统都可以用Token作为奖励，奖励的多寡，由系统机制和共识算法决定。Token的价值是和社群的价值绑定的，也就是说社群产生的价值越大，Token价值越高。用户的角色不再仅仅是平台使用者，也是平台的利益持有者，天然希望平台发展良好，从根本上改变了用户的行为模式，自然而然就完成了从消费者到投资者的身份转变。

（2）从社群参与者到管理者

传统的投资模型中，持有某公司部分股权，并不代表就能享有该公司的管理权。但Token的出现，通过共识约束的参与机制下，社群参与者天然地具备社群管理的机会。参与的逻辑是，在某个特定的具体方向上，社群参与者通过研究、宣传、制造影响力，并申请该板块的创建权和管理权。本质上，能否得到管理权并不在于持仓该币的多少，而在于在该项目中的影响力大小。

（3）从管理者到广告运营商

以国内某加密货币社区为例，主题版块是管理经营的一家"店铺"，版块的人气越旺，则版块顶部的广告价值越高，因此管理组能够获得的收益也相应越多，这就会促使其他版块的管理组也竞相效仿，以生产更为优秀的内容。

总而言之，区块链技术带来了真正的民主自由，使"个人角色"有了新的定位，每个参与人都能够获得相应回报，极大地缩短了从付出到收益的反馈过程，建立了一个"付出——收益（增值）——再付出"的循环的生态。进一步说，区块链的应用和Token的出现，改变了价值流与收益流，使普通用户也能够创造价值、获得收益，这样就使价值流和收益流的小范围闭环得以打开，让更多的参与者能够付出并得到回报。

鉴于这种优势，社群向参与者赋能，参与者通过工作量证明，获得相应回报。其不仅可以获得价值，更能展示自己的价值，进而获得收益并公平分配。价值和风险共担，真正实现用户与社群的良性互动。

超级社群形成的区块链文明

如果说以TCP/IP协议为基础的信息互联网的出现迅速降低了人类的交往成本,那么以区块链为基础的价值互联网则正在使人类组织的横向革命从生产领域扩展到人类社会的其他领域,并迟早会将我们每一个人大脑内部的思维网络并入那个无比扩展了的外部网络,从而彻底改变人类传统的"主体—客体"认知模式。而这一改变,将从超级社群开始。

1. 超级社群

社群起于人们对存在感、归属感、自由感的追求。在此基础上,区块链技术为社群参与者创造经济利益提供了天然条件,这就进一步加强了成员对社群的认同。

同时,由于区块链模式下的社群网络形态,具有网络乘数的效应,这也就意味着,社群间可以打破疆界、广泛联结,进一步拆除传统社群人与人之间的心理隔墙。

正如帕拉格·康纳(Parag Khanna)在《超级版图:全球供应链、超级城市与新商业文明的崛起》(*Connectography:Mapping the Future of Global Civilization*)一书中提出的,随着全球性超越主权的分权与聚合,城市与城市群将成为未来的趋势,城市的辖区边界和管理边界,将因生产要素和文化的衍生而变得越来越弱,随之产生的将是超级城市。反观近年来社群间的共生与发展,联盟化的"超级社群"也在慢慢浮出水面。其表现形式有以下两个方面。

① 体量巨大的社群,将通过社群赋能,内部裂变,形成亚群。这种以"内部赋能"为前提的亚群的出现,就如时下流行的"内部创业"或大企业中的生态企业,是一种良性的裂变,并使生态变得丰富多元,活力非凡。

② 社群与社群之间,也可以通过技术与合约,达成共识,互通有无。引入Token机制后,生产关系的改变不仅会发生在社群内部,社群与社群之间的协作关系也将被改写。社群之间的联盟模式,各Token可以相互兑换,为一些在社群之间具有需求转化的参与者提供一个便捷的切入途径,同时达到各个

社群之间的互补效果。比如比特币、ETH、EOS，代表的是三大不同社群的"Token"，他们之间的互换和流通，相当于价值上的互换。未来，此类互换将越来越多，分工协作也会越来越频繁。

2. 区块链文明

依托于群内赋能和群际流通，超级社群和社群联盟将成为未来一大显性趋势。这一趋势，将大大促进现有文明组织形态的变革，加速区块链文明的形成。

传统的文明组织中，国界线表示国与国的隔离。不同政权强调本国的国土主权，限制人员、资本、资源、技术的流动，而在互联时代，国家必须选择与其他国家、其他区域连接，连接的力量超出了政治和军事的力量。

然而，事与愿违的是，一方面全球不同主权国家之间通过修建基础设施，打造供应链，实现资源、生产、服务、消费的连接；另一方面，又在不停地进行权力角逐，新的贸易战和军备竞赛此起彼伏，到处充满了贸易屏障和防火墙，全球各地都是深沟高垒。

区块链技术的发展和应用，将通过重塑社群，使超越主权障碍成为一种可能。区块链技术促进独立社群的发展壮大，这是区块化的强化效应，也是社会网络强联结关系的体现。真正高维度、高价值的社群，并不止于满足社交需求，而是提供基于信任的身份认同，以及对场景需求的满足。同时，社群通过群内赋能和群际流通，共享资源和繁荣。

结语：人类文明组织形态的新变革

人类交往活动的形式在很大程度上决定着人类社会的规模与人类认识世界的能力。

从宗族到党派，从社区到社群，人类交往的组织形式在不断突破时空界限的同时，也在不断地建立人与人之间更多的信任，并在这一过程中改变人类社会，不断地进行更大规模的协作与交换。

而区块链技术下超级社群的出现，将会再一次促进人类文明组织形态的新变革。其分布式、去中心、共识机制等特点，将重塑新社群经济，改变参与者的角色和身份，使社群接近自身本质——存在感、归属感，亦即民主和自由。

一方面，超级社群使价值流与收益流得以打开，从而惠及所有用户，真正实现了社群与用户的共赢成长。另一方面，它回归了民主精神，为马克思所预言的实现自由人的自由联合提供了技术条件，但由此带来的人类文明组织形态层面的变革也将是一个长期的过程。

> **思考题**
>
> 超级社群是对区块链模式下社群网络形态的一种预判，对于这样一种预判你是否认同？有人说，虽然区块链社群一开始是由Token进行绑定的，但最后将由信仰来绑定。对于这一说法，你又是怎么看的？区块链文明之下的社群最终会如何演变呢？

> 当信息、人、物体以万物互联的方式被陈列在区块链上后,整个世界就成了一个0或1的隐喻。

第23章 未来：人即货币

看懂了《黑客帝国》的人,心中一定难掩悲哀——这是人类的终极归宿?

看懂了《三体》的人,心中只怕也有不少抑郁——文明之争如此冷血?

当区块链技术以摧枯拉朽之势呼啸而来,曾经以为2140年（预测比特币被挖完的那一年）才会到来的场景触手可及,矩阵已成,"三体"降临,这一切并不遥远。

技术进化比想象的要快得多,互联网、区块链、算力、AI或将重新定义人类之存在?

人性向左,技术向右,人类的田园时代是否就此终结?

这一切还是要回归到思考人本身的问题——人在未来,将如何存在?

如果人类文明最有用的数据在链上运转,那么,虚拟和现实界限必将模糊,人与货币之间渐渐融合。

到那个时候,人从出生起就是天生的点对点的信任机器。

最后,人似货币,人本身成了衡量一切的价值标的。

创世块与你共生

先来梳理一下历史：2009年1月3日出现的比特币，虽然被赋予货币属性，但它只是向法币世界刺出的一把利剑，最初的想法很简单，就是颠覆华尔街掌控的百年特权。

作为一个极具情怀的技术极客，中本聪的想法简单，目的纯粹，希望通过P2P+密码学+编程合约让每个人获得铸币权，这从比特币的创世区块对英国财政大臣的讽刺可以看得出来。但它仍然是一个中间等价物，参照系是现实世界的法币和黄金，中本聪没有将这个币的价值与自己绑定。

不过区块链技术的车轮一旦启动，特别历经ERC20标准洗礼后，人人发币不再是一个梦想，如果每个人的价值上链之后，那么人币一体化是水到渠成的合体。

在这里描述一下"创世钱包"出生的基本场景：

你出生于2140年3月15日晚上20点18分21秒88毫秒，你的编号是2140，0315，2018，2188。

出生时间戳就是你的身份证，也是钱包地址，它将记录你在区块链上的信息，承载你一生的价值。你出生的时间，就是你钱包创世块产生的时间。从此，你与这个时间戳生死相依，它会伴随你的人生轨迹在区块链上行走。

Token成为社会运行的基本单位，人与人之间自由交换价值，无须第三方背书，去中心化的交易所会给出一个标准型的兑换价格。所有Token的价值，都是基于人和人、人和机器、机器和机器之间形成的共识，通过算法予以确认的。

区块链的文明形态

区块链文明形态的出现，使人类之间的协作达到前所未有的深度和广度。这种深度是建立在忠于数学的基础之上的，超脱于人本身的信任，这种信任逐渐会同化为一种信仰。广度则是任何人都可以参与进来，甚至包括星际文明。一切数据共享透明，且不可篡改，个体和组织都脱离了各种中心化机构的框架约束，自由迁徙，自主匹配，自能生产。一切共识也因来自于个体独立意志的自由选择使人与人的关系变得紧密联系，深度链接。具体表现出以下三种特质。

1. 万物去中介化

区块链去中心化的本质特征，使物与物、人与物、人与人之间都会去中介化。

在万物互联的时代里，区块链将万事万物都陈列到机器世界的"货架"上，面向算法统一标识，机器根据数据信息秒速运算，并完成点对点的匹配，从而自动组合、自主交易。其中，人类也是"货架"的货物之一，每一个个体人都更像是区块链分布中的一个节点，人类因有价值的生活记录和信息都被加密变成一段数据（哈希值）而不断地被数据化。系统根据各种可视化的个人数据自动配对，在达成共识之后，交易彼此的个人Token。

在这样的社会生产过程中，一切的交易行为都是有价值数据的互换，并且所有的交易过程因其透明性和自主性能迅速高效地完成，而不是信息不对称下的被动交易。

2. 利益绑定，价值共识

万物去中介化后，人与人也会因根据独立意识选择达成的共识价值而被深度绑定。

信息互联网下，人与人处于一张信息流动的大网之下，关系是一种弱关系；而价值互联网下，区块链使得人们的经济行为在算法之上达成价值共识，每一个人都可以用自己的信用做背书发行Token，利益深度捆绑之下，人与人之间被紧紧地连在一起。

在社会生产中，随着核心生产资料从土地厂房变成算力和数据，人类会发行Token来募集所需的生产资料，由此每一个天然去中心化的Token就成了一种共识，成为大家认同的一种标志。因此，Token所代表的生产关系，使人类可能更接近于某种信仰：在生产资料充裕的情况下，人类的意志独立，并开始回归到原始本质——自由地有意识地活动，在共同利益之下一起完成某件事情。

3. 透明化思维

透明化思维是区块链文明区别于其他文明独有的特征。

生活在区块链文明世界里的人，都可以直接观测到对方的公共信息。

区块链本身去中介化、不可篡改、可追溯等特性使得区块链上所有被记录的信息都公开透明，因此，人与人之间可以直接点对点地获取对方的一切，无须通过任何第三方，从而降低了信任成本。整个社会也在快速无误的共享信息中更加高效地运转。

所以，拥有透明化思维的文明是一种更高级的文明。人与人在数字、意念中对接、匹配、协作，并变得彻底透明化。甚至，在区块链文明之下，人类成为主链上的一个坐标系，有着可视化的时间运行尺度，一生都用数字价值的货币来进行衡量，最终达到一种"人即货币"的状态。

人即货币的三大定律

一个人所代表的价值被直接以货币的形式所体现，这是信用社会建立的基础。每个人从出生到死亡的一生数据的确权，使得这样的数据极有价值，我们的数据都能为我们的信用做背书，在此提出"人即货币"三大基本定律。

1. 每个人都有发行货币的自由

就像每个人拥有劳动的自由一样，任何人到了18岁都有发行自己货币的权利，每一个人都可以用自己的信用做背书发行货币，来募集生产资料去实现自己的想法。

2. 个人价值 = 个人币值

人最重要的信息都在区块链上得到体现，币值直接对应着个人价值，币值随市场行情波动，个人行为直接影响币值行情，要了解一个人当前的社会价值，看他的币值就够了。未来经济基本单位不再是"公司"，而是"个人"。A股不再是公司的交易，而是人的交易所。

3. 人币同在

人即货币，货币即人，这两者不可分离，两者互为镜像，一个是现实世界行走的碳基生命，一个是在区块链上奔波的硅基灵魂。人死币没，币殁人亡。现实世界的人死亡了，那区块链上的钱包地址将被销毁。同样，如果区块链的钱包地址被销毁，那现实世界的人将成为黑户。

人即货币是互联网信用社会的基石，是共识时代的更高版本，这样的社会将最大限度让人类达成协作，通过自律来换取更大的自由和信用，让自发行的货币更有价值。

畅想：货币化的一生

生活在区块链文明里，人的一生，其实就是数字化的一生，数字则凝结在属于自己的Token上，它伴随人的一生。从出生到死亡，一生的轨迹都被记录在区块链上，所有的信息都一目了然。实体的人与区块链上的人互相映射，如图23-1所示。

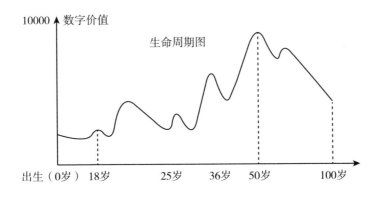

图 23-1　区块链世界中的人的生命周期示意图

1. 出生

你一出生，就被纳入主链（各大公链通过跨链技术形成的最大公链）这样一个体系之中。在这个体系中，存在着世界通用的价值评估体系，它会随着你的生命路径，不断自动更新对你个人价值的评估。

在你诞生的那一刻，主链根据你个人的本体特征，为你加盖一个时间戳。

在这个时间戳上，标记着你的性别、父母姓名、分娩情形、出生净重量及具体的出生时间等，并且为你生成一个独一无二的钱包地址。这个地址将会记录你一生的数据，每一笔数据都会有具体的时间标记，永远无法篡改。

而钱包在生成之时，就天然产生了第一笔交易，因为在你出生的那一刻，社会慈善机构便自动为你捐赠了一笔资产，资产自动进入你的钱包地址之中。

在主链这个体系中，每一个人都是独立的一条链，从出生到死亡，钱包地址只记录你个人一生的财富，你无法从父母那里继承财产，因为父母的财产与他们个人的一生捆绑在了一起，只属于父母。因而，慈善机构捐赠的那笔资产，就代替了父母的抚养费，成为你的成长基金，也是你从出生时刻起就天然拥有的一笔财富，是你生命的初始价值。

此时，在你的人生坐标系中，原点0浮现了出来，而纵坐标上也有了一定的数字价值。

2. 0~18岁

0~18岁，你慢慢长大，社会关系网慢慢扩大，人生经历在慢慢积累。

1岁，你要去医院进行体检。你的体质、健康状况、药物过敏等情况全部被记录在案，在你第一次去医院时所有信息便自动记录在医疗侧链中，信息公开有效。

3岁，你进入了幼儿园，开始接受教育，开始学习各种知识，认知这个世界。这时，你的信息会被记录在教育链上，从此它会记录你此后所有的教育信息。

12岁，你看上了一双小贵的滑板鞋，你省钱买下了它。而这样的一笔消费，同样也被记载在消费链上，一经生成，不可篡改。

16岁,你在上学之余去咖啡店打工兼职,你获得了一笔笔小报酬。这些数据信息被收入侧链上的Hash值刻录,报酬也进入你的钱包地址之中,成为你自己的财富。

而所有的这些侧链、教育链、消费链、医疗链、生产链……最后都会连接起来,如图23-2所示。

这个阶段,在你的人生坐标系中,横坐标上的生命时间慢慢拉长,而纵坐标上的数字价值也因为你人生路径上的各种教育成长、消费收入,在小幅度地波动增长着。

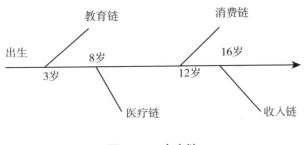

图23-2 人生链

3. 18岁

18岁时,根据价值评估体系,你达到了用自己的信用做背书发行个人Token的标准。

这时候,主链上已经有了从你出生到18岁之间的诸多信息,记录了你的过去。

信息被刻在区块链上的你,直接到去中心化的交易所提交登记,并撰写自己未来人生的计划白皮书,如图23-3所示。你在白皮书上简洁明了地阐述清楚你未来的职业规划,打算从事什么职业,个人能力能解决什么问题,又将采用什么办法来解决,共发行多少产量Token(相当于属于自己的货币),等等。

最终,这份信息被提交到一个DPoS机制的评审会进行审核。

在去中心化的共识机制下,市场运用算法和智能匹配,选出了DPoS评审委员,评审委员通过你映射在区块链之上的18岁之前的人生路径对你进行估值,从而确定你发行的Token的价格为多少,总量是否合理。最后,经过统一的审核评判标准,你的申请被批准了。

从此之后,你可以用自己的Token来募集生产资料去实现自己的想法,不需要被任何人类社会组织结构剥削和胁迫而使用法币,所有的价值,应该都是基于人和人、人和机器、机器和机器之间形成的共识,通过算法予以确认。

而在你一生的坐标体系中,在18岁那年,你的个人数字价值可能因为你小时候的努力,现在发行了Token而陡增。

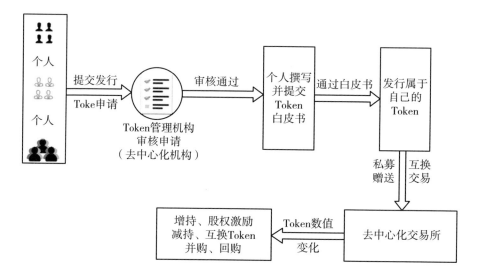

图 23-3 发行个人 Token 流程图

4. 18~50 岁

18岁之后,你已经发行了自己的Token,可以和别人进行交易。

Token是你最重要的数据载体,也是你个人价值的量化反映,因你个人价值的变化而变化。

所有人的Token面向世界公开,通过估值,可以在全球去中心化交易平台进行不同操作。当对方对你持看涨态度,也就是相信你会升值时,对方选择做多,买入你的Token;当持看跌态度,觉得你个人价值会下跌时,对方会选择做空。反之,你对别人也同理。

在主链体系中,你无须再额外开户、填写提交个人信息,因为你所有的信息都已经被记录在了独属于你的那条主链中，你就是信息；也无须再通过投资中介委托操作，因为区块链系统是去中心化的，没有第三方中介，所有的操作都自动用数据和算力直接进行。

而在你Token开放、竞价成交过程中，全球去中心化交易平台可能会选择类似于股市的集合竞价原则，根据申报者价格、时间优先原则，系统自动进行配对，撮合买卖交易。

同样在结算清算过程中，不同于深交所的两级清算，由于区块链实现了去中心化、无第三方券商中介的操作，全球通用的主链体系可以实现用户与用户之间的即时清算。

你的一生就这样与货币融合在了一起。

18岁后的你收获爱情、成立家庭，家庭链记录着你为人夫（妇）、为人父（母）的表现；你投入工作、建立事业，事业链记载着你所有的事业信息……而这些，全部映射在系统对你的价值评估中，也反映在你的Token中。你的一切行为都会影响到你的币值高低，影响别人买卖与否，而反过来，Token被持有与否、币值如何也会影响你个人的生活。

在18~50岁这个阶段，你迎来了你个人数字价值的高速发展期，价值持续波动上升着。

5. 50~100岁

50岁之后，你的数字价值在达到峰值后，进入成熟期。

你生活在这样一条光明主链上，你可以看到别人所有的信息，别人也可以看到你所有的信息，你开始习惯于通过货币数字去理解别人的一切。

币值评分系统主导了你的生活，也左右了你的社交关系。在这个社会，物质利益关系会影响到人与人之间的生产关系，如个人Token价值达人民币亿万元的高价值者会受人热捧，而个人Token价值只有0.01元的低币值者则成为"无用之人"。

60岁，事业与生活都达到人生巅峰的你，在众人吹嘘讨好中日益膨胀迷失本心，一朝不慎贪污受贿，犯错的信息会被记录在区块链上，系统对你的价值评估也会下降。而因你的信誉受损，众人与你交易、持有你的Token的意愿下降，你的Token市值也受到了影响。

60岁后，随着年岁增长，你的身体机能下降，生活像引擎老化那般失去活力，而反映在区块链之上的你的所有数据也在弱化，不再像黑马般热血蓬勃。建立在你价值之上的交易在减少，你的个人价值在某个程度上也已经停滞，市场对你持观望态度，不再一味看涨。

在这个阶段，你的生命时间轴还在继续，而数字价值在稳定成熟后，缓慢走向衰落。

6. 100岁：死亡

100岁时，你的生命走到了尽头，而你所拥有的价值，也一切归零。

区块链系统为你设定了一个智能合约，当条件被触发时，合约会自动执行。

就像从你出生那一刻起，系统自动为你生成一个钱包地址，并且慈善机构自动为你捐赠了一笔资产一样，在你死亡的那一刻，智能合约通过自动状态机判定当前状态，自动判断到了"你死亡"这一触发条件，自动销毁承载了你一生的价值财富的钱包地址。

人即货币，主链记录了你一生的轨迹，钱包地址承载了你一生的价值。当你出现在别人面前，无须第三方证明评估，"你值多少钱"，在区块链体系中一目了然，你就是衡量标的。

最后，主链在为你加盖完最后一个时间戳之后，自动断开，所有数据全部沉底。

而在你的人生坐标系中，你的生命时间截止了，数字价值也与横轴相交，归0。

黑暗仍然存在

以上所描述的场景，是建立在我们都生活在各条公链跨链生成的主链基础之上的，这条主链全球通用，记录着合法世界的公开数据。而在这主链之外，还有许许多多的暗链，每一条链背后都是一些不为人知的黑暗场景，如图

23-4所示。

就像互联网一样，人类社会还有一个暗网，但区块链时代的暗网将比现在更发达，这与区块链第一大应用比特币有关，也和区块链的基因有关。有光明就有黑暗，两者互为孪生，区块链世界也不例外。

在合法的主链上，人的所有信息都被记录在区块链上，不可篡改、可以溯源。那是地面之上的世界。而在地层之下的世界，是区块链的暗世界，隐藏着毒品、黑市武器交易、儿童贩卖……作为价值互联网的另一个维度存在，暗黑世界于普通人而言，遥不可及，又触手可及。

这个世界里，各种超越法律和道德的行为畅行无阻，匿名化使得访问者在上面不会留下任何痕迹，TOR的升级版是构建暗网的基石。这个世界运行的货币是暗黑币，它是利用混币技术合成的绝对匿名钱包，与比特币的可溯源完全相反，这里面运行的货币是真正的非法货币。

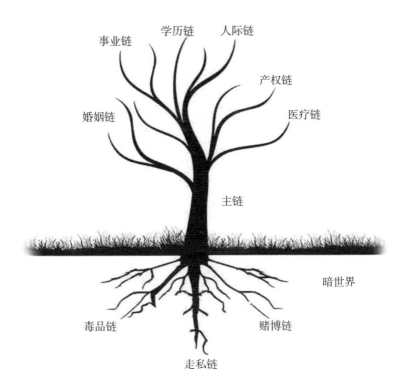

图 23-4　主链之下的暗世界示意图

结语：人即货币，度量一切

区块链的未来，到底会是什么样的形态？

你出生的那一刻，系统为你标识了一个"1"，而在你死亡那一刻，系统又自动将你归"0"。

当一切都变得数据化，货币自动为人计算价值，人也可以作为衡量价值的一种标的物。

人类在碳基文明向硅基文明的变迁过程中，终将经历一个痛苦的变化过程，经历一个看破谎言、戳穿虚伪、碾平组织结构的巨大的历史进程。而在"人即货币"这个过程中，Token不仅是一个数字化的货币，更是铲平人类社会结构的最有效率的工具。当然，我们同时也看到了人性湮没的影子，变好变坏，一切都是未知数。

"人即货币"在光明世界的主链运行，这条主链全球贯通、千枝百蔓，主宰着整个合法世界。在主链之外，还有着许许多多的暗链，每一条链都被算法层层加密，任何暗黑行为都被裹上了一层不透光的黑布，并且匿名，谁也难以知晓，它们自命为中本聪的信徒。

我们无法得知暗黑之链的来龙去脉，然而在我们生活的光明世界的主链里，人即货币，度量一切。

❓思考题

> 历史总是跳跃着前进，没有人可以预知未来。我们回头去看历史，当初每一步都似乎荒诞不已，然而，历史与未来却始终不为所动地在到来。"人即货币"只是一个大胆又惊心动魄的畅想，关于区块链的终极未来，你觉得会是什么样？

区块链精华问答

区块链作为一门新兴的技术,并不是来源于教科书,而是完全来自相关项目的实践,是以实践为基础的技术集合。因此,是否做过区块链项目是我们评判优质区块链专家的重要标准之一。

另外,由于区块链技术本身建立在数学、计算机等基础学科之上,并需要对密码学、金融学有一定造诣,所以对于普通大众而言,想要真正理解区块链并将所学知识融会贯通是有难度的。

为此,在精心编写《人人都懂区块链》的过程之中,量子学派特地诚心邀请了21位有过区块链项目实践的行业专家分享经验、答疑解惑,并以音频的形式留下了300多个极具价值的精华问答。这21位区块链资深导师所涉范畴基本涵盖了区块链全产业链,他们是:

罗金海　币须网创始人

老猫　INBlockchain合伙人

申屠青春　亚洲区块链DACA协会副会长

文浩　　比太钱包创始人

潘国力　《如何投资数字货币》作者

宝二爷　Bitbank联合创始人

初夏虎　元界基金会主席

杨建军　区块链研究院中国区研究员

张绪波　新国都区块链研究院院长

姚远　　币汇创始人、CEO

余芳　　BITKAN联合创始人、K站CEO

长铗　　巴比特创始人、CEO

王冠　　星云链和小蚁联合创始人

孙小小　派哈希创始人

王瑞锡　Batpool矿池创始人、CEO

吕明心　ColaPay联合创始人

许子敬　Blockchain Global 联合创始人

吴钢（星空）　币信创始人、CEO

尚小朋　BTC123董事长

刘昌用　ChainVC合伙人

吴广庚　币信联合创始人

量子学派十分感谢各位导师，他们不只是区块链最早的拓荒者，更是区块链的信仰者和布道者，力求让大众能更好地理解区块链，提供更具有社会价值的建议和思考。

以下是从21位导师300多个精华问答中挑选而出的精彩问答，扫描二维码即刻收听！

1. 比特币的价值是如何被界定的？

  回答者：罗金海

2. 目前国内政策明确提出打击虚拟币交易，对此应该怎么看？

  回答者：老猫

3. 目前主链之争是怎样的，如以太坊、EOS，两者未来10年发展状况如何？

  回答者：申屠青春

4. 国内在区块链应用层面做得比较好的项目有哪些？

  回答者：文浩

5. 作为普通人如何参与到区块链的项目中获得收益？

  回答者：潘国力

6. 目前区块链项目已经这么火了，现在进入还是好的投资时间吗？

  回答者：宝二爷

7. 公链的作用是基础设施，类似于TCP/IP协议，但TCP/IP协议只有一个，最后的公链会只剩一个吗？

  回答者：初夏虎

8. 如何判断一个数字货币是否有投资价值？

  回答者：杨建军

9. 未来会不会出现更底层的链，把现有公有链、联盟链、私有链连接起来？

  回答者：张绪波

10. 交易平台的安全性是如何保证的？

  回答者：姚远

11. 2018年的数字货币市场行情如何？

  回答者：余芳

12. 比特币最大的缺陷在哪里？影响它终极命运的东西是什么？

  回答者：长铗

13.有人说谈区块链行业应用没有意义,因为它会从根本上颠覆经济体的基本形态,在现有商业规则上谈与行业结合,已经背离了区块链的本质,如何看待这一说法?

  回答者:王冠

14.当比特币区块挖完之后,在收益很少的情况下,算力或节点集中撤出,会是什么局面?

  回答者:孙小小

15.现在还适宜去做"矿池"吗?

  回答者:王瑞锡

16.现在一个区块链项目上市交易要经过哪些流程?

  回答者:吕明心

17.比特币或者说广义的数字货币,是否会在可见的未来强烈冲击到政府的金融体系?法币必将和数字货币迎来正面对决?

  回答者:许子敬

18.如何看待加密货币的未来?

  回答者:吴钢(星空)

19.数字货币市场的牛熊轮换对区块链行业有什么影响?

  回答者:尚小朋

20.当下的区块链技术瓶颈和常见的误区有哪些?

  回答者:刘昌用

21.虽然EOS在性能上远超以太坊,但其是否违背了区块链的"去中心化"原则?

  回答者:吴广庚

附录 2

区块链项目应用现状框架表

项目架构分层	应用领域	项目类型	具体项目名称
技术层	底层技术及基础设施	基础协议	比特币、以太坊、莱特币、小蚁NEO、量子链、Tether、EOS、VERITASEUM、唯链、Share Chain、快贝、超级账本、闪电网络、智能坊、enigma、Atmos、维优元界、golos、OnChain、The DAO、RootStock、Hyperledger、QtumOS、Counterparty、String、STELLAR、Eris Industries、Dash、nem、Dragonchain、litecoinDigiByte、Block.one、interledger、Memetic、BlockCat、cardano foundation、Cash、Tezos（XTZ）、BOScoin、Ethereum Classic、BTC RELAY、plasma、Polkadot、Cosmos、Counteparty、AION、OpenZeppelin、BT Blocktix、BLOCKSTACK、Fabric、Zipper、印链、DAG Labs、Algorand、Aeternity
		侧链、多链	万象区块链、ValueCyber、RSK、Crypti、Blocktream、elastic、Go Network、Lighteningnetwork、Open Trading Network、ConsenSys
		匿名技术	Zcash、Monero、CoinJoin

307

续表

项目架构分层	应用领域	项目类型	具体项目名称
技术层	底层技术及基础设施	硬件	迅雷、暴风影音、极路由、比特大陆、嘉楠耘智、币定行、hashfast、cointerra、F2Pool、BW币网、OXBTC 牛比特、KeepKey、KnCMiner、Trezor、蜂窝矿机、21lnc.、SIO、Envion、矿世云算、Sirin Labs、Mailtopia、United Blockchain Corp、Hive Blockchain Technologies
	中间件和开发技术扩展	技术解决方案/协议	阿里巴巴、腾讯、百度、万达、小米、中国平安、亦来云、智链 ChainNova、比原链、truebit、raiden、lighting-network、Zeppelin、R3、银链科技、太一云、钛云科技、优权天成、魔链科技、网录科技、朝夕网络、牛链科技、海星区块链、bitfury、物信链、六域链、蚂蚁区块链、SCRY.INFO、WINGS、Blocknet、MultiChain、OpenChain、SuperNET、Tezos、WAVES、元界、Openleger、流量矿石（LLT）、R3CEV、Corda、Eris、ADEPT、Filament、slock.it、Tau、MaidSafe、Scorechain、Chain、iCube、Lisk、Codius、维优区块链、Axoni、PRIVATIX、Bloq、OpenShift、PeerNova、Stratumn、Ethcore、Simple Token、Gladius、CODELEGIT、Ox、Bancor
		数据与存储服务	欧链、Genaro、数矩科技、Datum、矩阵元、linkeye、保全网、OracleChain、信数链、DECENT、阿里健康、公证通、Gems、Dent、Dfinity、Bitcloud、Mediachain、IPFS、Blocktrail、Storj、Filecoin、ODIN(PPkPub)、Coinalytics、TradeBlock、Blockchain.info、ProChain 般若、Ashare、信链、Chainalysis、Sia、Elliptic、BigchainDB、Skry、Colony、NUCYPHER、Datavlt、decred、Holochain、ROCKCHAIN、urb-it、FOAM、ocean、Streamr、Protocol Labs、DENT Wireless、PickcioChain、Akiri、ChromaWay、区块链数据云 VEE、Technological quotient

续表

项目架构分层	应用领域	项目类型	具体项目名称
技术层	中间件和开发技术扩展	人工智能	深脑链、边界智能、Project PAI、Synapse、Singularity、AICHAIN、Bottos 铂链、DeepBrain、阿博茨科技、ATN.io、Atmatrix 智能矩阵
		分布式计算	360 安全卫士、Golem、iexec、RightMesh、Hero Node、Bluzelle、矿石网络
		BaaS	全息互信、云象区块链、秘猿科技、腾讯 baas、好扑科技、ArcBlock、Ardor、NEURON 区块链、趣链科技、Tendermint、亿点点、百度 BaaS、Mijin、EthCLoud
应用层	泛化金融领域	票据	深圳区块链金服、美的金融、Libra Services、GUTS、Ticket Chain、aventus
		支付	复杂美科技、雷达支付、码以科技、ColaPay、TenX、Coinify、Safe Cash、Tilepay、BlockCypher、Simplex、Bitwala、Bitwage、Align Commerce、BitGold、Circle、Uphold、Ripple 瑞波、BitPesa、Beluga Pay、BitPay、CitiConnect、ASX、metal、BitsparkAToken、旺链科技、ArabianChain、BTL Group、Verse、唐泉金服、Blocko、环球捷汇、Wyre、SatoshiPay、PayStand、Everex、MOIN Inc、Veem、全民链、Stream 区块链、可零可零、Byteball、omise、monetha、OKLink、REMITSY、Monaco、Kcash
		信贷服务概念	祺鲲科技、启元信息服务、MicroMoney、SALT、riplo、分子时代、dharma、ETHLend、麦浪金服、Bitbond、房易信
		数字资产管理	库神、分布科技、普特链、WeTrust、Bananafund 区块链金融、Hedge、ZAG、imToken、MCAP、Olympus Labs、DAH、Linq、Colu、Lighthouse、Medici、SWARM、布比区块链、雷盈量化资产管理、果仁宝、以太钱包、反应链科技、Bitbank 比特币银行、数贝荷包、海枫藤数字资产综合平

续表

项目架构分层	应用领域	项目类型	具体项目名称
应用层	泛化金融领域	数字资产管理	台、金股链、BSAVE、Xapo、Jibrel Network、Digital Asset Holdings、NUMERAI、CONOMI、CINDICATOR、BLOCKCHAIN CAPITAL、NuBits、Maker、StableCoin、Basecoin、OAKEN、Rcash、ZAG区块链钱包、ZenAir承云、BitCV、ExTrade、巴比网、金融魔方、本能管家、雷盈投资、BITFID币飞、Pillar、CoinDash、钰池资本、FORTUNA方图、FinBook、BABB、多维向量区块链科技公司、LALA WORLD、CDC消费链、Goopal、中资创联、弦基币信息、浪佰区块链、国创开元、R3 CEV、lxo Foundation、鼎V、Brickblock.io、INBlockchain
		交易平台	Binance币安、OKCoin、ANX国际、CoinCola、九章比特、OpenBazaar、BitXBay、BitMarkets、BitXBay、BTCC、HaoBTC好比特币、BitBay、Storiqa、Bitshares比特股、bitFlyer、Coinsecure、Bitt、SurBTC、Zebpay、BitSquare、Bitstamp、Kraken、itBit、Korbit、Coinplug、CEX.io、Coinbase、Gemini、BitGo、Overstock、AIRSWAP、bitShares、raidEX、EverMarkets、kybernetwork、EtherDelta、Partical、SYSCOIN、bitconnect、CURATION MARKETS、富矿Richcore、比特币中国、尚亚币、Bibox、链上科技、BitStar交易平台、MSER、openANX、OK coin、BigONE、大红火、GXShares、R8数字资产交易所、BinanceCoin、路印协议Loopring、ShapeShift、尚亚交易所、Bancor Protocol、NYIAX、Royal KingdomEnterprise、Funderbeam、洛克云、Icocoin、MSER怪兽养成计划、BBEX、随求交易平台
		证券服务	Symbiont、瑞资链金融、SETL、Hedgy、Bankex、链平方、厦门链平方、策赢网络、EquiChain、Bex、First Growth Funds、合和智投

附录2

续表

项目架构分层	应用领域	项目类型	具体项目名称
应用层	泛化金融领域	保险	量子保、InsureX、Ai gang、ChainThat、RTHERISC、一同保
	行业应用	数字身份与认证	美图秀秀、Chronicled、Bitproof、BlockScore、LaunchKey、Shocard、Loyyal、Ribbit.me、Civic、evernym、uPort、TrustStamp、CRYPTID、rivetz、Bloom、高阳捷迅、职业链CTEChain、知帆科技、心源观止、初链征信、共享护照、Gifted Chain、ID2020、远光软件可信电子证照应用平台、IDHub、Dominode
		房地产	咔咔买房、ENT、彩色币、FundPlaces、i-house token
		法律	亦笔科技、Mattereum、法大大、Rubix、Stampery、Monegraph、Uproov、AGRELL、OCOALAIP、POEX.IO、智乾区块链
		内容版权	原创基地、普洱银行、myclia、Blockai、Custos、po.et、小犀智能、内容银行、人人链、享向时空、时间印、原本区块链、Voise、亿书、Ascribe、HOTchain、区块魔方、Everipedia、Bitmark、Opus、Viberate、Stem、Streamium、未来版权、纸贵科技、恺英网络、ARTS
		娱乐社交	2140、游久游戏、K站、公信宝质数金服、有娱投资、Jetcoin、库币网、火币网、九章比特、领主世界、魔橙网络 BitMessage 比特信、BitStar 交易平台、麦奇 Maggie、delphy、Winding Tree、openANX、Show.One 秀币、Gemini、Overstock、raidEX、EtherDelta、Toshi、Partical、AKASHA、Livepeer、MYCELIA、CEX.io、Qlink、AIRSWAP、EverMarkets、BACKFEED、KIN、SYSCOIN、Mashtodon、Ujo、bitconnect、比特狗 BLOCKDOG、MSER、人人坊、ADTrue 初链、e秒、爱游购、谷壳宝、R8 数字资产交易所、Coming、乐跑圈、小爱链 AIF、BitClave、

续表

项目架构分层	应用领域	项目类型	具体项目名称
应用层	行业应用	娱乐社交	Matchpool、Bancor Protocol、TRON、NYIAX、Youlive、Sweatcoin、Royal Kingdom Enterprise、Funderbeam、DIPNET、Yours、Icocoin、ONO、BBEX、随求交易平台、哈希世界、链式娱乐、能拇信息、QunQun、ANX 国际、SportyFi、DMarket、Decentraland、TraDove、TrueFlip、星链未来、小 V 咖、影链 InfluenceChain、洛克云、MSER 怪兽养成计划、FansTime
		公益类	铂链 BOTTOS、腾讯寻人、同心社、蓝湖互助、MyWish、善粮农业、BitGive、善圆科技、水滴互助、AGRILEDGER
		供应链	京东、Crowdz、BitSE、Fluent、KouvolaInnovation、秒钛坊、IMMLA、商物链、UBIA、翼启云服、物链、Skuchain、Provenance、Sweetbridge、Agility、众融在线、溯源链、图灵奇点、漂流链、钱香、TMINING、origintrail、Walton、星贝云链、INS Consumer Ecosystem、Blockchain in Transport Alliance
		公证防伪	EverLedger、海淘链、Certchain 区块链、Halal Chain、易保全、Factom、法链存证
		医疗	众托帮、Xcare、Encrypgen、Curisium、欧碧堂、心链、burstIQ、Brontech、XCARE、Gem、中医链
		能源	能链众合、Energy Contract Ledger、Energo Labs、Energo、Power Ledger、Electron、eneres、Conjoule、L03 Energy
		物联网	IOTA、万物链、INT

续表

项目架构分层	应用领域	项目类型	具体项目名称
应用层	行业应用	资讯与研究	井通科技、大同区块链、巴比特、搜搜比特币、Purse.io、Cohu、BoardRoom、Civil、userfeeds、天梯社区、九个亿数资财经、币发布、三橙传媒、天德科技、币源社区、AdEx Network、BTC123、Otonomos、苏州同济金融科技研究院、区块链技术指北、区块链联合发展组织、万向区块链、佰通区块链、华尔街区块链联盟、华信区块链研究院、Credits、数资区块链、Universal Labs、Nchain
		其他	星云链、ENT cash、cybermiles、Purse、天算、BitNation、Augur、Futarchy、Truchcoin、区块元、Namecoin 域名币、Hivemind、Canya、La'Zooz、ARAGON、Ethlance、Ammbr、Althea、智豆、MASScryp、EduChain、CommerceLAB、Social Ecommerce Chain、Ecom Chain、loTChain、MCOO 区块链应用云市场、链旅、Voatz、GeoFoudners、旅行链 Travel、bitJob、EduCoin 平台、微聚网、阅联中国、CryptoBnB、雷蚁、Never Stop Marketing、Spacechain、Gatcoin、Stox.com、WeatherBlock、文通区块链、民无忧区块链、Lydian、职业链、Blockchain Centre Vilnius